JN435752

행위와 말 2

– 기억과 리듬 –

이 역서는 2010년도 정부재원 (교육과학기술부 학술연구 조성비)으로
한국연구재단의 지원을 받아 이루어졌음 (NRF-2010-361-A00018)

문자 · 사회 · 문화 총서 29

행위와 말 2

기억과 리듬

LE GESTE ET LA PAROLE,

LA MĚMOIRE ET LES RYTHES, TOME 2

앙드레 르루와 - 그루앙 지음 | 강형식 옮김

연세대학교 대학출판문화원

LE GESTE ET LA PAROLE,
LA MÉMOIRE ET LES RYTHMES, TOME 2
ⓒ Editions Albin Michel - Paris 1964
All rights reserved
Korean translation copyright ⓒ 2016 by Yonsei University Press
Korean translation rights arranged with Editions Albin Michel
through EYA(Eric Yang Agency).

이 책의 한국어판 저작권은 EYA(Eric Yang Agency)를 통한 Editions Albin Michel사와의 독점계약으로
한국어 판권을 '연세대학교 대학출판문화원'이 소유합니다.
저작권법에 의하여 한국 내에서 보호를 받는 저작물이므로 무단전재와 복제를 금합니다.

옮기고 나서

이 책은 앙드레 르루아-구르앙 André Leroi-Gourhan의 『행위와 말 Le geste et la parole』의 2권을 번역한 것이다. 『행위와 말』의 1권은 1부(1~6장)로 구성되어 있고, 2권은 2부(기억과 기술, 7장~9장)와 3부(민족의 상징, 10장~15장)로 이루어져 있다. 2권에는 '기억과 리듬 La mémore et les rythmes'이라는 부제가 붙어 있다.

이 책은 1권에 이어지는 것으로서 저자인 르루아-그루앙과 이 책에 대한 소개를 다시 하지는 않겠다. 이 책을 알고 있는 전문가들에게는 이 책을 다시 소개할 필요가 없을 만큼 중요한 위치를 차지하고 있을 것이기 때문이다. 그렇지만 2권의 내용을 조심스럽게 간단히 살펴보면 다음과 같다. 1권의 1부에이어 2권의 2부 '기억과 기술'은 기억의 해방으로 시작한다. 이것은 단순한 도구, 천공카드, 전자 기억 등으로 뇌의 기능을 외부화하는 것을 말한다. 또한 3부 '민족의 상징'에서는 가치와 리듬의 신체적 근거를 찾고, 그 기능적 미학을 분석한다. 또한 사회의 상징에서는 고대로부터 현대에 이르는 도시 공간을 순회하는 공간과 방사하는 공간으로 나누어 인류학적으로 분석한다. 도시화로 인해 깨져 버린 자연적 리듬을 다른 방식으로 회복 해가는 과정을 서술하고, 인류의 미래상을 내다보고 있다. 이처럼 원시사회에서 현대 도시 사회에 이르기 까지 하나의 시각으로 일관되게 분석하고 있는 것이다.

걱정스러운 부분은 이러한 의미 있는 책을 번역하면서 잘못 이해하거나 번역한 부분이 없을까 하는 것이다. 이러한 우려는 번역 과정에서 난해한 표현을 만날 때마다 현실화되는 것 같았고, 그만큼 어려움을 느끼게 되었다. 그렇지만 1964년에 출판된 이 책이 아직도 번역되지 않았다는 아쉬움을 떠올리며 이 책의 번역을 마무리하게 되었다. 번역이 이 책의 명성에 누가 되지 않기를 바라는 마음뿐이다.

강 형 식

목 차

제 2 부
기억과 기술

제7장
기억의 해방

종Espèce과 민족

18세기 이래 철학에서는 동물 사회와 인간 사회 사이의 관계에 대해 두 가지 입장을 보인다. 즉 동물과 인간이라는 두 세계가 본질적으로 동일하다고 보는 입장과 그것이 서로 다르다고 주장하는 입장이다. 사실 이 두 관점은 철학의 기원으로 거슬러 올라가면 동일한 흐름에서 비롯하는데, 그것은 바로 물질과 정신의 대립에 대한 인식에서 나오는 것이다. 이 인식은 수 세기를 지나며 가장 원시적인 형이상학에서부터 오늘날의 사회학에 이르기까지 아주 다양한 이데올로기적 틀 안에 담겨지는데, 자연과 문화, 동물학적인 것과 사회학적인 것 사이의 대립으로 끊임없이 다시 나타난다. 실제로 호주 사람이나 동부 시베리아 사람의 동물 세계에 관한 생각을 살펴보면, 근본적으로 동물과 사람 사이에 본질적인 차이를 인정하지 않으며, 둘 다 동일한 지적 도구들을 보유하고 있다고 생각한다. 신화에 반영된 모습에서도 동물과 인간의 평등성과 둘 사이의 연속적 관계의 가능성을 받아들이고 있다. 이러한 견해는 유럽 민속 전통과 동화에도 배어 있는데, 동화 안에서 동물은 말을 하고, 인간의 행동 전개 과정에 끼어든다.

문학에서도 동일한 태도를 볼 수 있다. 전통 동화뿐만 아니라 키플링Kipling이나 '미키 마우스'에서도 마찬가지다. 이 문학이 아동용이라고 해도 그 본질적 의미가 희석되지는 않는다. 이러한 태도와 개미 사회에 대한 19세기 박물학자의 태도는 서로 별 차이가 없다. 곰이 인간의 딸과 결혼하는 수많은 신화만큼이나 개미 '언어'를 연구하는 것에도 인간중심주의가 엿보이는 것이다. 또한 아마도 본능과 지능의 대립을 통해 동물과 인간을 근본적으로 구분하려는 노력 속에도 못지않게 인간중심주의가 드러난다고 볼 수 있다.

신화적 사고에서 보면, 비록 동물과 인간이 본질적으로 유사하다고 해도, 둘의 길은 어느 순간에 갈라진다. 곰도 뱀도 새도 각각 자신의 껍질을 벗으면 남자나 여자가 된다. 가죽을 입으면, 그들은 자신의 고유한 행동을 보인다. 마치 사람들이 자신의 특색 있는 의복을 갖추면 각자의 민족 혹은 사회계층의 행동을 보이는 것과 같다. 이 태도는 인간중심주의적인 것으로서, 자연 상태에서의 생물의 정체성과는 반대의 측면에서, 풍속과 외적 속성을 기준으로 생물 세계를 사회학적 단위로 분할해서 생각하는 것이다. 이 시각은 너무 자연적이고 보편적이어서 실제 사실에 부합된다. 즉 생리적 인간과 그의 사회적 외피를 구분하는 것 말이다. 이 시각은 인간 존재에 고유한 것을 동물 세계로 확대한 것이지만, 인간이 동물 세계와 사회적 세계에 이중적으로 속한다는 주요한 사실을 분석해주고 있다. 또한 이 시각은 또 다른 본질적인 사실을 밝혀준다. 즉 인간 존재는 그 집단에 고유한 행동을 통해서만 인간으로서 의미를 갖는다는 것이다. 신화에서 동물이 사실상 민족과 동일시되는 것을 고려한다면, 이 시각은 민족적 신종 형성의 결정적 특징을 확인하게 한다.

최근 2세기 동안의 과학적 사고에서는 두 가지 다른 경로를 통해서 본능과 지능의 기능에 대한 연구를 했는데, 자연적인 것과 문화적인 것을 구분하는 점에서는 같은 태도를 보여주었다. 두 경로 중 첫째는 동물심리학이고 둘째는 민족학이다. 안트로피엔[1] 사회의 발전에 관해 앞에서 설명한 것 중, 동물학적

1) (역주, 이후 '원주' 표시가 없는 것은 모두 역주) Anthropien 현재 인간과 동일한 계열

인 것과 사회학적인 것 사이의 유대가 점차적으로 느슨해지는 단계에 관한 것이 있는데, 이에 따르면 두 가지 경로에서 동시에 문제가 제기될 수가 있고, 혹은 차라리 문자 없는 사회의 경험적 이미지에 아주 가까운 세 번째 경로가 있다는 것이다. 이 경로는 집단 형성의 문제가 동물성 혹은 인간성의 문제보다 우선한다고 보는 것이고, 또한 동물이건 인간이건, 사회는 '전통'의 집합체로서 유지되고 있다고 보는 것이다. 그 전통을 지지하는 것은 본능적인 것도 지적인 것도 아니고, 정도의 차이는 있어도 동물학적인 동시에 사회적인 것이다. 다른 종류의 증거로 보면, 사실 개미 사회와 인간 사회의 유일한 공통점은 사회 집단을 생존하고 발전하게 하는 작업 연쇄chaîne opératoire의 세대 간 전승을 보장하는 전통이 존재한다는 것뿐이다. 정체성이나 상이성에 대해서는 논란의 여지가 있지만, 집단이 유지되는 것은 행동들이 기록된 진정한 기억을 실행하는 것을 통해서이다. 동물에서는 각 종에 고유한 이 기억이 본능의 아주 복잡한 장치에 의해 좌우되며, 안트로피엔에서는 각 민족에 고유한 기억이 언어활동이라는 더 복잡한 장치에 의해 좌우된다. 본능과 지능의 대립보다는 본능과 언어활동을 대립시키는 것이 정당화되려면, 이 대립의 두 항이 실제로 상응해야 하며, 이것을 이번 장에서 증명하려는 것이다. '종espèce'이 동물 집단 형성의 특징적인 형태이고, '민족ethnie'이 인간 집단 형성의 형태라고 한다면, 각각의 전통을 가진 집단에는 특수한 기억의 형태가 상응해야 할 것이다.

본능과 지능

본능과 지능이라는 문제는 겉으로 보기에 해결할 수 없는 것처럼 보이는데, 이에 대해 헤아릴 수 없이 많은 연구가 이루어졌다. 인간중심적인 관념에 사로잡혀 20세기 초까지 두드러지게 나타났던 토론에 대한 관심이 한 세기 전

에 속하는 화석 영장류.

부터는 대부분 사라진 것 같다. 본능과 지능은 둘 다 원인으로서가 아니라 결과로서 고려되었다. 본능이 본능적 행동을 설명하는 것이 아니라, 복잡한 경로와 다양한 근원의 도달점을 철학적으로 특징짓는 것이다. 개인에게 있어서 본능은 종으로서의 그의 수단과 그 수단을 동작 연쇄 안에서 전개시키는 외부적 요인의 교차점에 위치하게 된다. 여기서 외부적 요인은 교육인 동시에 자극이다.

본능과 지능의 구분은 극단적인 경우 즉 곤충과 사람인 경우에만 사실상 가치를 갖는다. 더구나 그 구분의 실제적 가치를 측정하기도 어렵다. 사실 하등 척추동물에 있어서, 동작 프로그램은 내적 환경과 외적 자극에 밀접한 영향을 받는다. 즉 아메바나 환형동물의 작용적 동작 행동은 짧은 연쇄로 환원되는데, 그 연쇄의 개시와 전개는 자각적 지능에 대립되는 '자동적 지능'과는 다른 원인에 관련되는 것 같다. 따라서 정점에서 지능으로 변하게 될 본능의 진화를 증명해 가면서, 가장 단순한 것에서 출발해 고등 동물로 올라갈 수는 없다. 동물 행동의 경험에서 나오는 유일한 사실은 자신의 종으로서의 수단에 대해 개체 행동이 잠재적 유연성을 갖는 것인데, 이것은 본능에 대한 해방으로서 주어지는 것이 아니라, 생물학적 내부 환경과 외부 환경의 합류점에서 탄생하는 연쇄로부터의 해방으로서 주어지는 것이다. 따라서 동물적 조건에 고유한 성질이라기보다 차라리 신경 체계의 문제인 것이다. 더 정확히 말하면, 신경 체계는 본능을 만드는 기계가 아니라, 프로그램을 구성하면서 내적, 외적 자극에 반응하는 기계인 것이다.

오늘날 만약 본능이 너무 모호한 개념처럼 받아들여지고, 유전적 행동의 복잡성이 느껴진다면, 특수한 기억[2]이 존재하지 않는다고 보기는 힘들다. 외부

---

2) (원주) '기억'은 이 책에서 아주 확대된 의미로 쓰인다. 그것은 지성의 한 가지 특징이 아니라 무엇이든 그 위에 행위의 연쇄가 기록되는 지주이다. 이 점에서 동물적 종의 행동의 고정을 정의하는 '종의 기억', 인간 사회의 행동의 재생을 보증하는 '민족적' 기억, 그리고 같은 이유에서, 가장 최근의 형태에서는 전자적인 '인공적' 기억을 말할 수 있다. 인공적 기억은, 본능이나 자각에 의존하지 않는 연쇄적인 기계적 행위의 재생을 보장한다.

의 자극이 있을 때마다 개체가 점진적으로 조건화된 결과 그 기억이 행위들의 연쇄로 형성된 것이다. 유전적으로 구성된 반응만을 보이기 때문에, 여러 세대가 연속되는 과정에서 동일한 연쇄들 혹은 아주 인접한 연쇄들이 한 개체에게서 다른 개체에게 재생산된다. 본능은 종의 기억으로 표현되며, 그것에 의해서 생기는 동작의 연쇄가 일정하게 나타나느냐에 따라서만 현실로 된다. 따라서 본능과 지능의 대립에서가 아니라, 두 가지 프로그램화 방식의 대립으로 문제가 제기된다. 그 중 하나는, 곤충에서 프로그래밍이 최대한으로 유전적으로 예정되는 것이고, 다른 하나는 사람에 있어서는 유전적으로 결정되지 않는 것이다. 사실 이 구분은 인간과 곤충의 아주 다른 두뇌 기관에서 비롯되는 것으로서, 철학적이라기보다는 신경-생리학적인 문제인 것이다.

본능과 지능이라는 점에서 보면, 생물은 대략 세 유형으로 나눌 수 있을 것이다. 첫째는 아주 단순한 뇌 시스템을 가진 하등 무척추동물의 경우로, 여기서 프로그램은 유기체와 환경과의 균형을 나타내는 극히 단순하고 틀에 박힌 아주 간단한 행동 연쇄로 되어 있다. 지렁이, 민달팽이limace, 삿갓조개patelle 등과 같은 동물에서 기억은 다음과 같은 의미에서 전자기계의 기억과 아주 쉽게 비교될 수 있다. 첫째, 동물은 필요를 충족시킬 한정된 종류의 수단을 갖고 태어난다. 둘째, 그의 동작 연쇄의 전개는 유기체적 충동과 외부 환경 사이의 균형점을 추구하는 것으로 이루어지며, 그 행동들의 개시와 연계는 생리적 혹은 외부적 원인에 의해서 결정되는 주기를 형성한다. 셋째, 기억은 동물의 조건을 결정하는 프로그램으로 기록된다. 이러한 단순한 유형의 신경 체계는 이미 인공적으로 구현되었으며, 로켓을 제어하는 전자 장치는 이미 하등 연체동물 혹은 환형동물의 뇌보다 더 복잡하다.

두 번째 유형은 훨씬 더 다루기 어렵다. 이것은 벌, 개미 등의 곤충으로 대표될 수 있는데, 이들의 행동은 유전적으로 등록된 아주 복잡한 프로그램이 존재하는 것 같으며, 그 프로그램은, 유충 혹은 성충에서, 단번에 완벽하고, 놀랄 만큼 정교하게 전개된다. 이 프로그램은 옛날 학자들이 생각했던 것만큼 완벽하게 실행되지 않은 것으로 보이는데, 그럼에도 불구하고 조건화된 기억을 형성해주는 것이 외부 환경과 내부 환경의 유일한 작용에 의한 것으로 보기는 매우 힘들다. 먹을 동식물의 선택, 건축 행동, 사회적 단결에 관련된 행위 등을 설명하기 위해서는 시각, 후각, 촉각의 인상에 대한 반응이 대단히 일정한 신경 장치를 생각해내지 않을 수 없다. 이러한 유전적 결정은 잠재적 기억의 존재와 부합하는데, 반응할 때 최소한의 선택밖에 허용되지 않는다는 사실에서 그 기억 작용이 미리 결정되어 있는 듯하다고 추측된다. 그런데 우리는 광학적 혹은 화학적 인상 혹은 진동을 선택해서 복잡한 행위 연쇄로 유도해가는 인공적 장치를 상상할 수 있다. 동등하다고 여겨지는 여러 인상 사이에 어느 정도의 미결정을 용인하거나, 어떤 선택 가능성을 가진 시스템까지도 구상할 수 있다. 만약 내부 화학작용이 각각 외부로부터 받아들인 인상에 대해 특정 반응을 일으킨다면, 이러한 조종 장치의 구조는 곤충의 그것에 아주 근접할 것이다.

세 번째는 척추동물의 유형이다. 하등 무척추동물의 행동이 여기서 재발견된다. 그 이유는 동작의 기억을 조건화하는 것은 대부분 기계적 결정론, 생리적 충동, 외부 환경의 자극 등에 따르기 때문이다. 두뇌 조직에서 각각의 진화의 분기점을 올라갈수록 점점 덜 명료해지지만, 잠재적인 기억, 다시 말해 자동적, '본능적' 행동의 존재와 결합된 조건화가 재발견된다. 이 본능적 행동은 가능한 반응을 유전적으로 선택한 결과이다. 척추동물은 그의 유전적 기억에 등록되지 않은 상황에 적응하지 못하기 때문에, 때때로 불합리한 결과를 초래하는 미리 설정된 프로그램, '본능'을 따라가는 것처럼 행동하는데, 사실 그것은 유기적인 가능성의 맥락으로 연결된 일련의 반응을 보이는 것이다. 어류, 파충류 등과 같은 하등 척추동물의 경우, 거의 모든 행동은 처음 두 유형의 테두리 안에 머무른다. 우리는 전자 기계를 구상할 수 있는데, 그것은 도마뱀처럼, 영상이나 열에 반응하고, 기온에 따라 자신의 활동을 증가시키며, 먹을 수 있는 크기의 모든 움직이는 먹이를 뒤쫓으며, 맛이나 점도가 위험한 것으로 기록된 것을 내뱉고, 내부 화학작용이 공격 반응을 일으키면 다른 동일한 종류도 공격하고, 경우에 따라 도망가기도 하고, 시각 혹은 후각이 흥분된 결과 유색 부분을 나타내게 될 것이다. 이와 더불어, 연속적인 시행착오를 통해 처음으로 완수한 행동은 일련의 기억 속에 프로그램으로 기록될 것이고, 그 뒤에는 행동 연쇄의 전개 과정에서 이들 여러 다른 기억들의 작용이 행동을 수정할 정도로 복잡한 동작 연쇄가 촉발되는 경우도 있다. 어류나 파충류에서 생각할 수 있는 것은, 훨씬 더 복잡한 정도로, 조류에서도 생각할 수 있다. 조류는 자동적인 행동 중에서 가장 정교한 것이 번식과 관계되어 있음을 아주 자세히 보여준다. 이것은 일반적인 사실인데, 동물 집단의 통일성 유지와 미학 사이의 관련성을 밝히기 위해 '사회의 상징' 부분에서 다시 다룰 것이다. 현재로서는, 개체 생존 작용들과 종의 생존을 보장하는 작용들의 근본적 영역이 자동적으로 정교하게 되는 과정에서 명백한 정도의 차이를 보인다는 것을 지적하는 것으로 충분하다.

하등 척추동물의 행동은 고등 척추동물에게 투영될 수 있으며, 기억의 기초를 만든다. 그렇지만 단계가 높아질수록 새로운 요소가 등장하며, 앞의 두 사례가 전혀 완전한 것이 아니라고 생각하게 한다. 실제로 포유류의 개체 행동, 적어도 그 생존 행동을 특징짓는 것은 동작의 연쇄 사이에 선택 가능성이 있고, 제공된 상황에 대한 적응을 제어한다는 것인데, 즉 종마다 다르지만 육식동물이나 영장류에서는 이미 지배의 폭이 매우 크다는 것이다. 전자 기계와 계속 비교해보면, 반응과 기억의 작동 장치에 보조 장치를 추가해야 하는데, 그 장치는 비교 대조를 가능하게 하고, 반응의 방향을 어느 하나로 결정해주는 것이다. 진화가 가속되면, 신경 시스템은 사실 대립된 두 방향으로 발전하는 것 같다. 하나(곤충 혹은 새의 경우)는 신경 장치가 행동을 점점 더 좁은 방향으로 유도하는 것이고, 다른 하나(포유류, 인간의 경우)는 신경 통로의 접속 요소가 놀라울 정도로 증식하며, 이것은 경험에 의해 이미 체험된 상황과 새로운 상황 사이의 관계를 설정하기에 적합하게 되는 것이다. 개체의 기억은 삶의 첫 시기에 기초가 형성되며, 이제 신경 장치의 유전적 자질에서 생겨난 것에 불과한 종의 기억보다 우위를 차지하게 된다.

본능과 자유

인간을 특징짓는 것은 뇌가 비교 대조 장치라는 것이다. 그렇지만 하위 단계 신경계, 특히 교감 신경계에는 기초적 행동을 조정하는 장치가 다시 보인다. 그 유기체 조직은 가장 단순한 무척추동물에서와 마찬가지로 외부 환경과 내부 환경 사이의 균형 법칙을 따르고 있다. 여기서는 또한 중간 단계, 즉 '본능'의 단계도 발견되는데, 왜냐하면 그것의 작동 행동은 유전적 골격에 의해 결정되기 때문이다. 사실 시각과 청각을 위주로 하는 인간의 행위는 후각이나 촉각을 기본적으로 사용하는 동물의 행위와는 유전적으로 다르다. 만약 유전적으로 조건 지어진 도구에 의한 행위를 완수하는 것이 본능이라면, 대부분의 인간 활동은 본능적이다. 유전적으로 획득된 지능적 혹은 생리적 '선물'은 끊임없이 수정되는 인간 집단 안에서 태어나는 짧은 혈통 안에 있으며, 동물 혈통이라는 '본능적' 자본과 동등한 가치를 갖는다. 각각의 인간과 동물 종에 내재된 능력을 비교하면 본능적 행동의 성질을 파악할 수 있다. 실제로 이 두 경우 문제가 되는 것은 유전적으로 전승되고 유리한 환경에서 자동적으로 전개되는 신비로운 프로그램이 아니라, 행위 연쇄로 기록된 기억을 구성하게 해주는 유전적 자율 신경 장치인 것이다. 음악 교육을 받은 천 명 중 유전적으로 조건화되어, 위대한 연주가가 되는 사람은 아마도 단 한 명뿐일 수 있으며, 그는 '본능적으로' 연주한다고 말할 것이다. 그렇지만 음악 재능이 있는 천 명 중 아마도 한 명만이 음악 교육을 받을 기회를 갖게 될 수 있고, 다른 사람은 그들의 악기 연주 기억을 절대로 구성하지 못할 것이며, 유전적 능력과 외부 환경의 자극을 연결시키지 못할 지도 모른다. 현대 사회에서 직업적 방향 설정은 모든 동물에 공통적인 유전적 능력 중 인간 안에 있는 것을 경험적으로 탐색하는 것에 불과하다.

결국 인간의 동작 표출은 상당한 본능적 기반 위에 위치하며, 이 기반은 모든 개인에 공통적인 깊은 유기체적 충동을 조정하는 장치인 동시에 세부적인 면에서 개인별로 상당히 변화할 수 있는 동작 프로그램을 기록하는데 적합한 장치인 것이다. 이러한 개인적 변이의 폭은, 가장 많이 진화한 포유류보다 훨씬 더 크며, 인간 사회의 본질적 특성을 이룬다. '생각하는 사람', 발명가, 명연주가 등이 사회가 만드는 집단 조직체와 생리적 인간과의 대화에 결정적으로 개입한다. 여기서 숨겨서는 안 되는 사실은 개인적 재능이 존재한다는 것은 인간 종에서는 당연한 것이라는 점과 진보가 개인적 재능의 문제라기보다 차라리 집단적인 유리한 환경의 문제라는 점이다.

이러한 사실을 받아들이면, 최근 사회의 이념 중에서 유심론과 유물론의 상반된 입장도 드러난다. 주요한 여러 종교, 특히 기독교에서 개인의 유전적 능력은 불멸성의 문턱을 넘어서지 않으며, 계층 구조는 개인 능력을 초월하는 기반 위에 설정된다. 성인은 반드시 생각하는 사람, 발명가, 명연주가이어야 하는 것은 아니고 반대로 동작의 궤도를 부수고 그 너머로 뛰어넘는 존재이다. 그리고 모든 위대한 형이상학은 유전적 굴레로부터의 해방과 동시에 사회적 굴레로부터의 해방을 의미하는 이러한 단절 위에 성립되고 있다(이것은 다른 차원에서 종과의 상응성을 의미한다). 유물론 이념은 마르크스 사회뿐만 아니라 모든 인간 사회에 실질적으로 존재하는데, 여기서는 반대로 사회적 생산성을 주장하며, '천부적'인 개인을 영웅시하면서 유전적 유대의 중요성을 강조한다. 자본주의 사회에서는 이러한 구조가 사회적 계급들에 의해 나뉘는 계층 구조의 틀로 설정되는 반면에 마르크스 사회에서는 노동 영웅, 인물 숭배, 개인 생산성에 근거한 직선적 계층 구조 등을 통해서 유전적 여력을 충분히 이용하는 것을 목표로 한다.

그렇지만 인간 문제는 단지 본능적 요소에 의해서만 파악되는 것은 아니다. 작용적 동작 행동에서 종종 잊혀지는 동물학적인 부분을 고려할 필요가 있는데, 일반적인 생물학적 과정 안에 지능을 포함시켜 생각하지 않는다면, 하부구조밖에 파악하지 못할 것이다. 우리는 3장에서, 대뇌 피질의 운동 영역의 파괴가, 개에서 원숭이로 그리고 원숭이에서 인간으로 의미심장하게 진행하는 것을 보았다. 개의 경우 운동 피질을 제거하면 학습된 동작 연쇄의 기억이 사라진다. 원숭이는 기본 운동 영역과 접해 있는 연합령까지 제거를 확대해야 한다. 인간의 경우에는 아주 넓은 영역을 파괴해야만 같은 결과를 얻을 수 있다. 이러한 자료들에서, 진화의 본질적인 면을 자각적인 운동성의 방향으로 구체화할 수 있는 수단을 얻게 된 셈이지만, 현재로서는 이러한 자료는 이른바 인간 뇌의 개방도를 나타내고 있다. 이 광윤auréole은 점점 더 넓어지면서 의도적 운동성의 중심을 둘러싸는데, 이것이 이른바 지능에 해당하는 것이다. 즉 수많은 동작 연쇄를 기억 속에 등록하는 것과 이 연쇄 사이에 선택의 자유가 있다는 것에 해당하는 것이다. 가장 진화한 원숭이와 인간의 차이는 선택 자유의 양적인 차이이다. 즉 가장 지능적인 유인원도 비교 대조할 프로그램을 제한된 수밖에는 보유하지 못하며, 이러한 비교 대조도 인간과 비교해서 훨씬 소수의 신경 단위 장치에 의해 이루어진다. 그러나 특히 그 차이는 질적인 것인데, 자각réflextion이라는 것은 밀접하게 언어활동으로 연결되기 때문이다.

가장 평범한 동작을 하는 경우, 언어활동은 개입되지 않는 것 같은데, 많은 행위는 동물적인 동작을 하는 상태와 본질적으로 분리되지 않은 멍한 의식 아래에서 이루어진다. 그러나 선택에 의해서 동작 연쇄가 문제되는 순간부터 그 선택은 언어활동과 밀접하게 연관된 명료한 의식이 개입되지 않고서는 이루어질 수 없다. 실제로 행동의 자유는 행위의 차원이 아니라 상징의 차원에서만 실현될 수 있다. 그리고 행위를 상징으로 표상하는 것은 비교 대조한다는 것과 분리할 수 없다. 하등 동물에서부터 고등 포유류에 이르기까지, 유전적 조건화와 학습된 조건화 사이의 비율이 반전되며, 그 다음에 단순한 작용 사이의 선택 가능성이 출현한다. 그럼에도 불구하고 작용적 동작 행동은 체험 속에 완전히 잠긴 채로 있는데, 왜냐하면 체험의 투사가 이루어지려면, 동작이 물질에 집착하지 않고 상징의 연쇄로 변형되어야 하기 때문이다. 따라서 겉보기에 동물의 본능과 인간의 지능은 비교 대상이 된다고 하더라도, 이 두 용어의 전통적 의미를 벗어나 생각해야 한다. 본능은 너무나 복잡해서 더 이상 단어가 정확한 의미를 갖지 못하는 현상의 집합으로 보아야 하고, 지능은 상징적 연쇄를 투사하는 능력으로 생각해야 한다. 이것은 언어활동을 체험으로부터 해방시키는 도구로 생각하는 것을 의미한다. 이와 함께 손으로 사용하는 도구는 동물의 유기체 도구[사지]를 동물 종에 얽매이게 하는 유전적 제약으로부터 해방시켜주는 도구처럼 보인다. 결국 인간 지능은 언어활동의 차원에서나 도구의 차원에서나 이전에 밝혀냈던 것과 동일한 관계를 유지한다.

인간의 기술적 행동은 사회 도구 장치의 엄청난 발전 결과에 따라 세 가지 차원에 나타난다. 즉 종의 차원, 사회 민족적 차원, 개체의 차원이다. 종의 차원에서는 인간의 기술적 지능은 뇌 신경계의 진화 정도와 개인 능력의 유전적 한도에 관련되어 있다. 비율의 차이를 고려하지 않으면, 인간의 기술적 지능과 동물의 행동을 명확하게 구별해주는 것은 아무 것도 없으며 특히 종의 일반적인 진화의 극히 느린 리듬을 따른다는 점에서 그렇다. 사회 기술적 차원에서는 인간 지능은 아주 특별하고 유래 없는 방식으로 작동하는데, 왜냐하면 개체나 종의 굴레에서 벗어나고 굉장히 빠르게 진화하는 집단 조직체를 만들기 때문이다. 개인에게 사회-기술적 구속의 정도는 호모-사피엔스를 탄생시킨 동물학적 구속만큼이나 강압적이다. 그렇지만 이 구속의 사항은 서로 다른데, 어떤 조건에서는 개인적으로 어느 정도 해방이 가능하기 때문이다.

개체의 차원에서도 인류는 마찬가지로 유래 없는 특성을 보여준다. 인간의 뇌 장치에 의해서 상징으로 번역된 상황을 비교 대조할 수 있게 되어서, 개체는 유전적인 동시에 사회-민족적인 굴레에서 상징을 통해 해방될 수 있기 때문이다. 살아 있는 인간 현실은 바로 이러한 해방 위에 기초를 두고 있는 두 개의 보충적 상황 안에 채워지는데, 즉 하나는 여러 동작 연쇄의 비교 대조가 유기적 세계monde organique에 대한 물질적 지배력을 얻게 되는 상황이고, 다른 하나는 그 안에 정신성이 존재하는 직관적 상황의 창조를 통해 유기적 세계에 대하여 해방이 이루어지는 상황이다.

사회적 기억

영장류에서, 개인적 구성 기억이 점차 유전적 작용적 동작 행동을 추월하는 것이 확인되면, 인간의 동작 기억의 문제는 언어 행위에 의해서 지배된다. 사실 우리에게 있어서, 유전적 조건형성conditionnement과 개인적 경험에 의한 조건형성의 대부분 교육에 의해 완전히 보완되는데, 교육을 통해 개인은 모든 작용적 동작 행동을 습득한다. 개인적으로 구성된 기억, 개인적 행동 프로그램의 등록은 언어를 통해 각 민족 공동체가 보존, 전달하는 지식을 전적으로 따른다. 그래서 진정한 역설이 생겨나는데, 개인이 비교 대조하거나 스스로를 해방할 가능성은 그 내용이 모두 사회에 속한 잠재적 기억에 달려 있는 것이다. 곤충의 경우, 개체가 비교 대조할 가능성을 허용하지 않는 유전적 조합을 사회가 보존하는 경우에만 사회는 기억을 갖게 된다. 그런데 인간은 동물학적 개체인 동시에 사회적 기억의 창조자이기도 하다. 그래서 아마도 종과 민족의 접합부가 밝혀지고, 진보(인간 사회의 고유한 특성) 안에서 혁신적인 개인과 사회 공동체 사이에 만들어지는 회로가 드러난다.

민족적 기억을 동물학적 종의 밖에 두는 것은 중요한 결과를 초래하는데, 그것은 개인이 기존의 민족적 범위에서 빠져나올 자유가 생기며, 민족적 기억 자체가 진보할 수 있는 가능성이 생기는 것이다. 인간 사회와 곤충 사회를 비교할 때 우리가 때때로 잊는 사실은 곤충에서는, 행동의 유전적 등록이 명령적, 지배적이어서, 개체는 집단적 지식의 전체 자본을 소유해야 하며, 사회는 고생물학적 진화 흐름의 리듬에 의해서만 발전할 수밖에 없다는 것이다. 이 두 유형의 사회에 대해서는 진정으로 근거 있는 어떠한 비교 항도 존재하지 않는다. 왜냐하면 인간은 비록 그것이 단순히 상징적인 것이라도 자신의 상황을 자기 자신이 자유롭게 창조할 수 있기 때문이다. 종과 기억의 관련성을 단절하는 것이 신속하고 지속적인 진화로 이르게 해주는 유일한 해결책(그리고 오직 인간적인 해결책)인 것으로 보인다. 그러므로 인간 사회는 곤충의 행동과 같은 것에 틀어박힐 위험은 결코 없을 것이다. 곤충과 우리는 완전히 다른 길을 걸어온 것이다. 고생물학자들은 종종 인간이 아주 일반적인 능력을 보존하는 쪽으로 자신의 특수화를 진전시켰다고 주장하지만, 이것은 생리적인 범위를 훨씬 넘어서는 것이다. 실제로 우리는 말보다 빨리 뛰지 못하고, 소처럼 섬유소를 소화하지 못하고, 다람쥐만큼 잘 기어오르지 못하는데, 결국 우리의 모든 뼈근육 기관은 어떤 일이든 할 수 있도록 초-전문화가 된 것이다. 가장 중요한 점은 인간 두뇌가 모든 것을 생각할 수 있는 능력이 있으면서도, 처음에는 사실상 거의 빈 상태로 태어나는 쪽으로 진화해 왔다는 것이다.

태어날 때 개인은 자신의 민족에 고유한 전통적 조직체를 마주하게 되며, 어렸을 때부터 개인과 사회 조직체 사이에 다양한 차원에서 대화가 시작된다. 전통은 생물학적으로 인간 종에 필수 불가결한 것으로서 이것은 유전적 조건 형성이 곤충 사회에 필수불가결한 것과 같다. 민족의 생존은 관례에 의해 유지되는데, 대화가 이루어지면 관례와 진보 사이에 균형이 이루어진다. 여기서 관례는 집단의 생존에 필수적인 자본을 나타내고 있고, 진보는 더 나은 생존을 위해 개인이 혁신된다는 것을 나타낸다.

사회적 기억의 특별한 성격도 역시 다른 차원에서 고려할 수 있다. 인류 최초의 인공적 도구의 창조에 의해서 기술은 동물학적 현실의 밖에, 수천 년 진화의 전개 밖에 위치하게 되었고, 동시에 사회적 기억은 빠른 리듬으로 결과를 집약하는 가능성을 획득했던 것이다. 우리가 앞에서 보았듯이, 호모 사피엔스까지는 두뇌의 진화가 완성되지 않았다. 인간은 충분한 비교 대조 장치를 갖추지 못했고, 인간에게 부족한 부분이 아주 느리게 발달해가는 리듬에 기술적 진화가 따라가는 것처럼 보였다. 마찬가지로 이른바 앞이마 빗장이 열리면서 인간 특유의 진화가 시작되고, 유전적 진화와는 다른 기원을 가진 기술적 세계가 갑자기 출현한 것도 앞에서 보았다. 호모 사피엔스 이후 사회적 기억 장치를 구성하는 것이 인간 진화의 모든 문제를 지배하는 것이다. 9장에서 언급하겠지만, 사회는 인공두뇌를 창조하기에 이르기까지 여러 방법으로 엄청나게 늘어난 지식 자본을 등록하고 보존하는 문제에 대처해 왔던 것이다.

물질과 윤리의 대립이 또 다시 등장한다. '기술에 추월당한 인간'이라는 주제는 기술의 진화와 윤리 구조의 진화 사이의 불균형을 드러나게 한다. 수 천 년에 걸쳐서 인간은 개개인이 물질적 환경에 대한 균형 잡힌 지배를 확립하는 데 도움이 될 만한 기술 수단을 획득했는데, 그 수단의 대부분은 인간이 코뿔소를 마주하던 시기와 유사한 포식성의 경향들을 변함없이 무질서하게 만족시켜 주는 것에 불과한 것이다. 이렇게 기술적 행동과 같은 수준으로 경험적 윤리 행동을 확립하지 못하는 것은 비정상적인 것도 아니고, 특히 절망적인 것도 아니다. 사실 잘 증명된 것처럼, 인류 진화의 출발은 두뇌가 아니라 발에 의해 이루어진 것이고, 고등한 특질이 발현될 수 있었던 것은 그것보다 훨씬 오래 전에 그것의 발현을 위한 토대가 구축되어 있었기 때문에 가능했던 것이다. 개인의 수준에서 인간은 수천 년 전부터, 기술적 균형에서 도달한 개념만큼 진화한 윤리적 균형 개념을 갖고 있었다. 사회는 이들 개념을 위대한 윤리적 혹은 종교적 법칙으로 등록했지만, 사회를 구성하는 각각의 개인에게는, 유전적 행동으로 인해 여전히 포식성의 근본적 속박으로부터 해방되는 것이 허락되지 않았던 것이다. 그렇다면 호모 사피엔스의 두뇌보다 더 진화된 인간 두뇌가 도덕적 기억의 내용을 실현하기 위해서는 수만 년을 기다려야 할 것이라고 결론 내려야 할까? 그것은 자명하지 않다. 사실 이 영역에서의 진보는 생물학적 속박에서 완전히 해방되지 않아 심한 방해를 받는다고 해도, 기술에 의해 집단적 자각에 제공되는 수단 덕분에 혜택을 입는다는 것을 고려해야 한다. 종의 공격적 성격을 유도하고 방향을 설정하는 수단이 탄생할 수 있는 것은 바로 생물학적인 법칙을 분명히 인식하는 것뿐이다. 공격적 성격이 완전히 사라진다는 것은 아마도 인간 종이 사라지는 것과 같을 것이며, 사고와 생리 장치와의 유대 관계를 의식적으로 조정한다면 미래에 대한 낙관적 전망도 열리는 것이다.

동작의 기억

동작 연쇄의 형성은 여러 단계에서 개인과 사회의 관계 문제를 제기한다. 진보는 혁신이 축적되면서 이루어지지만, 집단의 생존은 전통적 생존 프로그램에서 개인에게 제공되는 집단적 자본의 등록에 의해 조건화되어 있다. 동작 연쇄의 구성은 경험과 교육의 기능적 비율을 따르는데, 경험은 '시행착오'에 의해 개인 안에 동물과 같은 조건화를 낳고, 교육에서는 정도의 차이가 있지만 언어활동이 항상 결정적 부분을 차지한다. 우리가 앞서 본 것처럼, 인간의 작용적 동작 행동에서는 세 가지 차원을 구별할 수 있다. 첫째는 생물학적 성질에 직접 결합된 자동 행동과 관련되는 심층적 차원이다. 이 차원은 기반으로서만 작용하며, 그 위에 교육에 의해 전통의 자료들이 기록된다. 신체적 자세, 먹는 행동, 성적 행동은 이 유전적 기반에 근거하는데, 그 기반은 민족적 뉘앙스에 의해 강하게 각인된 양태를 보인다. 두 번째 차원은 기계적 행동의 차원으로서, 경험과 교육에 의해 얻어진 동작 연쇄와 관련된다. 이 연쇄는 몸짓 행동과 언어활동 안에 동시에 등록되어 있으며, 분명히 의식하지 못한 채 이루어지는 행동이지만 그렇다고 해도 자동 작용은 아니다. 그 이유는 동작 과정이 전개되는 가운데 그것이 우연히 중단되면 곧바로 상징의 차원에서 비교 대조가 개입하고, 세 번째 차원으로 넘어가기 때문이다. 세 번째는 명석한 행동의 차원으로서 그 위에 언어활동이 크게 개입하는데, 언어가 동작 전개의 우발적인 중단을 회복시키거나 혹은 새로운 동작 연쇄를 창조하기도 한다.

이 세 가지 다른 차원은 다양한 비율로, 그리고 사회적 구조의 생존과 직접 연결되어서 다양한 수준의 인간 행동과 엮여 있다.

기계적 동작 연쇄

모든 연계된 것을 구분하는 것이 다 그렇듯이, 작용적 동작 행동을 세 개의 차원으로 구분하는 것도 자의적이다. 그렇지만 이 구분은 무의식, 잠재의식, 의식이라는 심리학적 구분과 일치하고, 인간 신경 기관의 세 가지 차원의 기능과도 상응한다. 이 구분은 본능과 지능의 구분 보다는 분명히 훨씬 중요한데, 그 이유는 이 구분이 유전적으로 유도된 전적으로 본능적인 표출과 언어활동이 정연하게 개입되지 않은 동작 연쇄의 전개 그리고 상징의 기능에 의해서 확연히 드러난 의식 등을 서로 구별해주기 때문이다. 기술적 작용에도 심리학 용어를 적용할 수 있지만, 동시에 또 다른 일련의 내포 의미도 연루되기 때문에 그 용어를 여기서 도입하지 않는 것이 좋겠다. 그런 이유로 자동적, 기계적, 의식적 등의 용어를 동작의 실행에 적용하는 것이다.

자동 행동 실행은 민족학에서는 무시되었는데, 민족학은 생리적으로 모든 인간에 공통적인 부분과 문화를 서로 다르게 만들어 주는 것을 구분하는데 더 전념했다. 인종 인류학은 인종의 생리적 기능의 차이를 탐구하는 것을 중요시했고, 초창기에는 인종심리학까지도 존재했다. 그렇지만 유전적으로 의미 있는 것은 거의 대부분 무시되었는데, 왜냐하면 찾아낸 대부분의 차이가 문화의 상부구조에 속하기 때문이다. 전설로 많이 치장된 늑대 소년의 이야기는 유전적 기반 위에서만 사는 사람이 어떠할지에 대해 과학적인 자료를 거의 제공하지 못한다. 결국 생리해부학적 기반의 역할이 틀림없이 결정적이라고 해도, 우리는 인간 종에서 자연발생적인 작용적 동작 행동은 사회적 공동체에서 획득된 행동에 의해 감춰진다고 생각할 수밖에 없다. 그렇지만 분명한 사실은, 이 책에서 채택된 시각에서 보면, 이 유전적 기반에 충분한 중요성을 부여하지 않을 수 없다는 것이다. 이 문제는 조금 뒤에서 몸짓geste과 미적 범주catégories esthétiques를 다루면서 다시 거론할 것이다.

작용적 동작 행동의 자동적 측면들에 접근하기 위한 요소는 거의 없지만, 반면에 집단 환경에서 표출된 동작 실행 중에는 개인과 환경 사이의 상호 영향에 관해 관찰할 여지가 존재한다. 동작 주체에 의해 이루어진 모든 것은 자신의 작용적 동작 행동에 포함되는데, 그것이 기초적이고 일상적인 실행인지, 더 간격을 둔 주기적인 실행인지, 혹은 예외적인 실행인지에 따라서 아주 다른 형태와 강도intensité를 갖는다. 프로그램은 다양한 수준의 지능적 개입이나 개인-사회의 상이한 관계를 가정한다. 기초적 동작 실행은 개인의 생명에 관련된 프로그램을 구성한다. 즉 일상적 몸짓 안에서 사회 구성원으로서의 개인의 생존과 관계된 모든 것들이다. 즉 신체적 체형, 음식 섭취 혹은 위생에 관한 행동 실천, 직업적 몸짓, 이웃과의 관계 행동 등이다. 이들 프로그램은 그

토대가 확고부동한데, 상투적 몸짓의 연쇄로 조직되며, 이것을 반복하는 것을 통해, 사회계층 안에서 동작 주체의 정상적 균형과 집단 내부에서의 자기 자신의 심리적 안락함이 보장된다. 기초적 동작 연쇄는 생애 초기 동안에 획득되는데, 모방에 의한 훈련, 시행착오를 통한 경험, 언어적 의사소통이라는 세 가지 각도에서 이루어진다. 동작 주체는 삶의 정상적인 시간의 흐름을 따라 자신의 동작 연쇄를 매끄럽게 전개하면서 사회에 편입된다. 확실한 점은 아침에 일어나서 저녁에 잠들 때까지 우리가 수행하는 대부분의 동작 연쇄들은 의식의 개입을 거의 필요로 하지 않는다. 그렇지만 의식의 개입이 전혀 없는 자동 동작으로 전개되는 것이 아니라 심리적 희미함pénombre속에서 이루어지며, 동작 주체는 연속된 동작을 수행하는 가운데 뜻밖의 사태가 생기는 경우 이외에는 그 희미함에서 벗어나지 않는다. 씻고, 먹고, 글 쓰고, 이동하고, 차타는 동안 이어지는 몸짓 속에서 명료한 의식으로 되돌아가는 것이 얼마나 예외적인지는 논할 것도 없다. 이런 이유로 자동적, 무의식적 혹은 본능적이지 않은 "기계적 동작 연쇄"라는 용어가 적당하다고 생각한다.

기계적 동작 연쇄는 개인적 행동의 기초 부분이며, 인간에게 있어 생존의 본질적 요소가 된다. 그것은 인간에 고유한 조건 안에서 '본능'과 대체된다. 왜냐하면 그것이 뇌의 가용성 안에서 더 높은 수준에 있는 것을 의미하기 때문이다. 사실 지속적으로 의식의 명료함이 요구되는 작용적 동작 행동도 상상할 수 없고, 명료함을 절대 개입시키지 않는 완전히 조건화된 행동도 상상할 수 없다. 전자는 아주 사소한 몸짓도 일일이 새로 만들어 내게 될 것이기 때문이고, 후자는 완전히 사전-조건화된, 결국 비인간적인 뇌에 해당될 것이기 때문이다. 구성된 과정 자체에서 보면, 인간의 뇌는 자신의 가용성의 일부를 할애해서 기초적 프로그램을 만들어 예외적인 행동의 자유를 확보한다. 개인이 자신의 민족적 흔적을 가장 강하게 표시하는 것이 바로 기초적 동작 실행인데, 그 연쇄는 태어날 때부터 구성된다. 몸짓, 태도, 진부한 일상적 행동 방식 등이 출신 사회 집단과의 연계 역할을 하며, 개인이 다른 계급 혹은 다른 민족으로 옮겨져도 절대로 원래 집단에서 완전히 벗어나지 않는다.

이런 측면에서 정치적 재편성과 현행 '세계화'는 심각한 문제를 지니고 있다. 민족이 다양화하고, 크고 작은 집단 단위에 공통적인 작용적 동작 행동이 형성되면서 개인에게는 항상 인간 구성원을 특징화하려는 심리적 균형이 형성된다. 우리 인간이라는 특수한 동물 집단에서는 민족이 종을 대신하며, 마치 동물이 종마다 다른 것처럼 인간 개체는 민족마다 다르다. 기초적 동작 실행의 차원에서는 비교 대조가 되지 않는 한 이러한 특징화가 의식되지 않는다. 내가 하는 어떤 몸짓은 그것이 외국인의 몸짓과 대립될 때 내가 속한 집단에 특유한 것으로 느껴지는 것이다. 따라서 민족적인 동작 실행은 대립의 근원이며 동시에 같은 소속의 개인들 사이에는 안락함과 친밀함의 근원이 되고, 다른 환경에 고립된 개인에게는 '뿌리 뽑힘'의 근원이 된다. 사회 발전의 관점에서 보면, 개체를 활용하는 사회를 위해서는 완전히 호환 가능한 인간들이 틀림없이 이득이 될 것이다. 그러나 인간이 민족적으로 다양하지 않다면, 사회가 어느 정도까지 인간을 계속 파악할 수 있을까? 어쨌든 이 측면에 대해서는 나중에 다시 언급하기로 하고, 기계적인 동작 연쇄는 같은 민족 구성원에게 공통된 개체 행동의 바탕을 이룬다. 그것은 집단 기억의 심층 차원에 위치하며, 언어활동과는 제한적 방식으로만 관계한다. 사회적 혹은 직업적 몸짓이 예절 교본, 직업소개서 혹은 민족 교과서에 규정되는 것은 집단의식이 아주 조직화되었을 때만 가능하다. 따라서 기초적 연쇄의 전달은 대부분 소규모 사회 세포, 특히 가족 혹은 젊은이 집단 등의 조직에 의해 이루어진다. 성인을 모방하는 놀이가 여기서 중요한 역할을 한다.[3)]

---

3) (원주) 이 사실은 아이와 청소년이 따로 떨어져 고립된 채 동거하는 사회집단을 만드는 원시사회에서도, 학교가 행동을 구성하는 강력한 수단으로 생각되는 현대사회에서도 모두 유효하고 중요하다. 교육의 이념 측면은 집단 개성의 근본 부분을 구성하는 동작 측면을 무시하게 하는 경향이 있다. 이념 침투가 완벽해지려면, 기초적인 작용적 동작 행동이 동원되어야 하고, 스파르타에서 영국 학교(collège britannique) 혹은 사회주의 교육에 이르기까지, 집단적 이상에 잘 합치하는 개인을 길러 내는 것은 언제나 교육 프로그램 안에서 기계적 연쇄를 구성하는 것을 포함했다. 정글 속에 고립된 부서에서도 시간에 맞춰 정장을 하고 혼자 식사하는 영국 관리의 우스운 예는 개인적인 동시에 사회적인 차원에서, 기초적 연쇄 전개의 개성화된 성격을 잘 보여준다.

결국 행동 주체는 민족 집단의 진화 과정에서 형성되고, 교육에 의해 운동 기억에 등록된 일련의 프로그램의 도움을 받아 자신 활동의 대부분의 방향을 정한다. 그는 명료한 의식이 개입하여 동작의 그물코를 수정하며 자신의 동작 연쇄를 전개한다. 더 정확하게 말하면, 명료한 의식은 정현곡선을 그리는데, 바닥 지점은 기계적 연속 동작에 해당되고, 정상 지점은 동작 상황에서 연속 동작을 수정하는 것에 해당한다. 이것은 이미 고등 포유동물의 지능의 특징이며, 인간에서는 행동의 결정적 특성이 될 만큼 강하게 나타난다. 실제로 명료한 의식이 개입하는 것은 비교 대조의 가능성과 더불어 동작 과정의 방향을 확정하게 할 뿐만 아니라, 우발적 상황에 대처할 수도 있게 한다. 즉 적절한 동작 연쇄를 보완하면서 동작의 과정을 교정한다. 기술 분야와 마찬가지로 사회관계의 분야에서도 수정하거나 개량할 수 있다는 것은 발명의 요인이 되고, 진보가 이루어지는 가운데 개개의 인간을 발명가로 만든다. 기술 혁신을 축적해서 보존한다는 인간 사회의 특성은 집단 기억과 이어지지만, 동작 연쇄를 의식적으로 조직하고 새로운 동작 과정을 고착시키는 것은 개인의 역할이다.

주기적인 혹은 예외적인 동작 연쇄

집단적 기억을 조직하는 것은 농사를 계절적으로 반복하거나, 행사를 진행하거나, 집단어로 혹은 사냥을 하는 것과 같은 기계적 동작 연쇄를 넘어서는 경우에는 달라진다. 그 주기가 빠른지 혹은 아주 간격이 큰지에 따라, 집단 기억 속에 동작 연속을 정착시키는 장치를 개입시키는 것이 중요하게도 되고 그렇지 않게도 된다. 어느 경우에도 언어활동이 개입하며, 실행할 행위의 지주 역할을 한다. 문자가 없는 모든 사회는 속담, 교훈, 비결 등의 형태로 이루어진 일련의 정착 수단을 보유하며, 그것은 몇몇 개인의 기억 속에 보존된다. 특히 장기적 간격을 두고 되풀이 되는 주기적 작업은 기계적인 정착을 넘어서며, 인간 사회와 다른 모든 동물 세계를 근본적으로 구분해주는 특징 중 하나가 된다. 동물 사회에도 계절적인 행동이나 생애에 단 한번 이루어지는 행동이 존재하지만, 이것은 계절의 리듬과 생리적 성숙에 따라 이루어지는 것이다. 이때 동물은 유전적으로 미리 조건화된 회로 안에서 새로운 동작 연쇄를 전개하거나 혹은 동일한 조건에서 이미 체험한 동작의 흐름을 되찾는다. 인간에게도 역시 주기적 작업에 대한 그의 태도는 주로 계절 주기와 생리적 성숙도와 관련된다. 동일한 집단 작업에서도 동작 주체의 나이와 경험에 따라 다양하게 체험되지만, 그것의 전개는 유전적이 아니라 전통적이고, 그 내용은 민족적 자본의 일부를 이루는 언어적 유형의 양식에 의해 보존된다.

전체적인 작용적 동작 행동

따라서 인간의 작용적 동작 행동은 얼핏 보면 단일하게 보이지만, 아주 복잡하게 표출된다. 그것은 사회생활과 밀접하게 관련되지만, 벌의 본능과 인간의 지능을 일괄적으로 대비시키는 공식 혹은 사회 상태의 동일성에 의해 곤충 사회와 인간 사회 사이에 본질적인 공통성을 추출하는 공식과는 관련되지 않는다.

사람은 사실 지능과 본능 사이의 오래된 대립 관계에서 생각하는 것만큼 동물 세계와 멀리 떨어져 있는 것은 아니며, 조직적 집단생활을 영위하는 동물 사회 구조에서 볼 수 있는 놀라운 동일성이 믿게 하는 것만큼 동물 세계와 가까이 있는 것이 아니다. 삼엽충이나 지렁이를 우리와 먼 친족 관계로 만들어줄 수 있던 것 중에서, 그게 무엇이든 우리가 잃어버린 것은 없는 것 같다. 척추동물의 심리적 조직 안에서 삶의 균형을 보장하는 것 중에 우리가 잃어버린 것은 아무 것도 없지만, 이 모든 것이 우리에게 고유한, 엄밀하게 고유한 것 배후에서 우리의 자율신경 활동을 유지하게 하는 조절기에 다름없다. 즉 우리에게 고유한 것이란 상징화하는 능력 혹은 더 일반적으로 체험과 그 체험을 지탱해주는 유기체 사이에 거리를 유지하는 인간 두뇌의 특성이다. 개인과 사회와의 대화 문제는 지능과 본능의 문제에 접근하면서 불가피하게 제기되었었고, 그 뒤에 지속적으로 다시 제기될 것인데, 그것은 다름 아니라 인간과 그가 몸담고 있는 내적 외적 환경 사이의 이러한 거리 두기인 것이다. 손에서 도구를 분리하거나, 사물에서 단어를 분리하는 것에서 나타나는 이러한 이탈은 동물 집단에 대해 사회가 거리를 두는 것에서도 표현된다. 인간의 모든 진화는 다른 동물 세계에서 종의 적응에 해당되는 부분을 인간 외부에 위치시키는 것과 일치한다. 가장 분명한 물질적 사실은 틀림없이 도구의 '해방'이지만, 실제로 근본적인 사실은 언어의 해방이며, 유일하게 인간이 소유한 특성 즉 자신의 기억을 자신의 외부에 즉 사회 조직체 안에 위치시킨 것이다.

바로 이러한 두 가지 거리 두기, 즉 도구와 기억의 거리 두기가 다음 장의 대상이 될 것이다.

제8장
몸짓과 프로그램

도구의 형태 분류와 제조 상태의 분석에 국한되는 공학이 있다면 그것과 민족학과의 관계는 계통적 동물학이 동물 생태학과 갖는 관계와 동일할 것이다. 사실 도구는 동작과 함께 생각해야 한다. 도구는 동작의 좋은 증거가 되는데, 왜냐하면 일반적으로 동작의 중요한 흔적을 보유하기 때문이다. 그것은 마치 말의 골격이 과거 그 골조였던 빨리 달리는 초식동물의 흔적을 지니고 있는 것과 비슷하다. 비록 두 권으로 이루어진 『진화와 기술』에서 다루어진 계통적 공학이 불가결한 기초가 된다 하더라도, 도구는 그 도구를 기술적으로 유효하게 하는 몸짓 안에서만 실제로 존재한다.

도구의 개념 자체도 동물 세계에서 재검토될 필요가 있는데, 그 이유는 기술적 행위는 인간뿐만 아니라 무척추동물에게도 존재하며, 인간만 갖고 있는 인공적 산물로만 도구를 한정할 수는 없기 때문이다. 동물에서 도구와 몸짓은 원동부partie motrice와 행위부partie agissante가 어떠한 분리도 이루어지지 않은 채 하나의 유일한 기관에 합류되어 있다. 게의 집게와 아래턱 부분은 동작 프로그램에 합류되어 있어서, 게의 포식 행동은 그 프로그램을 통해 나타난다. 인간의 도구가 탈착 가능하고, 그 특징들이 종의 성격이 아니라 민족적 성격이라는 사실도 아무 것도 근본적으로 변화시키기 않는다. 이런저런 기술적 작업이 그 전개 과정이나 도구류의 측면에서 전형적으로 뉴-칼레도니아적인 것으로 만들어 주는 사회-문화적 단면은 심리-동물학적 단면을 단순히 대체한 것에 불과한 것으로, 이 심리-동물학적 단면은 어떤 동물 종의 이런저런 동작과 그것을 실행하는 장치를 전형적으로 그 동물 종에 국한하는 것이다.

도구와 몸짓의 공동 동작은 행동 프로그램이 등록되어 있는 기억이 있다는 것을 가정한다. 동물의 수준에서 이 기억은 모든 기관의 행동과 일체화되며, 기술적 동작은 보통 본능적 성격을 띤다. 앞에서 보았지만, 인간에게 있어서 도구와 언어를 자유롭게 떼어낼 수 있다는 것은 집단 시스템의 생존과 결부되어 있는데, 이것은 동작 프로그램을 몸의 외부에 두는 것을 결정한다. 따라서 이제 오늘의 사회에서 도구뿐만 아니라 기계의 몸짓, 자동 기계의 동작 기억, 전자 기기 프로그래밍에까지 이르게 추진된 동작의 해방을 보여주는 여러 단계를 차례로 알아보는 것이 필요하다. 도구에 대해서는 앞 장에서 다룬 내용에 별로 추가할 것이 없다. 반대로 몸짓에 대해서는 거의 다루어지지 않았는데, 이제 동물의 행동과 인간의 자각적 활동을 같은 관점에 놓고 몸짓에 대해 생각해 보겠다.

몸짓의 기초적 분석

영장류의 골-근육 조직은 인간과 아주 가까워서, 그 팔과 손이 우리 인간과 거의 동일한 역학적 특성을 지니고 있다고 생각할 수 있다. 사실 원숭이의 움직임과 비교해볼 때 인간의 움직임이 더 섬세하다고도 생각할 수 있지만, 신경 운동계의 차이와 비교해보면 해부학적 차이는 무시할 만하다. 따라서 보통의 원숭이, 유인원, 인간을 같은 기초, 같은 몸짓의 가능성에서 생각할 수 있다.

인간에 고유한 기술적 몸짓의 본질적 특성은 분명히 사물을 잡는 능력과 관련된다. 앞서 보았지만 잡는 행위는 모든 포유류 범주에 관련되는데, 설치류와 육식동물부터 정도는 다양하지만 동일한 능력을 보인다. 손 움직임이 얼굴 움직임 특히 입술과 앞니 움직임과 결합되는 동작과 양손 혹은 한손 움직임이 얼굴의 참여 없이 이루어지는 동작, 이 둘의 구분은 다양한 수준에서 개입된다. 이 책의 앞부분에서 전 운동 영역champ opératoire antérieur의 형성에 대해 분석할 때 이 구분의 중요성이 언급되었는데, 여기에 다른 구분이 첨가된다. 그것은 손에 특유한 행위 방식의 구분인데, 이 구분은 주로 인간의 기술 행동을 분석할 때 중요하기 때문이다. 손에 특유한 행위는 손톱으로 훼손하는 일, 손가락과 손바닥으로 잡기, 손가락들로 잡기 등 동작으로 나타난다. 전진, 회전 운동으로 수동 도구를 내밀거나 내리누르는 행위에 대한 기술 영역의 몸짓 행동 분석은 상박과 팔 지렛대와 관련되는 4번째 동작항에 의해서 가능할 것이다. 완전한 분석을 하려면 신체 기관 전체가 개입되어야 하겠지만, 현재 단계에서는 고등 포유류들과 인간의 몸짓 행동의 근본적 범주 안에서 어떤 질서가 어떻게 도입될 수 있는지를 지적하는 것으로 충분하다.

원숭이와 인간에 공통된 자본을 설정하는 것은 흥미롭지만, 그것은 원숭이에게서 인간적인 면을 찾을 수 있어서가 아니라 생리 해부학 요소의 공통부분 측면에서 흥미롭다. 그림 106은 시초부터 호모 사피엔스 여명기까지 영장류의 기술 행동과 인간 기술의 특성을 동시에 보여준다.

원숭이와 유인원의 초보적 행동으로는 먹이 획득과 섭취, 공격 혹은 방어, 안면 혹은 손 접촉에 의한 외부 관계 행동 등과 관련된 동작으로, 몸 전체의 역학적 기초 위에서 앞다리와 안면 협동 행위 혹은 단독 행위를 시행하는 것이다. 거의 전적으로 먼저 입술-이빨로 잡거나 더듬는 설치류와는 반대로 영장류는 우선 손을 개입시킨다.[4)] 잡는 손을 가진 설치류의 행위와 본질적으로

4) (원주) 포유류의 입술-이빨 잡기와 한 손 또는 양손 잡기의 사용 비율은 아주 다양한 측면을 보인다. 그것은 앞다리 해방의 정도에 지배되고 있지만, 운동 피질의 발달 정도와 먹이 획득의 성질에도 지배를 받는다. 토끼의 경우 앉은 자세임에도 불구하고 손으로 잡기를 하지 않는다. 아구티agouti의 경우 입술-이빨 잡기에 이어 손잡기가 이루어지는데, 양손을 이용해, 음식물을 잡고 있는데 국한된다. 비버, 마모트, 햄스터, 다람쥐, 쥐 등처럼 잡는 성격이 강한 설치류에서는 앉은 자세에서의 입술-이빨 잡기가 즉각적인 두 손의 협동 행동을 일으킨다. 두 손은 물체의 방향을 정하고, 치아가 정확하게 작

		이빨 타격	손 타격	손톱 타격
	공격/획득/섭취	빻기/자르기	망치질	긁기/구멍파기
잡기 입술-이빨	외부 관계	---찢기----		
손가락- 손바닥	팔 이동 - 파악 감정적 접촉 반죽하기 [능력] 웅크리기, 보호	분쇄기Broyeur 칼Couteau 송곳Poinçon 창Epieu	찍개-가격기Chopper-percuteur 몽둥이 [주걱Spatule]	막대coche 파기막대Bâton à fouir 곡괭이Pioche-houe
손가락사이	다듬기 이잡기 [모형제작]	끌[새기개Burin]- 세석검[Lamelle] [송곳Perçoir] [바늘Aiguille]		긁개Grattoir
던지기		투창Sagaie	돌-발사체Pierre-projectille 볼라bola5)	

그림 106.

같은 이러한 일련의 행위에서 손-얼굴 관계가 이렇게 역전하는 것은 영장류를 다른 포유류와 구분하는 충분한 이유가 된다. 이 역전은 인간의 작용적 동작 행동의 길을 예고해 준다.

영장류에서 인간에 이르기까지, 잡기 동작은 본질적으로는 변하지 않지만,

동하도록 물체를 전달하기에 충분한 독립성을 갖고 있다. 드물긴 하지만, 잡기 위해 두 손을 먼저 사용하는 경우도 관찰된다. 고양잇과처럼 잡는 성격의 식육 동물에서는 행위의 종류에 따라 한손 혹은 양손 잡기와 입술-이빨 잡기가 교체된다. 도약에 의한 잡기에서 양손 행위가 먼저 이루어지고, 정지 상태 혹은 세발로 앉은 상태에서의 잡기 동작에서는 한 손 잡기가 지배적이 된다. 음식을 먹을 때, 네발로 웅크린 자세에서, 후각 인식은 입술-이빨 잡기와 연결된다. 곰, 발바닥으로 걷는 족제빗과(오소리), 미국너구리과(너구리) 등에서는 나무 타기와 직립 자세가 중요한 역할을 하는데, 고양잇과와 비슷한 도식에 따라 행위가 나뉜다. 그렇지만 뉘앙스가 더 풍부하고, 이미 영장류의 행위에 가깝다. 곰은 한 손으로 채취하고, 그것을 코로 가져가 냄새 맡고, 다음에 입술로 문 다음에 한손 혹은 양손을 이용해서 먹을 수 있다. 원숭이는, 종 사이에 아주 큰 변화가 있는데, 손 행위가 우선하고 종종 한손을 사용하는 반면에 인간에서처럼 입술-이빨 잡기는 부차적이다.

5) bola : 남미 원시인들이 사용하던 도구. 여러 돌을 끈으로 묶은 사냥도구.

단지 목적이 다양하게 되고 실행 방법도 섬세하게 발전해 간다(그림 106).

잡기, 애정적 혹은 적대적으로 접촉하기, 반죽하기, 혹은 손을 그릇처럼 사용하기 등 손에만 의존하는 기술은 기본적인 것인 반면에, 영장류에게서 이 잡기, 껍질 까기를 가능하게 하는 손가락 상호 동작이 섬유 작업과 같은 상당히 섬세한 동작을 필요로 하는 기술에서 상당한 중요성을 갖게 된다. 인간의 현재 두뇌가 가장 최후의 획득물이라는 점이 다른 모든 연구보다 기술적 몸짓 연구에서 더 잘 드러난다. 왜냐하면 기술적 결과를 만들어 내는 것은 이미 고등 원숭이에게도 존재하는 골-근육 기관과는 아무 것도 연루되지 않기 때문이다. 모든 것은 신경계 안에 존재한다.

영장류에서 최초 도구 소유자로 넘어가기 위한 경계는 기술적 가능성에 있지 않다. 거대 유인원[6]도 잡고, 만지고, 모으고, 반죽하고, 껍질 벗기고, 배합한다. 그들은 손가락과 이빨로 찢고, 어금니로 으깨고, 앞니로 자르고, 송곳니로 뚫고, 주먹으로 두드리고, 손톱으로 긁고, 판다. 이러한 동작 목록은 아르칸트로프Archanthrope나 팔레안트로프Paléanthrope의 도구류에서 설명되는 작업을 모두 나열하기 위해서는 반드시 포함될 것과 동일한 것이다.

앞 장에서는 도구가 인간의 진화 과정에서 인간에 의해, 어떻게 보면, 밖으로 배어 나온 것이라는 느낌에 도달했다. 어느 순간이 오면 혈통이 성숙되면서 손이 자유로운 두발 동물에 도달하는데, 여기에 대해서는 이 책의 1부에서 다루었다. 두발 동물은 생물 연속성에서 벗어나지 않고 탄생한 것이며, 가장 초보적인 인간적 특성과 가장 진화한 원숭이는 완전히 상이하지만 동일한 흐름 속에 있는 것이다. 기술적 몸짓의 분석을 통해서도 같은 느낌을 더 강하게 받을 수 있다. 왜냐하면 몸짓에서 어떠한 결정적 단절도 없이 영장류의 치아와 손톱에서 도구가 문자 그대로 솟아나는 것을 볼 수 있기 때문이다.

오스트랄란트로프Australanthrope, 아르칸트로프 등 가장 오래된 안트로피엔의 기술적 장비는 타격기percuteur[7], 간단히 날이 달린 찍개chopper, 곤봉이나 땅 파

6) 전통적으로 침팬지, 고릴라, 오랑우탄, 인간 등을 합쳐 부르는 말.
7) 단단한 바위로부터 불꽃을 얻거나 날을 세우기 위해 사용하던 선사시대 도구(자갈, 단

는 막대 모양으로 잘린 사슴뿔, 투척용 공 등인데, 이것을 조작하는 움직임은 이전 몸짓의 주형moule 안에서 직접 새어나온다. 인간의 손이 인간적인 것은 손 자체에 의해서가 아니라 손과는 다른 것에 의해 인간적이 된다. 손은 뛰어난 역학적 경계성으로 잡기, 돌리기, 옮기기 등의 운동을 보장 해주는, 원숭이에서 시작된 아주 단순한 골-근육 장치로서 이것을 움직이는 방식은 그 후에도 변함없이 유지된다. 따라서 몸짓의 인간적 가치는 손에 있지 않다. 손이 존재하기 위한 충분조건은 걸을 때 자유로워야 하는 것인데, 그것을 가능하게 하는 것은 직립 보행이며, 또한 그것이 뇌 기관의 발달에 미친 고생물학적 결과인 것이다. 촉각과 신경 운동 기관이 점차 풍부해지는 것은 기본적인 장치 성격이 변화되지 않고 단지 질적으로만 개입하는 것이다.

원시 안트로피엔의 수준에서도 잡기, 다루기, 문지르기 등의 복잡한 행위들이 존재하며, 이것들은 아직도 우리 기술적 몸짓의 대부분을 차지한다. 반면에 타격기, 찍개, 사슴뿔 등이 사용되면서부터 자르기, 찧기, 만들기, 긁기, 파기 등의 작업은 도구로 옮겨지고, 손은 더 이상 도구가 아니라 원동력이 된다.

도구와 원동력 몸짓의 활용

인간 진화의 과정에서, 손은 동작 절차의 행위 방식을 풍부하게 해 왔다. 영장류의 '조작 동작'에서는 몸짓과 도구가 혼동되고 있는데, 그것에 이어 초기 안트로피엔에서는 '직접적 원동력'으로서의 손이 나타난다. 여기서 손 도구는 원동력으로서의 몸짓에서 분리하는 것이 가능하다. 다음 단계로 넘어가는 것은 아마도 신석기 이전인데, 수동 기계가 몸짓에 병합되고, '간접적 원동력으로서의 손'은 원동 추진력만을 제공할 뿐이다. 역사 시대를 지나면서 원동력 자체가 인간의 팔을 떠나고, 동물 기계 혹은 풍차와 같은 자동 기계에서는 '손이 원동 과정을 작동시킨다'. 그리고 마지막 단계에는 손이 자동 기계 안에

단한 나무, 사슴뿔).

'프로그램화된 과정을 작동'시키는데, 자동기계는 도구와 몸짓, 원동력을 외부화할 뿐만 아니라 인간의 기억과 기계적 행동까지도 보유하고 있는 것이다.

도구와 몸짓이 이렇게 인간 외부 기관으로 이행하는 것은 생물학적 진화의 특성을 모두 갖추고 있다. 왜냐하면 이것은 두뇌 진화처럼 시간 속에서 요소를 첨가하면서 발전하는데, 그들 요소는 서로를 제거하지 않고 동작 절차를 개량해가는 것이다. 앞에서 본 것처럼, 호모 사피엔스의 뇌는 어류 이래로 획득된 모든 단계를 보존하고 있으며, 그 각각의 단계는 가장 최근의 단계로 가려진 채로 가장 진화된 사고의 형태 안에서 하나의 역할을 계속 담당하는 것이다. 복잡한 프로그램을 가진 자동 기계가 존재하고 작동한다는 것은, 그것의 제작, 제어, 보수 단계에서, 금속 조작, 줄lime의 사용, 전선 감기, 부품의 수동 혹은 자동 조립 등 모든 종류의 기술적 몸짓이 어렴풋하게 개입되어 있는 것을 내포하는 것이다.

손 조작

손 조작의 특징을 이루는 잡기-돌리기-이동하기의 복합 작업은, 처음 등장할 때부터 바뀌지 않고 계속 모든 시기에 존재한다. 그것은 아직도 가장 통상적인 몸짓의 기반이고, 인간의 아주 오래되고 아주 전문화되지 못한 손 특기가 된다. 움켜쥐거나 뛰는 데 사용되는 경이로운 기관인 사자나 말의 앞다리와 비교해 보면 인간의 손은 전문화되지 못한 것이다. 오래 지속되어 온 손이라는 전유물은 고생물학적으로 어떤 상황에서도 쓸 수 있도록 인간 종에게 부여된 것인데, 이는 다시 맨손 작업에도 결부되어 있어, 가장 완벽한 형태의 건축, 도예, 바구니, 직조 등은 현대까지 손 조작과 관련된다.

잡기, 유리한 위치로 옮기기, 내려놓기에 쓰이는 장치는 고도로 산업화된 조립 라인 혹은 자동화 기기에서 비로소 처음 등장한다. 고대 문명에서 이미 사용된 기중기, 도르래 등에서 손은 갈고리로만 존재하며, 기계는 원동력을 단순히 외부화한 것이었다. 직조의 사례도 역시 증거가 된다. 페루의 직물 혹은 동양의 비단brocard 등과 같이 가장 공들여진 고대 직물에서, 손은 하나하나 따로 연결된 실을 개별적으로 잡아 장식을 구성한다. 그렇지만 아주 이른 시기부터, 아마도 신석기부터, 반복된 가져오기 작업을 둘 혹은 셋 중 하나의 실로 줄이면서 손가락이 해방되었다. 천공카드 프로그램이 삽입된 기계 직조가 맨손으로 이미 오래전에 실현된 조작 수준에 도달하기 위해서는 19세기까지 기다려야만 했다. 이 두 경우 밟은 경로가 동일하다. 즉 처음 단계에서 맨손은 힘과 속도가 제한되지만 아주 다양한 동작들에 적합하다. 둘째 단계에서, 도르래나 직조 일에서처럼 손의 효과만이 분리되어 기계로 옮겨진다. 세 번째 단계에서 초보적인 인공 신경 시스템이 창조되어 운동 프로그램을 재현한다.

직접적 원동력으로의 손

손 조작과는 반대로 치아나 손톱에 의한 행동은 쉽게 외부화된다. 여기서 손은, 여러 다른 범주들의 타격에 적합한 직접 원동 장치 끝에 달린 핀셋 역할 밖에는 수행하지 않는다(『인간과 물질』 참조).

유인원 원숭이가 가능한 타격의 종류는 상당히 많지만, 그 주된 기관은 치아 장치이다. 앞니는 자르거나 긁고, 송곳니는 뚫거나 찢고, 어금니는 으깬다. 손의 역할은 무엇보다도 음식 섭취를 위해 탐사하거나 준비해야 할 대상을 치아의 활동에 맞추어 제공하는 것이다. 손톱의 활동은 긁기 혹은 파기와 관련된 작업에서만 나타나는데, 더구나 이 활동은 그 리듬성 때문에 중요하다. 거대 유인원의 작용적 동작 행동을 고려해보면 치아 타격, 조작, 반복된 긁기 동작 등의 사이에 배분된 어수선한 기술성이 잠재하고 있는 듯한 인상을 준다. 인간의 기술성을 이루기 위해 필요한 모든 것은 이미 존재하고 도구가 출현한 시기로 향해 집중된다.

어떻게 앞니가 찍개chopper가 되었는지, 다시 말해 어떻게 자르는 동작을 하는 턱 끝에 있는 유일한 생체 도구가 손으로 옮겨져 다듬어진 조약돌로 자르는 동작으로 변했는지는 자료도 부족하고 상상해보기도 어렵다. 그렇지만 아주 오래된 단계인 오스트랄란트로프 때부터 벌써 개조가 이루어지고 있었다. 여기서도 직립 보행이 결정적이다. 원숭이의 경우, 두 동작 영역이 앉은 자세에서는 동시에 일하고(이빨 타격 + 손 조작), 선 자세에서는 분리된다. 네발 동물의 치아는 신체 기관의 가장 앞부분으로서 주된 외부 관계 기관이다. 직립 자세가 이루어지면 손이 주된 외부 관계 기관이 되고, 앉은 자세의 작업은 얼굴과 손의 동시 동작들이 유지된다(음식 섭취와 치아가 개입되는 기술 동작). 그렇지만 입술과 치아에 의한 접촉은 네발 동물에서처럼 더 이상 지배적이지도 못하고, 수많은 원숭이의 경우와도 비슷하지 않다. 인간의 경우 입은 애정적 접촉이나 추가적인 집게 역할을 하는 몇몇 기술적 작업에서만 중요성을 갖는다. 따라서 도구로의 이행은 기능적으로 외부 관계 영역이 손으로 이행한 것으로 정당화된다.

찍개chopper를 손가락 끝에 위치한 앞니로 보거나 타격기percuteur를 주먹으로 휘두르는 어금니로 보는 것은 초보적일 것이다. 직립보행 영장류가 그의 치아 타격 동작을 팔로 조종하는 조약돌로 이전한 이론적 시기로부터 비롯된 전이의 이전과 이후 일련의 행위가 변하지 않고 유지된다. 인간을 둘러싼 수많은 물체에는 인간이 생존하기 위해서 충분한 요소의 근본적 단순성이 숨어 있다. 호주 원주민의 진정한 기술적 재료는 적은 수의 형태로 귀착된다(그림 107). 즉 사냥에 쓰는 투창, 투창기, 채취에 쓰는 파개 막대, 음식 생산과 섭취를 위한 자갈 타격기percuteur, 칼, 찍개chopper, 규석 긁개, 끈을 위한 뼈 송곳, 섬유, 그릇으로 쓰는 나무껍질 쟁반 등이다. 우리가 화석인류에 대해 알고 있는 것은 팔레안트로프에 이르기까지 같은 종류이며, 영장류의 치아와 손동작의 종류와 정확하게 일치한다. 즉 빻기-망치질은 타격기percuteur로 증명되며, 긁기는 도구로 사용된 사슴뿔과 나무를 긁는 긁개raclette로 증명된다. 누르거나 두드리거나 하는 자르기 동작은 예리한 박편, 찍개chopper 혹은 양면석기biface로 이루어진다. 후기 구석기시대에는 호모 사피엔스와 함께 도구의 종류가 많아지지

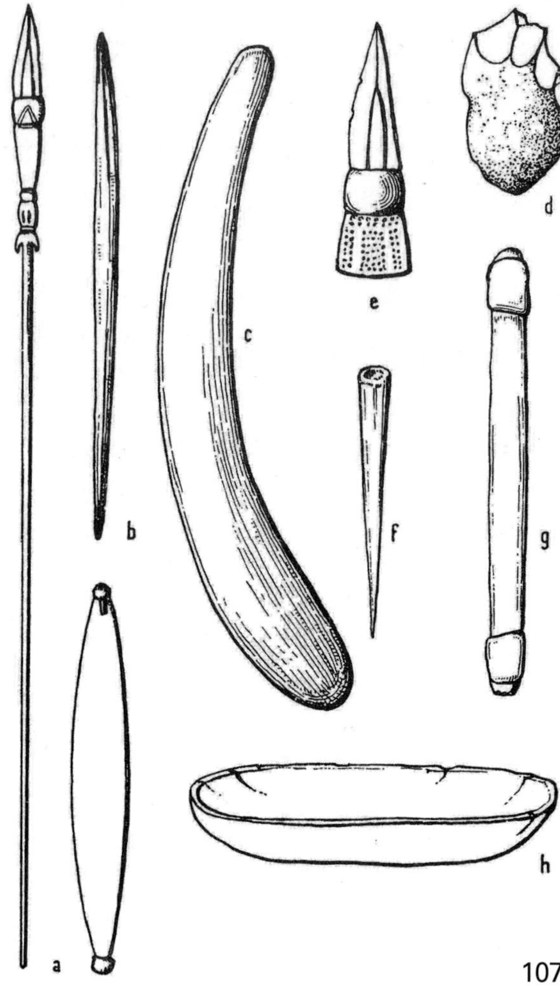

그림 107. 호주 원주민 수렵도구와 제작 도구. a) 투창과 투창기, b) 파개 막대, c) 부메랑 d) 찍개chopper e) 칼 f) 송곳poinçon g) 양면 긁개 grattoir double, h) 나무 껍질 쟁반.

만 지렛대 혹은 올가미를 제외하고는 현재까지 간접적 수동 원동력이 실현된 것을 말해주는 것은 아무 것도 없다.

'간접적 원동력으로서의 손'은 새로운 '해방'에 해당되는데, 그 이유는 원동력으로서의 몸짓이 그것을 연장하거나 변형시킨 수동 기계로 이전되기 때문이다. 이 중요한 단계를 넘어간 정확한 시점을 말하기는 아주 어렵다. 그렇지만 후기 구석기시대에는 간접 원동력이 적어도 두 기구에서 증명되는 것 같은데, 그것은 천공 막대bâton percé와 투창기propulseur이다. 전자는 순록 뿔 토막에 구멍을 뚫은 것으로, 십중팔구는, 불속에서 뼈 막대들을 들어 올리는 지렛대로 사용되었을 것이다. 여기서 손 움직임의 힘과 방향이 바뀐다. 이 도구는 간접 원동력을 이렇게 단순하게 적용한 것으로 움직임의 방향에 힘을 미치는데 기원전 3만 년경 오리냐크Aurignacien 시기부터 나타난다. 투창기는 더 후에 1만3천 년 전 마그달레니아Magdalénien 시기부터 드러난다. 이것은 투창sagaie을 가속하는데 사용되는 갈고리 모양 막대로서(『환경과 기술』 참조), 투창을 손에 쥐고 던지는 사람의 팔에 추가적인 팔꿈치와 상박의 역학적 힘을 더해 주는 것이다.

이 시기부터 역사시기가 도래할 때까지, 간접 원동력의 응용은 발전한다. 농업-목축 경제로 이행되면서 여러 상이한 기술에 응용이 집약되는데, 활, 석궁arbalète, 올가미, 도르래, 회전 절구, 기중기, 전달 밧줄 등의 '수동 기계'에서의 용수철(탄성), 지렛대, 교차적 혹은 연속적 회전운동 등에서 적용된다. 이들 기계에 대해서는 앞선 두 저서(『인간과 물질』, 『환경과 기술』)에서 살펴본 바 있는데, 결국 인류 진화에서 하나의 논리적 단계에 해당된다. 서서히 모든 도구들을 인간의 외부로 내보내는 과정이 여기서 드러나는데, 그것은 수동 도구에서 분명히 보인다. 치아의 기능이 떼어낼 수 있는 도구를 다루는 손으로 넘어가고, 다음에 도구는 더 손에서 멀어졌고, 또 다시 몸짓의 일부가 수동 기계에 의해서 팔에서 벗어나게 된다.

원동력에서 벗어난 손

진화는 계속된다. 동물, 바람, 물 등의 원동력을 사용하기 시작하면서 근육 추진력 자체도 신체를 벗어나게 된다. 인간 종은 특이한 특성을 갖고 있는데, 자신은 작동시키는 역할에만 국한하고, 자신을 결정적으로 구속하게 될 육체적 전문화를 주기적으로 모면하고 있다는 것이다. 최초 안트로피엔의 손이 엄밀한 의미에서의 도구에 적응했다면 한정된 행위에 고도로 적응한 한 무리의 포유류만을 태어나게 했을 것이고 인간은 태어나지 못했을 것이다. 인간이 생리적(그리고 또 정신적)으로 적응하지 않는 것은 유전적 특징이다. 지붕 안으로 숨어들 때에는 거북이, 집게로 손을 연장시킬 때에는 게, 승마자가 되었을 때에는 말이 된다. 그 때마다 인간은 자유로운 여유를 갖게 되고, 자신의 기억을 책에 옮겨 담는다. 소를 이용해 자신의 힘을 배가하고, 망치를 이용해 자신의 주먹을 개량한다.

인간뿐만이 아니라, 행동 수단을 집약적으로 보유한 사회에 있어서도, 원동력으로부터 벗어나는 것은 중요한 단계가 된다. 이 현상은 아주 늦게 나타난다. 동물에 의한 견인, 수력 혹은 풍력 기계 등은 고대 역사에서 볼 수 있는 사건이지만, 이것은 18세기까지 기술-경제적 패권을 유지하던 몇몇 유라시아 문명에게만 국한된 사건인 것이다. 일반적으로 기술적 의미를 가진 역사적 현상으로 인식되는 수레, 쟁기, 방아, 선박 등의 출현은 또한 생물학적 현상으로도 생각될 수 있는데, 인간에게서 생리적인 신체를 대신하는 외부 기관으로의 교체라고 볼 수 있다.

'동물 기계'는 근육의 개입이 증가되는 것을 의미한다. 원동력은 일종의 방향 조정을 해서 동물 동력원을 다스리는데 집중하지만 그래도 힘의 소비가 상당했다. 더구나 동물 기계의 효율성은 아주 일찍 보잘 것 없는 수준에서 멈춰버렸다. 말의 숫자를 늘려도 마차의 속도가 늘어나지 않고, 피로에 대한 지구력도 상당한 한계를 벗어나지 못했다.

'자동 기계'는 물레방아 혹은 풍차와 같이 아주 간단한 것이라 해도, 인간과 외부 힘 사이에 완전히 다른 관계를 만든다. 손이 동력원을 작동시킨 뒤에는 움직임을 유지하거나 멈추게 하기 위해서만 개입한다. 힘을 배가하거나 인간의 생각에 맞게 구상된 모든 일을 하는 기계-도구에게 그 힘을 배분하는 것은 인간에게 달려 있다.

비록 수력과 풍력을 정복한 것은 역사상 고대로부터 아주 이른 시기에 이루어지긴 했지만, 수 세기 동안 자동 동력은 그것을 넘어서지 못했다. 18세기에도 제재소, 대장간은 아직 수력이나 풍력에 의존하고 있었다. 19세기에 이르러서야 비로소 증기 압력을 이용하면서 결정적인 선을 넘게 된다.

인류는 이때 자연계와 인간 사이의 관계에서 만들어진 규모의 변화의 경이로운 성격을 아주 분명하게 깨닫게 된다. 청동기 시대 이래로 이보다 중요한 한 걸음이 내디뎌진 경우는 없다. 금속을 처음으로 정복한 것이 손의 승리였다면 증기를 정복함으로써 결정적으로 근육의 외부화가 확립된다. 그렇지만 아직 인간의 직접 관여가 상당했고, 증기 시대는 또한 수동 작업자의 예속이 가장 압도적인 시대이기도 하다. 사실 19세기의 자동 기계는 두뇌와 손이 없었다. 그 신경 체계는 지나치게 초보적이어서, 지속적이지만 무조건적인 동력을 배분하는 것에 그치는 속도, 압력 조절기에 불과하다. 그 앞에 선 노동자는 동력의 효율을 높이는 두뇌가 되고, 불에 연료를 공급하고, 기계에 원자재를 공급하고, 방향을 정하고, 조절하는 손이 된다.

그렇지만 생물학적 변화가 그것에 영향을 받은 생물의 생리적인 조직과 행동에 동시에 관련된다는 사실을 인정한다면 자동 동력의 탄생은 본질적으로 생물학적 단계에 해당된다. 만약 변화가 새로운 생존 현실을 직면하게 한다면 그것이 신체 외부의 기관과 관련된 것이라는 사실은 중요하지 않다. 앞서 본 것처럼, 호모 사피엔스로부터의 인류 진화가 증명하는 것은 신체 변화의 추이는 지질학적 시대의 단계에 머무르는 반면에 도구 변화의 추이는 연속되는 세대의 리듬과 관련되며 이 두 변화 추이는 점점 더 분명하게 분리가 이루어진다는 것이다.

종이 살아남기 위해서는 조정이 필수 불가결하다. 조정은 기술적 습관만 관련되는 것은 아니며, 변화할 때마다 개인의 집단화 법칙의 수정을 요구한다. 인류가 동물 세계와 평행을 유지하는 것은 결국 역설이 될 수밖에 없지만, 또한 고려하지 않을 수 없는 것은 인류가 도구와 제도를 동시에 바꿀 때마다 조금은 종이 변화한다는 사실이다. 비록 인간에게 고유한 것이긴 하지만, 모든 집단 기구의 구조 전체에 영향을 미치는 변화의 연관성은 동물 집단의 모든 개체에게 가해진 변화의 연관성과 같은 성격이다. 그런데 사회관계는 원동력이 무제한 외부화 되면서 새로운 성격을 갖게 된다. 인간이 아닌 관찰자, 우리에게 친숙한 역사, 철학적 설명의 외부에 있는 관찰자는, 마치 우리가 사자와 호랑이 혹은 늑대와 개를 구분하는 것처럼, 18세기 인간과 20세기 인간을 구분할지도 모를 일이다.

'자동 기계'. 19세기의 기계류는 아직 이상적인 변화를 실현하기에는 거리가 멀었다. 이상적인 변화란 인간이 인간의 밖에 완전히 인공적인 또 다른 인간을 갖는 것, 신속 정확하게 무한한 힘으로 작동하는 것을 말한다. 또한 사회적 이상형의 완전한 이미지인 분신상 안으로 도구, 동작, 힘, 사고 등 모든 것이 흘러가고, 이동되는 순간과도 아직 거리가 멀다. 시간이 지나면서 개인이 점점 더 전문화된 세포 역할을 담당하게 되는 사회 조직체가 만들어지면, 인간의 불충분성을 점점 더 드러내게 된다. 여기서의 인간은 살과 뼈로 이루어진 인간, 진정한 살아 있는 화석으로서의 인간, 역사의 계단에서 굳어 버린, 매머드에게 승리하던 시기에 완벽하게 적응한 인간, 그렇지만 삼단노선[8)]을 이끌던 근육을 가진 인간의 시대에 이미 뒤쳐진 인간인 것이다. 더 강하고, 더 정교한 수단을 끊임없이 추구하는 것은 필연적으로 로봇의 생물학적 역설에 다다르게 되는데, 이 역설은 자동인형을 통해 수 세기 이래로 인간 정신을 따라다니던 것이다. 사실 1장의 조상 유인원의 이미지는 가장 심층으로부터의 향수에 찬 자성repli의 표현이라면, 이에 대립되는 것은 천사나 성인의 영적인 이미지가 아니라, 육체적 인간 주위로 타잔, 우주인, 로봇 등이 맴도는 성좌 안에서, 유인원의 기계적 복제본으로 완벽하게 제조된 인간의 이미지인 것

8) 노잡이들이 삼단으로 앉아 노를 저은 그리스 시대의 갤리선.

이다.

19세기는 괴물을 생산했고, 그중 많은 수가 아직 생존해 있는데, 그것은 신경 시스템이 없는 기계로서 인간 파트너의 지속적인 협력을 필요로 하는 것이다. 전기 이용이 개선되고 특히 전자공학의 발전에 의해, 한 세기도 안 되는 자동 기계의 변천 과정에서, 인간 존재 안에서 더 이상 외부화할 것이 남아 있지 않은 변화가 이루어졌다. 기계의 근본적인 변화가 이루어진 것은 소형 모터, 빛에 반응하는 전지, 기억 장치, 트랜지스터 등 모든 초소형 장치의 발전에서 기인한다. 분리된 부품으로서 서로 어울리지 않는 이것들은 생물학적 조직과 놀랄 만큼 비슷한 조직을 이룬다. 19세기 기계류는 덩치가 큰 에너지원으로부터 거대한 동력 전달 시스템을 통해 단일한 동력을 무조건적인 기관으로 전달하는 반면에, 현대 공학은 동력원을 다양화하면서 완전한 신경 체계에 의해 작동하는 진정한 근육 체계를 구축한다. 신경 체계는 진정한 감각-운동 중추 기관과 접합되어 복잡한 작동 프로그램을 확실하게 수행한다.

진정한 기계적 공룡인 압연기로부터 비행기 자동 조종석에 이르기까지, 기계의 자동화는 오스트랄란트로프가 찍개chopper로 무장하면서 시작된 과정의 끝에서 두 번째 단계에 해당된다. 직립 자세에 의해 결정적으로 획득된 대뇌 운동 피질 영역의 해방은, 인간이 자신의 운동 중추를 외부화하는 시점에서 완성된다. 우리는 지적 사유의 외부화 단계를 넘어서, 판단할 뿐만 아니라(이미 획득된 단계), 판단에 감성을 덧붙이거나, 결심하거나, 흥분하거나 혹은 방대한 작업 앞에서 절망하는 기계를 제조하는 단계를 상상하기 힘들다. 이러한 장치에게 기계적인 자기 복제 가능성을 보장해 준 뒤에는, 호모 사피엔스에게 남는 것이라고는 고생물학적 미명 속으로 완전히 은거하는 것밖에 없다. 사실 지구상에서 두뇌-기계가 인간을 대체하는 것을 두려워할 필요는 거의 없다. 위험성은 동물학적 종 자체 내부에 있는 것이지, 외부화된 기관 안에 직접 존재하지 않는다. 미로를 이룬 관 안에서 인간을 추적 사냥하는 로봇의 이미지는 자동 장치가 다른 인간에 의해 조종될 때에만 의미가 있는 것이다. 단지 약간 두려워해야 할 것이 있다면 천년 뒤 호모-사피엔스가 외부화를 끝내고,

구석기시대의 유물인 낡은 뼈-근육 장치를 어떻게 해야 할지 모른다는 것뿐이다.

기계적 프로그램과 기계적 기억

자동화 프로그램이 실현된 것은 인류 역사에서 절정의 사건으로서, 찍개의 출현 혹은 농업의 출현만큼의 중요성을 갖는다. 이것은 역사적으로 가까운 시기에 시작된 것으로서 기술적인 큰 변혁의 구조에 대해서 하나의 개념을 제공할 수 있다. 일련의 기술적 동작을 기계적으로 실현하는 것은 역사적 시기의 흐름 속에서 아주 천천히 구현된다. 단일 동작을 하는 자동 기계는 고대 지중해 혹은 중국의 수력 절구에서 이미 실현되었지만, 진정한 프로그래밍은, 위대한 문명의 기술적 환경 속에서도 중세 이전에 어떠한 실현 가능성도 없었다. 완전히 기계적인 방법을 통해 이루어진 최초의 프로그래밍 수단을 제공한 것은 바로 시계제조술이다. 사실 혁신에 유리한 환경이 조성되는 것은 시간의 이미지를 물질화하는 전문적인 기술에 의해 이루어진다. 시간 전개와 기계 운동의 전문가인 시계제조공은, 톱니바퀴와 캠축came[9]을 사용해, 회전운동과 크랭크암의 직선운동을 조합하면서 중세부터 최초의 기계장치 시계와 자동인형의 단순한 프로그램을 실현한다.

기계 운동의 발전은 동력원의 발전에 따른다. 12세기에서 15세기까지 시계제조술의 체제는 분동poids에 의한 직선적 견인력으로 움직였는데, 그 가능성은 상당히 한정되어 있었다. 15세기부터는 나선 용수철을 적용해서 자동장치가 경량화되고 유동성이 생겼으며, 체제를 개선해서 18세기의 자동인형에 도달하는데, 이것은 시계제조술에서 가져온 장치 프로그래밍 실현의 정점에 해당한다. 19세기에 톱니바퀴와 캠축을 사용한 것은 차원을 다르게 만들었으며, 증기에 의해 움직이는 단순 동작 기계를 탄생시켰다. 이 기계는 이전 세대의

9) 회전 운동을 왕복운동으로 바꾸는 장치.

자동인형처럼 동물의 진화와 평행 관계가 있는 기술적 진화의 아주 흥미로운 단계를 이룬다.

사실 기계적 자동인형의 프로그래밍은 일련의 단일한 움직임으로 구성되어 있고, 그 반복성이 기계 장치 안에 등록되어 있다. 기계 동작의 기억이 위치하는 곳은 장치 작동 부분의 약간 뒤에 있는 캠축의 층위이고, 기계적 동력 전달 부분을 제외하면 그 어떤 신경 체계나 조정 장치도 존재하지 않는다. 전자기계들과 비교 해볼 때, 보칸손Vaucanson 자동인형은 포유류에 비교된 지렁이와 같은 상황이다. 다시 말해 장치의 각 작동 요소 안에 숨겨진 분절적 기억을 가진 유기체의 모습으로서, 환형동물의 각 환절을 움직이는 림프절 연쇄처럼 움직이도록 각 부분에 작동 캠축이 분산되어 있는 것이다.

19세기 초에, 시계제조술과는 완전히 다른 경로를 통해 방직 기술 안에 자동운동이 도입된다. 자카르Jacquard는 무늬 옷감 방직기 안에 연속 천공 카드를 설치하는데, 이것은 각 씨줄마다 선택된 실을 제어하게 된다. 이 방식은 전적으로 자동화된 방법으로 씨줄 하나하나에 복잡한 문양을 만들게 해준다. 대략 같은 시기에 같은 원리를 가진 천공리더식 오르골이 다른 곳에서 출현한다. 자카르 방직기와 바르바리Barbarie 오르골은 하나의 자동화 기계 쌍을 이루며, 원리 상 자동인형-뮤직박스 쌍과 대립될 수 있다고도 말할 수 있다. 사실 천공카드 기계는 별도의 중추 기억을 갖추고 있어서, 이것이 아주 많은 변화가 가능한 프로그램에 대응하는 메시기를 분리된 작동 기관에 보내 준다. 자동인형 손가락 프로그램은, 뮤직박스 혹은 새풍금serinette의 곡조처럼, 톱니바퀴 장치 안에 포함된다. 그 프로그램은 한 가지 주어진 기계적 상황에서 불변하며, 그것을 변화시키기 위해서는 하나의 다른 기계적 양식을 도입해야만 한다. 그것은 마치 환형동물의 움직임이 불변하는 운동성을 가진 일련의 마디들의 단순한 동작들의 결합으로 단순화되는 것과 정확하게 일치한다. 자카르 방직기의 프로그램은 작동 기관의 외부에 있는데, 그것은 말하자면 기계적 장치에 비해 '지능적'이며, 기계적 변형 없이 기계가 일련의 다른 동작을 실행하게 하기 위해서는 천공 용지를 바꿔 주기만 하면 되는 것이다. 아직 엄밀히 말해 신경 계통이 존재하는 것은 아니지만, 이미 19세기 초 기술적 환경이 기억 장치의 실현에 기여할 수 있는 모든 것이 이미 갖추어졌다.

인공적인 생체 모방이 아주 높은 단계에 도달한 것은 약 20년 전 부터에 불과하다. 이것을 위해 한 세기 동안 전기에 익숙해져야만 했고, 그 다음에 전자 파동을 조작하는 것도 숙달해야만 했다. 그 결과로 현재의 기계가 탄생한 것이고, 그 용도가 무엇이든지 거쳐 온 여러 상이한 단계를 종합하고 있다. 하나하나의 연동 장치가 각각 요구하는 것만큼 다양한 에너지원에 의해 움직이는 기계적 작동 장치는 프로그램에 의해 움직이는데, 그 프로그램은 적어도 그중 하나의 단계에서는 테이프 위에 구현된다. 본질적인 변화는 중추 장치에 의한 명령, 제어 전달의 진정한 신경 계통이 존재한다는 것에 있다. 기계적 동작의 연속은 변형 가능한 기억에 연결되고, 기계의 물리적 건강성은 여러 기관의 속도, 온도, 습도를 조절하는 기관에 의해 제어된다. 또한 처리되는 재료의 재질, 형태를 조사하는 것은 무게 측정 장치, 촉각 측정 장치, 감열 장치, 감광 장치인데, 이들은 자동조절센터에 그 측정값을 보내며, 기계는 감각 기관에게서 받은 메시지에 따라서 행동의 방향을 정하고, 수정하고, 중지한다. 생물학자에게 있어서, 이미 진화한 동물의 역학을 마침내 그것에 견줄 만한 인공 생물체를 만들어낸 이러한 조직체와 비교해보지 않을 수 없다.

동작과 몸짓의 진화

그렇기 때문에, 모든 인류 진화에 대해 동일한 태도를 채택하고 유지하는 것이 유리하다. 진화는 이전 단계로부터 비롯되며, 이전 단계의 능동적 기반에서 혁신을 통해 돌출되는 것이라고 하는 아주 일반적인 생물학적 현상에서 출발해보면, 신경 계통의 진화는 피질 부위가 증가된 것을 통해 고려해 볼 수 있는데, 이에 따라 기술적 동력과 언어활동이 동시에 출현하고 다음에 고도로 숙고된 기술성과 형상적 사고가 만들어진 것이다. 직립 자세와 일반적 뼈-근육 구조는 그것이 오스트랄란트로프에서 인간답게 실현된 시점으로부터 더 이상 가장 중요한 위치를 차지하지 못한다는 사실은 고생물학적인 차원에서 이미 분명하다. 원숭이부터 획득된 손은 도구를 사용하기 시작하면서 (신경 운동 측면에서의 적응을 별도로 한다면) 진화하기를 멈춘다. 그리고 초기 인류에게 있어서, 대부분 손과 얼굴 피질의 신경 운동령 장치에서 작동한다. 따라서 뼈나 근육의 관점에서 보면 진화는 부차적인 적응과 변이에 불과한 것이고, 대규모 진화의 최첨단은 도구 쪽으로 이루어진다.

도구의 동작은 비교적 단순하고 종류도 적다. 현대까지 제작의 기반을 이루는 두드리기, 자르기, 구멍 뚫기 등의 행동은 신속하게 획득된다. 따라서 진화는 전체적으로 재료와 운동을 향하는 것이다. 운동의 진화는 원동력의 방출을 결정하며, 초기 농경 사회로부터 동력의 정복은, 새로운 재료의 정복과 더불어 현대 세계의 지배적 사실이 된다. 직선운동을 회전운동으로 전환하고, 전달에 의해서 동력을 전환하고, 동물 그리고 엔진에 의해서 운동을 전환한 것이다. 새로운 재료를 지향하는 것은 도구와 그것을 작동하는 힘에 동시에 적용된다. 처음에는 금속 문제에 국한되던 것이 역사의 흐름에 따라, 직접 혹은 간접적 동력 연료 문제가 나타난다. 청동기시대에서 18세기 사이에 아주 천천히 그리고 많은 난관을 거쳐서 더 견고한 재료의 도구를 더 강하게 작동하는 문제에 맞서 첨단 기술이 진화해 왔다. 석탄, 증기에 의해 모든 것이 연료 문제로 귀착하는 순간까지, 제련소는 제철 설비forge의 힘이 불충분해 생긴 문제를 임기응변으로 해결했다. 움직임과 재료는 같은 주기 안에 뒤섞여 있다. 19세기의 비약적인 도약은 강철 제조, 주조용 금속의 제조, 광석을 제련하거나 공작 기계를 돌리는 등 모든 것에 석탄이 사용되면서 시작된다. 따라서 그것은 힘의 해방을 향한 대규모 도약에 해당되고, 인류의 모든 내적 구조를 필연적으로 재검토하게 한다. 생활양식의 관점에서 석탄은 동물 계통에서 치아와 소화 기관의 급속한 변화에 상응할 만큼 중요한 결과를 초래한다. 원동력의 해방에 따른 직접적인 결과 중에서 철도와 노동자 프롤레타리아 형성은 종의 모든 조직에 직접적인 영향을 미친다. 크로마뇽인의 뇌와 신체 골격을 아직도 갖고 있는 개인의 적응은 증대하는 왜곡에 의해 간신히 유지된다.

현재도 적응은 끝나지 않았다. 진화는 새로운 단계를 공격하는데, 그것은 뇌의 외부화 단계이다. 그리고 엄밀하게 공학적인 관점에서 전환은 이미 이루어지고 있다. 가장 일반적인 관점에서 순록 사냥꾼들의 자손과 그의 합리적 기계 사이의 거리는 더 증가되었다. 시간과 공간의 압축, 행동 리듬의 증대, 산화탄소와 산업공해에 대한 부적응, 방사능 침투 등은 인간이 오랫동안 자신의 것이라고 여겨 오던 환경에 대한 인간의 생리적인 적응이라고 하는 이상한 문제를 제기한다. 결국 사회만이 진보를 전적으로 이용한다고 인정하게 되지 않을까 자문해볼 수 있다. 개인으로서 인간은 이미 시대에 뒤떨어진 유기체로서, 소뇌 혹은 후뇌로서, 발과 손으로서 도움은 되지만 인류의 하부 구조와 배경으로 남겨지고, '진화'는 개인보다 인류에게 더 흥미를 갖고 있을지도 모른다. 더구나 그것은 인간 종과 동물 종의 동일성을 확인하는 것에 다름없다. 동물 종에게는 종의 도달점만이 고려 대상이 되기 때문이다.

동작 연쇄의 진화

기술적 해방은 당연히 개인의 기술적 자유를 감소시켰다. 오스트랄란트로프로부터 기계화에 이르기까지, 개인들의 작용적 동작 행동은 점차로 풍부해졌지만 성격이 변한 것은 아니다. 사냥꾼의 기술적 생활은, 이후 농부나 수공업자에서처럼, 물질적 생존의 다양한 동작에 상응하는 수많은 동작 연쇄를 포함한다. 이 연쇄는 경험적인 것으로서, 세대에 걸쳐서 내려온 집단적 전통에서 얻어진 것이다. 그 주요한 특성은, 큰 틀에서는 일치하고 광대한 다민족 영역에 분포함에도 불구하고, 강한 지역적 개인적 색채를 갖는다. 도구, 몸짓, 생산품 등 인간에 의해 이루어진 모든 것은 집단 미학이 배어 있고, 민족적 개성을 지니는데, 이는 민족 박물관을 겉보기로 둘러보기만 해도 자명하게 알 수 있는 것이다. 전통적 틀 안에서, 개인은 자신의 개성적 변화를 보이며, 자유롭게 행동하기 위해 갖추고 있는 여백 속에서, 또 집단 소속감이 그에게 주는 안전함 안에서 그가 개인으로 존재하는 느낌을 갖게 되는 것이다.

산업적 원동력으로의 이행 과정에서 상황이 대폭 변한다. 기계에 의한 행동에는 아직 아주 넓은 빈 공간이 존재하는데, 동작 연쇄는 이것을 채워야만 했다. 노동자는 기계의 리듬에 맞춰진 연쇄 구간 앞에 있는데, 이것은 주체를 외부에 남겨 두는 일련의 몸짓을 마주하게 되는 것이고, 이와 더불어 완벽한 '기술적 문화 상실'이 구현되고, 뚜렷한 개성과 안락한 층위의 집단에 대한 소속감을 상실하게 되는 것이다.

최초 산업화는 기계를 위주로 하는 특성을 전혀 잃지 않았고, 노동자가 기계에 조금씩 적응 해가는 과정으로 진행된다. 동작의 '테일러식 경영 방식 taylorisation'은 도구와 생산품의 규격화, 연속 원운동(회전, 일주, 팽이 돌기…)의 대폭 적용, 재료의 무차별적 취급 등을 동반한다. 그 다음에 점차적으로 기계적 자동화가 도입되는데, 그 최종 단계에서는 노동자가 원자재 투입, 프로그램 진행, 완성품 반출을 관리할 뿐이다.

진화의 과정에 대해 어떠한 가치판단도 하지 못한다. 그렇지만 중생대 공룡들이 지나치게 거대한 것을 '나쁘다'고 말할 수 있다. 사실 악어는 살아남았지만, 공룡은 사라졌기 때문이다. 그러나 호모 사피엔스를 미래에 어떤 존재가 대체할 수 있을 지에 대해 우리는 아무 것도 알지 못한다. 반대로 현재 단계에서 이미 완전히 변화한 것을 평가하는 것은 충분히 가능하다. 피테칸트로푸스Pithécanthrope부터 19세기 소목장에 이르기까지, 동작 연쇄의 겉모습은 변하지 않았다. 재료를 마주한 노동자는 재료의 장점과 단점을 타협시키고, 자신의 전통적 지식으로 몸짓 연쇄의 가능한 진행 방법을 조합하고, 자신의 작업을 진행, 수정해서 생산물에 이르는데, 그 생산물의 제작자는 근육 운동과 아이디어를 균형 있게 사용해서 이룬 것이다. 그의 행동이 기계적이라고 해도, 그것은 이미지, 개념이 발현된 것이며 언어활동의 어렴풋한 모습이 들어있는 것이다. 수십만 년 동안에 걸친 인간 종의 독특한 작용적 동작 행동은 총체적이고, 인간 특성과 분리될 수 없고, 직접적인 의미를 갖는 집단적 맥락

속에 포함된다.

나무의 결이나 마디를 걱정하지 않고 기계 안에 넣어도, 규격화된 나무판이 자동으로 포장되어 나오는 것은 의심할 여지없이 아주 중요한 사회적 성과지만, 그러나 그것은 인간에게 사피엔스로 남는 것을 거부하고 더 우수한, 혹은 어쨌든 다른 어떤 것이 되는 것만을 남겨 주는 것이다. 그런데 한 세기만에 바뀌지 않을 동물로서의 인간에 대해 고찰해 볼 필요가 있는데, 그가 경이롭게 지구화된 조직체 안의 비개성화된 세포로 만족하지 않고 다른 존재감을 가지고 싶어 한다면 어떤 출구가 그에게 주어지는지를 찾아야만 하는 것이다.

손의 운명

동일한 사실은 다른 관점에서 다루어 보면, 인간 종에게 발생했던 변화의 다른 측면을 밝혀낼 수 있다. 산업화 이전 단계 사회에서는 개인의 기술력 지수는 비교적 높았다. 더 정확하게는, 모든 개인의 생활이 적어도 생존에 충분한 단계의 다양한 손작업으로 채워져 있었다. 집단은 예비 역할을 맡은 차선-능력의 개인을 있는 그대로 받아들인다. 그리고 모든 영역에서, 명장들이 주도해 나가고, 재능의 자극적 이미지를 보여준다. 수공업자, 음악가 혹은 부유한 농부 등 각각의 소집단은 자신의 모범적 모델을 보유하고, 그들과의 접촉을 유지한다. 현 단계에서는, 이러한 관계에 근원적인 변화가 발생했다. 셀 수 없는 군중이 제한된 수의 모델과 대면하는 것이다. 모델과의 만남은 계속되지만, 인쇄물이나 시청각 자료가 중재된다. 우주비행사, 직장 영웅, 이란 공주 등 큰 집단의 모델은 늑대 사냥 대장, 큰 광장의 대장장이, 카바레의 여종업원 등과는 비교할 수 없는 규모를 자랑하지만, 가까이 있다는 친근함은 사라지고, 환상의 근원이라는 가치 밖에는 갖지 못한다.

손의 영역에서도 상황은 아주 유사하다. 손은 원래 조약돌을 잡는 집게에 불과했지만, 손을 제작자로서의 자신의 사고에 부응하는 점점 더 능숙한 하인으로 만든 것이 바로 인간 승리인 것이다. 후기 구석기시대에서 19세기에 이르기까지, 손은 끊임없는 전성기를 거쳐 왔다. 산업에서 손은 아직 주요한 역할을 담당한다. 몇몇 공구 제조 장인은 기계에서 작동하게 될 부품을 손으로 제조하는 것이다. 그런데, 그 기계 앞에서 수많은 노동자는 재료를 나르기 위한 다섯 손가락이 달린 집게 역할을 하는 손, 혹은 버튼을 누르기 위한 검지밖에는 갖지 못한다. 그것도 과도 단계에 불과하다. 왜냐하면 기계 제작에서 비 기계적인 차원은 점차로 사라지기 때문이다.

손의 활동이 그것과 관련 있는 두뇌 영역의 균형과 밀접하게 연관성이 있다는 점이 모두 증명되지 않았기 때문에, 손이라고 하는 우연적 기관의 역할이 축소되는 것은 그다지 중요성을 갖지 못할 것이다. "열 손가락으로 아무것도 할 줄 모른다."라는 것은 종의 차원에서 보면 아주 걱정스러운 것은 아닌데, 그 이유는 하나의 아주 낡은 신경 운동 기관이 퇴화하기 위해서는 수천년이 흘러야 하기 때문이다. 그러나 개인의 측면에서 보면, 사정은 다르다. 자신의 열 손가락으로 생각할 필요가 없다는 것은 계통발생학적 의미에서 정상적으로 인간적인 사고의 일부분을 상실하는 것에 해당한다. 따라서 종의 차원이 아니라 개인의 차원에서 보면, 이미 손의 퇴화 문제가 존재하게 된다. 이 책의 3부에서 이 문제를 다시 다룰 것인데, 손의 불균형이 이미 언어활동과 현실의 미학적 이미지 사이에 존재하던 연관성을 부분적으로 깨뜨리고 있다는 점을 증명할 것이다. 또한 비구상예술이 '손과 분리된' 기술성과 일치하는 것이 단순한 우연에 불과한 것이 아니라는 점도 밝힐 것이다.

제9장
확장되는 기억

앞 장에서는 기술에 관계된 기관의 외부화 현상을 인간 특유의 현상으로 다루어 보았다. 기계가 신경 계통과 미리 설정된 행위의 '지식'을 취득하기 시작하는 순간 제기되었던 문제를 인접한 경로를 통해서 다시 다루는 것도 의미가 없지 않다. 종과 민족의 문제가 다시 제기되는데, 이번에는 본능, 지능, '인공사고' 혹은 특수 기억, 사회적 기억, '기계적 기억' 등의 차원에서 제기된다. 기계를 생명체와 동일시하는 것은 과도한 것처럼 보일 수 있다. 순수하게 동물학적인 관점에서 그러한 동일시는 무익할 것이다. 그렇지만 존재론적인 관점에서 보면 쓸모없는 일이라고 생각하지 않는다. 그러면 과학적 계통학에 합치하는 것만을 선별해서 인간을 조각내지 않아도 된다. 데카르트가 동물-기계에 대비된 사고하는 인간의 특징을 말한 것을 생각해 보면, 현대 전자공학 지식은 그로 하여금 기계-동물의 문제를 제기하게 만들 것이라고 상상할 수 있다. 다른 측면에서, 인간 집단에 대한 모호한 느낌에 의존할 수 있다. 모든 언어로 된 신문, 잡지에 있는 '코믹'과 만화는 주된 골격으로 세 인물이 동일한 갈등을 끈질기게 되새김질한다. 즉 야수, 인간, 로봇이 일련의 의미적 차이를 보이는데, 미국적 영감의 문학에서 다음과 같은 진화 순서로 구현될 수 있다.

그것은 들소, 고릴라, 카우보이, 학자, 우주비행사, 로봇의 순서이다. 야수-인간, 사고하는 기계 등의 각각의 용어는 생각하는 야수(고릴라), 근육 인간(카우보이), 두뇌 인간(학자), 인간 기계(우주비행사), 기계 인간(로봇) 등의 전이를 통해 다른 것으로 이동한다. 이제 자문해볼 수 있는 것은, 인간 집단의 진화를 이해하기에 적당한 분류를 집단적 사고의 전체에서 추출하는 것이 가능하지 않을까 하는 것이다.

인간 기억과 관련해서, 근본적인 사실은 이미 거론했었다. 도구처럼 인간 기억도 외부화되고, 그것을 담는 그릇도 민족 집단이다. 바로 이것이 동물 기억과 구분되는 점인데, 동물 기억은 종 안에 담겨 있다는 것 말고는 우리가 아는 것이 거의 없다. 동물 기억, 인간 기억, 기계 기억 사이에는 커다란 차이가 존재한다. 동물 기억은 종에 의해 미리 특화된 좁은 유전적 통로 안에서 경험을 통해 형성된다. 인간 기억은 언어활동의 경험에 의해 만들어진다. 기계 기억은 인간 언어활동에서 가져오고, 인간에 의해 기계 안에 도입된 미리 존재하는 프로그램 통로 안에서 경험에 의해 만들어진다. 기계 기억은 동물 기억과 어느 정도 비슷한 점이 있다. 일종의 특별한 예정 조건화가 각 유형의 기계에 존재하는데, 그렇지만 동작 프로그램은 전적으로 본능적인 방식으로 강요된다. 왜냐하면 그 프로그램은 행위보다 실질적으로 미리 존재하며 모든 변화 가능성을 사전에 지시하기 때문이다. 이런 측면에서 기계는 동물 그 자체보다는 본능의 고전적 정의에 분명히 더 가깝다.

따라서 기능적 관점에서 보면, 서로 구분되지만 유사성도 있는 세 유형의 기억을 고려할 수 있다. 인간의 유전적 기억은 민족 집단 안에 미리 존재하며, 만약 인간이 '본능적'인 행동을 거의하지 않는다면, 그것은 인간이 동물처럼, 가설적인 유전적 기억을 받지 않았기 때문이다. 그러나 동물은 좁고 미리 조율된 건반 위에서 경험을 연주하게 되며, 따라서 동물은 개인적인 변화를 선택할 수 있는 여지가 없게 된다. 반면에 인간은 넓은 건반을 소유하며, 사회로부터 배우고, 자신이 장식하는 일련의 프로그램들을 받아들이는 것이다. 이런 관점에서 기계 기억은 중간에 위치하는데, 전자 기계는 좁은 건반 밖에는 소유하지 못하고, 미리 강요된 프로그램 형태의 교육을 받기 때문이다.

프로그램 전달

집단 기억의 역사는 다섯 시기로 나뉠 수 있다. 구두 전달 시기, 표 혹은 색인을 동반한 필기 전달 시기, 단순 카드 시기, 정보 처리 기계 사용 시기, 전자 체계화 시기 등이다.

구두 전달

집단 지식의 전체가 집단의 통일성과 개성을 나타내는 근본적 요소이며 이러한 지적 자산의 전달은 물질적이고 사회적인 생존에 필요조건이 된다. 전달은 동작 연쇄의 계층 구조에 의거한다.

기계적인 동작 연쇄는 가족 공통의 기억에 해당하는 것으로, 일상생활의 모든 물질적, 윤리적 국면과 관련된다. 그리고 개인의 기억에 각인되는 것은 유년기에 이루어지는데, 언어활동이 가장 중요한 역할을 필연적으로 담당하지는 않는다. 드물거나 예외적인 관습은 사정이 다른 것으로, 문자가 없는 모든 사회에서는 진정한 전문가의 기억에 의존한다. 나이든 가장, 음유시인, 사제 등은 전통 인류 사회에서 집단의 결속을 유지하는데 아주 중요한 역할을 담당한다.

지식 자본의 등록은 구전 문학의 발전, 일반적으로 상형화의 발달과 연계되는데, 따라서 이 책의 3부에서 다시 다룰 것이다. 가장 일반적 의미로 실용적, 기술적 혹은 과학적 지식은 비록 주술적이고 종교적인 내용이 관습적 양식과 분명하게 구분되지 못하는 맥락에 보통 포함되기는 하지만, 문자로 고착되는 것이 아주 드물다. 농경 사회에서의 수공업 작업은 아프리카나 아시아 주조공의 경우에도 17세기까지의 우리 동업 조합의 경우에도 직업의 사회적 구조화가 중요한 역할을 한다. 직업의 비밀을 학습하고 보존하는 것은 민족의 사회적 세포 안에서 각각 이루어진다. 원시인들뿐만 아니라 최근의 농부들에게도 해당되는 이 단계에서 기술적 기억의 내용은 어떠한 체계적 조직화도 이루어지지 않는다. 더 정확하게 말하면, 동작 연쇄의 각 모듬 혹은 각 연쇄는 거의 독립적인 집합을 이루고, 시연적 몸짓과 구술적 설명이 일체를 이룬다.

최초 필기 전달

문자의 출현은 우연적인 것이 아니다. 신화적 표상 체계에서 수천 년 동안의 성숙 과정을 거친 뒤에 사고의 직선적 표기가 금속 및 노예 제도와 함께 출현한다(6장 참조). 그 초기 내용 또한 우연적이지 않다. 그것은 금전출납부, 신들 혹은 인간에 대한 채무 확인서, 왕조의 계보, 신탁oracle, 징벌 일람표 등이다. 가장 오래된 문헌은 간결하고 아주 빈약한 자료적 특성 때문에 민족학자들에게는 지속적인 실망 거리가 된다. 만약 수메르Sumer인이 요리법, 예의범절 안내, 목재-금속 기술 교재를 남겼더라면 우리가 얼마나 많은 것을 알았겠는가! 사실 이런 것의 보존은 구전 기억 방식으로 오래전부터 이루어진 것으로서 그것을 위해서 문자가 출현했다고는 상상할 수 없다. 진화는 우선 새로운 것에 대해 이루어지고, 새로 탄생하는 야금술까지도 새로운 것이 되기 위해서는, 그것이 모든 기계적 동작 실행 속에 모르는 사이에 삽입되는 것이 아니라 모든 연쇄적 동작 체제를 벗어난 예외적인 작업이 되어야만 했을 것이다. 그런데 이것은 제조 기술에서는 생각할 수 없는 것이다. 그렇지 않다면 문자가 수세기 동안 대상없이 숙성되어 오다가 최근에야 밝혀진 것을 기록하는 수단이 되었다는 말인가. 이것도 앞의 생각만큼 타당성이 없는 가설이다. 집단 기억은 문자 초기에 태동하는 사회 체계에 예외적으로 기록해야 할 필요가 있지 않는 한 전통적 움직임을 깨뜨릴 필요가 없었다. 문자가 보통 제조되거나 체험되지 않은, 도시화된 사회의 골격을 이루는 것을 기록한 것은 우연적인 것이 아니다. 그 사회의 자율신경 체계의 중심은 하늘 혹은 인간 생산자와 지도자 사이의 유통 경제 안에 있었다. 혁신은 체계의 정점에서 시작되며 도시의 새로운 구조 안에서의 재정적 행위, 종교적 행위, 봉헌, 족보, 달력 등 동작 연쇄에도 생산물에도 완전한 방식으로 기억될 수 없는 모든 것을 선별적으로 포괄한다.

문자 기억은 과학의 여명기부터 아주 특징적인 요소만을 기록해 왔다. 메소포타미아, 이집트, 중국 혹은 콜럼버스 발견 이전의 아메리카 등 어떤 위대한 문명에서도 이런 종류의 가장 오래된 문헌은 역법과 거리와 관련된 것이다. 시간과 공간에 관한 지식은 농업 정착 이전 원시인류에게 생소한 것이 아니다. 그러나 둘 다 중심 도시가 천상 세계와 인간화 영역의 축이 되는 순간부터 새로운 의미를 부여받는다.

세대에서 세대로 이어지는 기억 안에 단어와 문장을 자리 잡게 해주는 도구가 완성되어 가면서 기록은 발전하고 지식의 더 깊은 층위에 도달한다. 그러나 전통적 고대에서 조차도, 세대를 뛰어넘어 전달되어야 하는 사실의 총체는 사회 가치 서열에 의해서 일정 영역 한정된다. 종교, 역사, 지리 문서는 철학과 한 덩어리를 이룬다. 다른 말로 하면, 신과 인간의 동맹이 근본적인 주제가 되는 차원에서, 시간 공간 인간의 삼중 문제는 기억할 만한 소재로 구축된 것이다. 농업은 사계절을 원동력으로 시구에 등장하고, 건축은 우주 공간을 사원과 궁전에 합체하는 설명 안에 등장한다. 수학과 음악은 의학과 함께 나타나는데, 이것들은 순수하게 과학적인 최초의 요소로서, 여전히 주술적 종교적 예술의 후광으로 둘러싸여 있다.

방향의 시도

서양과 중국에서 인쇄술이 출현할 때까지, 구두 전승과 필사 전승의 구별은

용이하지 않았다. 알려진 지식의 총체는 대부분 구전적 경험과 기술 안에 묻혀 있었으며, 고대로부터 근간이 변하지 않은 지식의 일부만이 필사본에 기록되고 암기되었다. 호메로스 혹은 하(夏)의 우왕과 동서양의 초기 인쇄물 사이에 놓인 수세기가 흐르는 동안 기재해야 할 사실의 양이 증대되면서 참조의 개념이 발달한다. 그러나 문서는 머리 문자sigle와 주석이 여백에 달린 각각 하나의 긴말한 연속체로서, 그 안에서 독자는 평면적이 아니라 선적인 경로를 따라 원시 사냥꾼의 방식으로 방향을 잡는다. 말parole의 전개를 방향 안내판 방식으로 전환하는 것은 아직 이루어지지 않았다. 앞에서 본 바 있지만, 음성적 문장으로 환원될 수 없는 이차원적 신화문자를 선적으로 이어지는 알파벳 기호로 전환하는 것은 말을 해방시킨 것이고 개인적인 상징화 능력의 일부를 감퇴시킨 것을 의미한다. 인쇄 시대로 들어가면서 문서의 엄청난 양 때문에 곧 피하기 힘들어진 새로운 전환이 시작된다.

고대 혹은 중세 필사본의 내용은 독자의 기억 속에 평생 기억되기 위한 문서로 이루어진다. 적어도 독자들은 읽을 때 즉시 어느 부분을 읽는지 알 수 있을 만큼 익숙하게 기억된다. 분명히 더 일반적인 내용이 존재한다. 초창기 내용과 동일하지만 통속화된 것, 편지나 계약서 같은 것도 있었다. 그런데 이런 것은 관계자 혹은 공증인이 보존하며, 문장의 위치를 찾는 실제적 문제는 발생하지 않는다. 그렇지만 고전적 장르의 범위를 빠르게 넘어가는 인쇄물의 경우에는 사정이 다르다. 독자는 내용 전체를 기억할 방법이 더 이상 없는 거대한 집단 기억을 마주하게 될 뿐만 아니라, 종종 새로운 문서를 당면하게 되었기 때문이다. 이제 점차로 개인 기억의 외부화가 이루어진다. 글로 쓰인 문서에서 문장의 위치를 찾는 작업은 외부로부터 이루어진다. 수세기 전부터 사전과 어휘집glossaire이 그 가능성을 제공한다. 음성화된 신화문자로 이루어진 중국 문자는, 그리스 혹은 라틴 문자와 마찬가지로, 표의적 혹은 표음적 기호의 전통적인 연속선 위에 독자를 인도하는 수단을 확보하고 있었다. 그렇지만 사전은 글로 된 기억에 좁은 출구만을 열어 주는데, 그것은 직선화된 동시에 분쇄된 지식으로서 지속적 사고의 발전과는 양립할 수 없는 것이다.

유럽의 18세기는 기술에서와 같이 인쇄물에서도 고대 세계의 종말을 나타낸다. 18세기 인쇄물은 우리에게 전통의 가장 풍요로운 모습과 오늘날 변화의 첫 번째 움직임을 보여준다. 수십 년 동안에 사회적 기억은 책 속에 모든 것을 쓸어 담는다. 고대 세계 전체, 위대한 국민의 역사, 비로소 지구적 규모로 확대된 세계의 지리와 민족지, 철학, 법, 과학, 예술, 기술 그리고 20개 다른 언어로 번역된 하나의 문학 등. 이 파도는 점점 커지면서 우리에까지 이르는데, 모든 관계를 감안하더라도, 인류 역사의 어느 순간에도 이렇게 빠르게 집단 기억이 확장된 적이 없다. 또한 18세기에 이미 미리 구성된 기억을 독자에게 가져다주기 위해 사용할 수 있는 모든 양식formule을 찾을 수 있다.

사전dictionnaire은 순수 학자들뿐만 아니라 제조소 혹은 수공업자를 대상으로 출판된 모든 종류의 백과사전encyclopédie에서 극한에 달한다. 기술 문헌이 최초로 진정한 도약을 한 것은 18세기 후반이다. 모든 것을 다루었고, 오늘날에도 여전히 우리가 사용하는 설명 어휘가 만들어졌다. 사전은 외부 기억이 아주 진화한 형태이지만, 여기서 사고pensée는 무한정 세분화된다. 1751년의 '대백과사전'은 사전의 모양으로 포장된 일련의 작은 교과서들이다. 기록 기술은 당시에 기계 운동 기술과 동등한 수준이었다. 자동인형이 도달한 최정점은 각 기관에 구분된 기억을 보존하는 분리된 캠축에 의한 운동이다. 백과사전은 알파벳순으로 구분된 기억으로서 각각 독립된 톱니바퀴가 전체 기억 움직임의 일부분을 담당한다. 보캉송Vaucanson 자동인형과 동 시대 백과사전의 관계는 전자기계와 오늘날의 기억집적장치와 동일한 관계이다.

이어 출판된 저서에서, 18세기는 이미 알려진 거의 모든 수단을 축적한다. 특히 중세의 방주note는 문단을 요약하거나 혹은 페이지 아래에 종종 놓였던 참고 사항을 도입하기 위해 남아있는다. 16세기에 이미 상용되던 책의 마지막에 붙여진 알파벳 색인도 거의 통상적이 되었다.

우리가 보기에 가장 흥미로운 진화는 알파벳 색인의 반대편에 위치하는 것으로서, 저서의 전체 내용과 관련된다. 이미 중세부터 있었고 16세기부터는 더 일반적이 되는 것인데, 여백에 각 부분의 내용 요약이 적절히 주어지는 것이다. 종종 책머리에는 내용에 대한 아주 간략한 목록이 페이지 표시 없이 제공되기도 한다. 점차적으로 소개가 조직화되어서 내용을 모르는 독자가 쉽게 검색할 수 있게 하는데, 바로 이것이 외부 기억의 역할에 정확하게 해당되는 것이다. 20세기 초반까지 두 개의 경로가 이어진다. 하나는 각 장의 앞에 그것을 요약하는 개요argument를 붙이는 것이고, 다른 하나는 저서의 앞 혹은 뒤에 내용 일람표 즉 오늘날의 목차를 붙이는 것이다. 각 장의 개요는 독자 개인의 고도의 기억 참여를 요구하는 태도의 잔재로서, 가끔 재출현하는 것 말고는 오늘날 사라졌다. 목차 읽기에 이어 상세 내용으로 향하는 것은 합리적인 순서이지만, 실제 경향은 목차를 거의 신화문자 즉 상징의 의미적 조합으로 만드는데, 여기서 눈과 정신은 글자의 직선적 전개를 쫓아갈 필요가 없는 것이다. 이 단계에 도달하기 위해서 목차에는 더 이상 통사적 요소가 포함되지 않고 독자가 자신의 참조를 조직할 수 있는 유리된 단어가 놓여진다. 우리는 아직 인쇄물에 있어서 2세기 전에 도달한 지점을 넘어서지 않았다. 다른 모든 영역에서처럼 진화의 첨단이 이동했다. 그것은 더 이상 기록의 하부구조로서 존속하는 책 안에 있지 않고, 문맥에서 해방된 기록적 요소로 이동한 것이다.

분류 카드

집단 기억은 19세기에 이르러 양이 증가하여, 개인 기억이 도서관의 내용을 간직하도록 요구하기에는 불가능하게 된다. 따라서 인쇄된 집단 두뇌 안에 담겨진 무기력한 사고에 생명을 불어넣을 필요가 생기는데, 내용을 극히 단순화시킨 이미지가 투사되는 보조적인 조직을 통해 이루어진다. 특히 이 새로운 조직의 세포는 무한 증식 가능성이 있어야 하고, 기록 자료에 대한 각각의 검색 명령에 적합하게 재구성될 수 있어야 한다. 18세기와 19세기의 대부분에서는 아직 수첩과 저서 목록이 사용되었다. 그 후에 카드에 의한 자료 처리가 이루어졌는데, 그것이 완전히 체계화된 것은 20세기 초반에 이르러서다. 가장 초보적인 형태이지만, 그것은 이미 진정한 외부화된 대뇌 피질이 형성된 것에 해당된다. 왜냐하면 단순한 서지 카드가 사용자의 손가락을 통해 다양한 배열을 가능하게 하기 때문이다. 저자별, 부문별, 지리적, 연대순 등외에도 출판 도시 혹은 종교 저서와 서사 문학에서 본문 외 그림과 관련된 비율 등과 같은 아주 특수한 목적에 부응하는 모든 조합이 가능하다. 이것은 과학 정보 카드에서는 더 뚜렷한데, 각 기록 요소는 필요에 따라 다른 모든 것과 조합될 수 있다. 그런데 피질의 이미지는 어떤 면에서 틀릴 수 있는데, 왜냐하면 만약 카드가 엄밀하게 말해 기억이라고 해도, 자체적으로 생각해 내는 수단이 없는 기억에 불과하고, 그것을 활성화하려면 연구자의 시각과 손동작 영역 안에 들어가야만 하기 때문이다.

천공 카드와 전자 기억

새로운 발걸음이 내디뎌진 것은 예를 들면 착색된 색인 기능이 카드에 더해지면서 2차적 조합 망에 의해 체계적, 일상적으로 색인을 재실시할 수 있게 해주는 시점 혹은 더 나아가서 천공된 카드를 사용하게 되는 시점이다. 단순한 책은 수동 도구와 비교될 수 있다. 그것이 아무리 완벽하다 해도 그것은 독자의 완전한 기술적 참여를 필요로 한다. 단순한 카드도 이미 수동 기계에 부합하는데, 그 이유는 동작의 일부가 카드 안에 잠재적 상태로 이미 변형되어 담겨져 있고 이를 활성화하기만 하면 되기 때문이다. 천공 카드는 초기 자동 기계와 비교할 수 있는 보충적 단계를 대변한다. 그것이 수동으로 조작되는 가장자리가 천공된 카드이건, 혹은 기계적 혹은 전자적 선별을 필요로 하는 완전히 다른 유형이건 간에 천공 카드의 원리는 동일하다. 즉 자료는 부정(천공 무)과 긍정(천공 유)의 2항 코드로 변환되는데, 선별 장치는 제시된 질문에 따라 긍정 대답인 것만을 출력하며 카드를 분류한다. 이것은 방직 기계에서 자카르Jacquard의 원리와 동일하다. 그런데 이상한 것은 19세기에 직물 공업이 넘어선 단계에 기록 분야가 다다르는데 한 세기 이상이 걸렸다는 것이다. 사실 체제가 동일하다고 해도, 개발 단계는 완전히 다르다. 왜냐하면 직조 공업의 천공 밴드는 대답을 표현하지만, 카드의 천공은 가능한 만큼의 질문에 상응하기 때문이다. 천공 카드는 기억을 모은 기계로서, 인간 두뇌 기억 도구를 넘어서, 각 기억을 다른 모든 것들과 병렬시킬 수 있는 무한한 능력의 두뇌 기억처럼 작동한다.

이 단계를 넘어서는 다른 진보는, 비율의 문제를 제외하면, 현재로서는 없다. 왜냐하면 '전자두뇌'는 절차도 다르고 더 정교한 방식에 의거하지만, 동일한 원리에 따라 작동하기 때문이다. 이론적으로 천공 장치 혹은 집적 장치(일반적으로 결합된)의 두뇌 가능성은 비교 대조의 두뇌 작업과 맞먹는다. 그 장치는 무시할 수 있을 정도로 짧은 시간 안에 잘 정해진 방향을 따라 산처럼 쌓인 자료를 거대한 규모로 처리하고, 가능한 모든 대답을 산출할 수 있다. 만약 방향이 지정된 선택 요소를 장치에 제공하면 대답을 제어할 수 있고, 경험적 판단에 의해 미리 설정되고, 그들 기억 안에 축적된 선례에 의해 분류된 제어를 풍부하게 할 수 있다. 카드보다 전자 집적 장치가 우월한 것은 아주 짧은 시간에 처리할 수 있는 정보의 밀도에 있는데, 물질적으로 자기 제어, 수정되는 여러 선택 중추의 동시 작동에 의해 이루어진다. 한편 가장 밀도가 높은 카드(카드별 2만개 데이터 즉 카드 5백장에 천만 개 단위)는 작업자가 직접 참여해야 하고, 상당히 긴 시간을 필요로 한다. 분명한 것은 인공두뇌 제작이 아직 초기 단계에 불과하고, 호기심의 문제거나 혹은 용도가 제한된 단기간의 절차가 아니라는 것이다. 기억과 이성적 판단에 맡기는 작업에서 인간 두뇌를 능가하는 기계가 곧 만들어질 수 없을 것이라고 상상하는 것은, 양면석기의 가능성을 부정했을 피테칸트로푸스, 화승총을 비웃었을 궁수, 혹은 글자를 장래성이 없는 기억 방법이라고 배척한 호메로스 시대 음유 시인의 상황을 재현하는 것이다. 따라서 인간은 자신의 치아가 방앗간 맷돌보다 덜 강한 것처럼, 자신의 비행 능력이 작은 제트 비행기에 비하면 하찮은 것처럼,

자신이 인공두뇌보다 덜 우수하다는 사실을 받아들일 필요가 있다.

아주 오랜 전통에 따르면 인간 종의 성공 요인을 두뇌에 두고 있고, 인류가 자신의 팔, 다리, 눈의 성능을 넘어설 수 있는 것을 당연히 받아들였던 것은 높은 곳에 위치한 책임자(두뇌)가 있었기 때문이다. 몇 년 전부터 두개골에서 초월이 일어났고, 사실에 기초할 때 인간을 모두 능가하게 모방한 뒤에 인간에게 무엇이 남아 있을 지를 자문할 수 있다. 오늘날 확실한 것은, 모든 것을 기억하는 기계, 오류 없이 아주 복잡한 상황을 판단할 수 있는 기계를 만들 수 있거나, 곧 만들 수 있게 될 것이라는 사실이다. 이것은 대뇌 피질이 아주 경탄할 만하다고 해도 손이나 눈처럼 충분하지 못하며, 전자 분석 방법이 그것을 보충할 것이고, 결국 현재 상황과 비교할 때 살아 있는 화석에 불과한 인간의 진화가 지속되기 위해서는 뉴런과는 다른 길을 찾게 된다는 것을 단적으로 입증해준다. 더 긍정적으로 보면, 인간 기관들의 초-전문화의 위험성을 피하면서 자신의 자유를 최대한 이용하기 위해서는, 인간은 점점 더 고차원화된 능력을 점차로 외부화하는 쪽으로 가게 된다.

만약 어느 날, 전자 기계가 완벽한 연극 작품을 쓰게 되거나, 흉내 낼 수 없는 그림을 그리게 된다면, 심각한 문제를 제기하게 될 것이다. 만약 기계가 사랑하기 시작한다면, 생물 종의 운명은 지배될 것이다. 분명히 잘못될 수 있는 이미지를 미래를 향해 투사하기 전에, 이 책의 마지막 장에서, 아직 기계가 손대지 않은 것을 살펴보는 것이 불가피하다. 왜냐하면, 결국 우리는 처음부터 원숭이와 인간 사이에서, 손-언어-감각 운동 피질 삼각형 안에서, 동물학적 혹은 기계적으로 움직이는 나머지 다른 세계와 공유할 수 없는 것을 향한 출구를 찾는 연구로 선회하기 때문이다.

제 3 부
민족의 상징

제10장
상징의 고생물학 입문

이 책의 1부에서 우리는 인류의 신체적 기초의 진화에 대해 자주 질문을 던졌다. 기술성과 언어활동이라는 주요한 두 기준이 인류 공통 기원에서 추출되었고, 그것으로부터 인간의 표출을 동물학적으로 한 가지로 뻗어 나가는 진화 자체에 연결하는 밀접한 유대감이 인식된 것이다. 2부에서는 특히 민족을 구성하는 집단 조직체를 다루었다. 기술성과 언어활동은 여기서 동물학적 관점 안에서가 아니라, 발전 속도가 훨씬 빠르기는 하지만, 동물학적 법칙과 평행하는 진화 법칙에 종속하는 것으로 드러났다. 인류의 진화는 손을 이용하고, 입으로 말한다는 두 가지 기술성이라는 근본적 특징과 관련해서 일관성 있게 나타나지만, 그러나 어떻게 보면 두 가지 차원에서 분리가 된다. 하나는 현재 인류를 3만 년 전 상태와 거의 다르지 않은 생리적 특징을 가진 개인의 집합체로 만들어 주는 계통 발생적 진화의 차원이고, 다른 하나는 인류를 외부화된 집단으로 보아서, 그 전반적 특성이 가속적인 변화 상태에 있는 민족으로서 본 진화의 차원이다.

인간 기계와 인간이 생산물로 보여주는 완전한 복제물이라는 이러한 이중적 이미지의 저편에는 무엇인가가 존재한다. 지금까지의 분석에서는 개인과 집단 사이의 관계 망을 만드는 것에 대해 의도적으로 무시해 왔다. 즉 아름다움에 관련된 행동과 결부되는 모든 것 말이다. 개인 상호간의 관계, 개인과 사회와의 관계 목록을 만들어 보면, 결혼 혹은 경제 교류와 같은 기능적 양식이 드러나는데, 이것은 사회 전체의 근본적인 생리학, 종 혹은 사회 집단의 법칙으로 환원되는 생리학의 표현에 불과한 것으로서, 각 인간 집단에 특유한 색조를 설명하지는 않는다. 동물학적 인간 종의 구성원은 동물학적 특징을 갖지 않는 집단 단위로 모여 있기 때문에 종과 민족의 구분은 필요하다. 그렇지만 민족의 특성들은 기능적 양식에 속할 때에만 추출되는 것이기 때문에 인간에게서 인간 고유의 것에 해당되는 특수화 법칙은 기술-경제 도식을 벗어나 있으며, 앞으로 정의되어야 한다.

앞의 여러 장에서 우리는 인간에게서 전통적 속성 중 일부분을 점차적으로 제거해 왔는데, 이것은 전체적으로 볼 때 인간은 그들보다 더 빠르고 효율적으로 생각하는 기계를 구성하는데 개인을 이용할 수 있는 거대한 사회 조직체를 형성하고 있다는 것을 증명하기 위한 것이다. 미사일은 아주 많은 인간의 제작물인데, 어떤 개인도 그것을 쏘아 올린 집단이 원하는 만큼 많은 숫자의 사람을 죽일 수 있도록 필요한 궤적을 제 시간 안에 계산해낼 수 없다. 인공두뇌는 그것을 할 수 있다. 결국 중요한 문제가 제기된다. 이러한 진화의 끝에 사람에게 남는 것이 무엇인가 하는 것이다. 미와 선의 감각, 기계에 결코 허용되지 않는 넘어설 수 없는 정서적 특성일까? 혹은 필수적인 제조인을 낳는 남녀 요소의 아주 교묘한 배합으로 생겨난 '중간 사람'에 의해 기계를 재생산하는 특성만 단순히 남는 것일까?

기계가 미와 선을 절대로 식별하지 못할 것이라고 성급하게 대답하는 것은 신중하지 못하다. 기계는 이미 진실을 논의의 여지가 없는 데이터로 분해할 수 있다. 그리고 아마 머지않은 장래에, 구상 회화가 추상 회화보다 더 낫다고 판단하는 것이 아니라, 각 내용의 통계적 관계를 아주 세밀하고 능란하게 드러내서, 어떤 주제, 색, 모양, 크기, 세부, 구성이 감동적인 관심, 조형적 감수성, 잠재적 속물성을 가능하게 할 것인지를 상세하게 설명한 카드를 예술가에게 넘겨 줄 수 있게 될 것이다. 삼대에 걸친 금융 투기에 최적인 조각 혹은 충격, 이동, 파손을 더 잘 견딜 수 있을 조각 등의 모델 상을 만드는 것도 가능할 것이다. 천 사백만 번의 선행의 분석을 통해 그것에 지배적인 생리적인 동기, 위대함과 정의의 감정의 굉장히 하찮은 진부함, 그들의 호르몬적 동기 부여, 마지막으로 동시에 삼사 대에 걸쳐 밝혀진 시초로부터 전개된 거대한 인간 양탄자의 전체적인 나체가 드러나게 되는 날, 호모 사피엔스의 뼈-근육 전체를 구성하는 부품 목록에서 무엇이 그날에 살아남는지 지금부터 자문해 볼 권리가 우리에게 있다. 묵시록은 신비로운 숫자로 반짝이지만, 전자적 묵시록은 무한하게 탈신비적인 능력을 갖춘 숫자로 채워져 있다. 아마도 진화의 긴 여정을 다시 한 번 돌이켜보는 것이 무의미하지 않을 것이다. 그것은 진화가 어떤 의미가 있는지를 알아보기 위해서가 아니고(언젠가 기계가 수십억 번의 인간 모험 중 몇 번이나 이루어졌을 지를 말하게 될 것이다), 인간이 초인간적 장치를 만든 주역이라는 것 이외의 의미를 아직도 가질 수 있는지를 알아보기 위한 것이다. 이것이 바로 이 마지막 장을 작성하고자 한 이유이다.

미적 행동

여기서 '미적'이라는 단어의 의미는 매우 넓어서 먼저 설명할 필요가 있다. 사실 철학이 자연과 예술에서 무엇을 바탕으로 아름다움의 과학을 만들었는지를 찾는 것이 문제라면, 그것은 이 책의 서두에서부터 받아들인 관점으로서, 일반적 의미의 고생물학적 관점에서 보면 자연과 예술의 변증법적 왕복 운동에 의해 동물학적, 사회적이라는 두 극단이 드러나는 관점이다. 이러한 관점에서 보면, 미의 개념을 호모 사피엔스의 청각적 시각적 감수성으로만 국한할 수는 없을 것이고, 민족적 개체가 자신의 사회 안에 정서적으로 통합하게 해주는 가장 확실한 감정 코드가 어떻게 시간과 공간 안에 구성되는지를 모든 지각의 층위에서 살펴보아야 한다.

이러한 미적 감정 코드는 생물 전체에 공통적인 생물학적 특질에 기초하는데, 가치나 리듬을 지각하게 해주는 감각, 더 넓게는 가장 단순한 무척추동물도 리듬에 반사적으로 참여하거나 가치의 변화에 반응하는 것을 가리킨다. 인간에게서는 감각이 점진적으로 지능화되면서 리듬과 가치를 자각적으로 지각하고 생산하기에 이르렀는데, 그것은 음악이나 시 혹은 사회관계처럼 그 상징이 민족적 의미를 갖는 코드에 이른다. 미의 표출은 다양한 발현 단계가 있으며, 몇몇은 모든 인류 사회에서 동일한 의미를 갖지만, 대부분의 경우 한정된 문화 안에서만 충분한 의미를 갖게 된다.

음식, 건축, 의복, 음악 등을 감상하는 것은 실제로 문화의 가장 특징적인 부분을 형성하며, 민족 간에 존재하는 차이를 실제적으로 표현한다. 아주 다양한 문화적 특성에서 그 가치의 후광을 배제하면, 비개성적, 탈문화적이고 상호 교환 가능한 성질만이 남을 뿐이다. 미학의 특수화의 기능은 생리 기관과 사회 조직에 동시에 깊숙이 결합된 기계적 관습의 기반 위에 삽입된다. 미학의 중요한 부분은 안락 혹은 불편의 느낌, 시각, 청각, 후각적 조건화와 같은 인간과 동물 공통의 행동에 연결되며, 또한 자연과 사회 환경과 연계된 생물학적 사실을 상징을 통해 지능화하는 것에도 결부된다.

표출의 층위는 미각처럼 신체 조직 활동의 층위일 수 있고, 직업적 몸짓의 표준화처럼 기술적 층위일 수도 있다. 또한 예의범절 태도처럼 사회적 층위일 수도 있고, 궁극적으로는 예술이나 문학에서처럼 표출이 성찰적이거나 상형적일 수도 있다. 이러한 '생리적, 기술적, 사회적, 상형적' 층위는 감각이 그 안에서 정렬되는 큰 구분을 이룬다. 인간에게서 미적 감각의 장소는 내장 감각, 근육 감각, 피부 감각, 후각, 미각, 청각, 시각과 최종적으로는 감각 망의 총체를 상징적으로 반영하는 지능적 이미지 등을 근원으로 삼는다.

미적 현실의 영역을 상징체계로 국한하고, 그 표출 중에 유일하게 인간적인 것, 다시 말해 생각으로 숙고되고, 예술적 성격의 창조에 의해 구체화되는 외부 세계 이미지를 창조하는 가능성만으로 보는 것이 더 합당한 것처럼 생각될 수 있다. 다시 말하면, 상형화를 미의 근원으로 생각하고, 예를 들어 일본과 중국에서 안락함의 개념이 다르다면 그것은 생리적인 이유가 아니라, 사회적이고 예술적인 규범에 의해 익숙함이 안락함의 느낌으로 나타나게 하는 태도가 개인에게 각인되어 있기 때문이라고 받아들이면 충분할 수도 있다. 마찬가지로 예의적 몸짓의 미학도 사회적 통일성에 기초를 두는 것이 아니라, 교육받은 사람의 행동에 대한 어떤 상상, 개인이 예의바른 인간의 역할을 하는 의례 예법 안에서 자신의 모델을 찾는 상상을 반영한다고 생각할 수도 있다.

이렇게 진행하다 보면 고생물학적 관점은 사라지게 될 것이다. 원시인의 수준에서 우리가 확신하는 미적 구조의 유일한 차원은 생리적 가치 판단에 근거한다. 육식 동물 혹은 영장류에서부터 현재 인류까지 살펴보면, 미각, 후각, 촉각에서는 그 어떤 가능한 상형적 활동과도 연결되지 않으므로 더욱 더 비교가 잘 되는 공통의 영역을 보게 된다. 아르칸트로프와 팔레안트로프의 수준에서 유일하게 일관된 증거는 도구류의 유효한 형태 균형 증거로서, 인간에게 고유한 기능적 가치의 체계인데, 형태에 대한 미적 평가는 할 수 있지만, 어떠한 상형적인 상징체계와도 연결되지 않는다. 대장간을 나타내는 그림이 더 이상 기능적 상징화가 아닌 것은(기능 자체 속에서만 실현가능하다), 연극 무대 위의 가짜 식사가 미각을 상형화한 것이 아닌 것과 같다. 그렇지만 부인할 수 없는 것은 위의 두 영역에서도 가치판단은 가능하고, 완전히 기술적이거나, 윤리적인 규범은 아니지만 미적 규범을 조건화한다는 것이다. 따라서 호모 사피엔스의 수준에서 상형의 정상에 있는 미적 가치가 생리적, 기능적 기반에 거꾸로 영향을 미칠 것을 받아들일 수 있다. 다만 더 고등 형태로의 이행을 이해하고, 특히 그 형태가 간직한 아직 고풍스러운 것을 이해하고 싶다면, 고생물학적으로 유일하게 확인된 기반에서 출발하지 않을 수 없다. 만약 그 근원이 먼저 밝혀지지 않는다면, 현대 추상예술의 경향을 근원으로의 회귀로 파악할 수는 없을 것이다.

사회적 영역에서는 다른 방식으로 문제가 제기된다. 동물사회학은 상당히 진보해서, 늑대의 예절 행동, 새의 혼례 춤, 새끼, 수컷, 암컷의 각각 특징적인 세부 인식법, 수많은 동물의 주기적인 회합 등을 인간의 사회적 행동에서의 동일한 표출과 대조해 볼 수 있다. 언어활동을 모두 배제하더라도, 한 개인이 넥타이 색깔로 인간 집단 안에 정확하게 위치되는 것은 새의 사회에서 울새의 붉은 반점의 경우와 같다. 그러나 생리적 혹은 기술적 표출과는 반대로 의복의 표지를 지니는 것은 일련의 사회적 이미지를 유추해주는 상징이다. 기능적 특성으로서 그것은 기술과의 경계에 위치하며, 탈착 가능하고 관례적인 표지로서 상형과의 경계에 있다. 이런 이유로 사회적 미학의 표출은 두 사면의 경계면에 위치한다.

그 이상으로는 모든 것이 생리학과 그 이미지가 편입될 수준에 의해 만들어진 질서 안에서 세분된 이미지에 불과하다. 흉내와 춤 움직임의 상형이 기반에 놓이고, 이어서 언어활동과 뗄 수 없는 몸짓이 생겨나고, 아주 일찍 상형과 경계를 이루게 되었다. 여기에 이어서 음악이나 시poésie의 청각적 재현이 이루어지는데, 그 이유는 음악은 몸짓과의 유대가, 시는 언어활동과의 유대가 시각적 형태와 중개물이 되기 때문이다. 시각적 형태는 그림에서처럼 인간에게 지배적인 감각을 동원하는 것이며, 여기서 상징체계는 구체적 운동에서 가장 멀리 있고, 지적인 것으로 알려진 결과 현실적 형태가 상실되고 기호밖에는 남지 않게 된다. 문자는 시각적 미학과 이어지는데 그것은 순수하게 지적인 이미지로서, 상징을 완전히 내부화하기에 이르게 된다.

여기서 고찰해 본 전개 과정에서 언어활동이 차지하는 위치가 각 단계에서 무엇인지를 알아보는 것은 흥미롭다. 미학은 철학의 모든 분야 중에서도 말에 의한 표현 수단을 찾기 어려운 분야이다. 말로 하더라도 환기에 그친다. 즉 단어로 재현하지 않고 계기를 주는 소리, 형태, 동작 스타일 등을 환기하기에 충분한 만큼 구체적인 경험을 독자의 상상에 결부시키는 것이다. 언어활동은 미적 표출을 표현하기에 적합하지 않은 것 같다. 시의 가장 놀라운 점은 리듬과 그것이 전달하는 단어 사이에 모호성을 창조하는 것이다. 그리고 노래에서는 노래가 더 실제로 음악적일수록 가사는 더 알아듣기 어려워진다. 마치 음성적 기능이 때로는 지적 표현에 종속하는 쪽으로 기울고, 때로는 이해 능력이라는 의미로서의 지능이 개입하지 않는 다른 무언가에 기울기도 하는 것이다.

도구를 정복하고 언어활동을 정복한 것은 인간 진화의 일부만을 대변한다. 여기서 미학이라는 말로 이해되고 있는 것은 우리의 진보에서 못지않게 중요한 자리를 차지하고 있는 것처럼 보인다. 비록 고생물학에서 뇌와 손의 연속적 상태를 아주 세밀하게 복원하고 있고, 또한 타제석기silex taillé가 기술적 진화의 훌륭한 시각을 제공하고 있지만, 뼈나 도구에 각인되지 않은 것을 어떻게 찾아내야 할지는 언뜻 보기에 알지 못한다.

언어활동의 고생물학을 개관하면서 우리는 한 가지 수단을 발견해 냈는데, 그것은 외계의 얼굴-손 영역이 항상 존재한다는 것, 그리고 얼굴과 손 기관의 운동 기능이 뇌에서 서로 연계되어 있다는 것이다. 상형의 탄생, 그리고 뒤에 문자의 탄생은 5만 년 전 과거에서의 이러한 연계를 조사할 수 있게 되었지만, 미적 진화를 밝혀내기 위해서는 다른 방식이 필요하다.

앞에서 말한 생리학적, 기술적, 사회적 질서는 극히 일반적인 생물학적 공식을 이루는데, 이 공식은 곤충의 삶뿐만 아니라 설치류나 인간의 삶에도 해당된다. 모든 종은, 기생 동물마저도, 적어도 당분간은 먹이 습득을 보장하는 기술적 행동과 생식을 보장하는 사회적 행동을 보이는 것이다. 따라서 그것은 미적 행동이 필연적으로 그 위해 뿌리박는 기초가 되는 것이다. 이것은 마치 우리가 동물학적으로 깊이 편입된 사실이 우리의 진화 과정에서 인간적으로 기술 안에서 표출되는 것을 보는 것과 같고, 생물 전체 종 안에 파묻힌 개체 간의 관계적 사실이 자각의 빛 아래에서 언어활동에서 재발견되는 것과도 같다. 리듬적 상징을 지각하고 창조하는 과정에서 동물적 세계 안에 파묻힌 근원, 그것이 인간 수준으로 표출하는 순간 기술과 언어활동과 동일한 특성을 보이는 근원을 발견할 수 있을까? 다른 말로 하면, 인간의 수준에서 기술적 기능은 제거 가능한 도구로 외부화되고, 지각된 사물 역시 언어적 상징으로 외부화하기 때문에, 모든 시각적, 청각적, 동력적 형태 안에서의 움직임 또한 해방되고, 동일한 진화의 주기 안에 들어갈 수도 있다는 것이다.

기술과 언어활동에서와 마찬가지로, 방출하는 것에도 단계가 있다. 가장 순수 예술은 항상 깊은 곳에 가라앉아 있다가, 그것이 없으면 예술이 존재하지 않았을, 살과 뼈의 받침대socle 사이로 간신히 끄트머리를 내민다. 내 생각에는 상징의 고생물학이 비교해부학보다 정신분석학을 닮을 위험이 있다 해도, 연구의 원칙은 적어도 제시되어야 한다. 기술, 언어활동, 미학의 관계를 밝히는 것은 중요한데, 그 이유는 인간적 특질의 세 가지 기본적인 표출이 밀접한 연관성을 갖기 때문이다. 그들의 관계는 다른 방식으로 나타날 수 있다. 언어활동과 기술이 생존에 충분한 필수 불가결한 토대를 형성하고 이후 진화 단계에서 점차적으로 그 위에 미학적 착색이 이루어지는데, 이것은 어떻게 보면 독자적으로 이루어진다고 가정해볼 수 있다. 후기 구석기 시대의 상형 예술의 정점에서 출발하여, 미학은 조금씩 기초까지 침투하고, 오늘날에는 생리학적인 표출을 겨우 뒤덮기 시작하고 있다고 말이다. 이 가설은 미적 표출의 독특한 특성을 전제로 할 것이고, 두뇌 기계 안에 어디에 투입될 지를 연구하게 할 것이고, 추상적 언어활동을 만들 가능성을 넘어서는 그 무엇이 대뇌 피질 장치에 나타나서 이미지 사이에 새로운 관계를 형성할 것이라고 가정하게 된다. 논거를 발견하는 것은 아주 쉬울 것이다. 그 이유는 기술 영역과 촉각, 후각 등의 지각 영역에서 미적 가능성이 풍부하게 되는 것을 확인할 수 있기 때문이다. 그렇지만 반대로 그것이 예술적 형태가 침투한 것이며 전체적으로 풍요화가 이루어진 데 따른 것은 아니라는 사실을 증명하기는 어려울 것이다.

기술과 언어활동이 같은 현상의 두 측면에 불과하고, 미학이 그 세 번째가 될 것이라는 가설을 받아들일 수 있다. 이 경우 실마리를 찾을 수 있는데, 만약 도구와 말이 기계와 문자를 향해 거의 동시에 해방되었다면, 같은 현상이 미학에서도 일어났을 것이다. 음식 소화가 만족에서 아름다운 도구로, 춤추는 음악으로, 안락의자에서 보는 춤으로 가는 것에는 동일한 외부화 현상이 존재할 것이다. 신화문자에서 문자로, 손 도구에서 자동 기계로 전환하는 것과 비교할 수 있는 미적인 여러 모습이 역사 시대에도 재발견될 것이고, 예술, 사회 미학, 기술 지식-향유savoir-jouir 등을 개인이 최대한 채득하는 미학의 '장인적' 혹은 '전pré 산업 단계적' 시기가 있을 것이다. 이어서 미적 재료의 생산자와 미리 만들어지고 고안된 예술을 소비하는 점차 증가하는 집단 사이에 불균형이 가중되는 전문화 단계가 생길 것이다. 이 두 번째 가설이, 비록 모든 현실에는 아닐지라도 생물학적 사실이 나타내는 듯한 일반적 방향에 더 잘 맞으며, 내가 증명하고자 하는 것도 바로 이것이다. 왜냐하면 이것이 민족 단위로 인류를 집단화하는 문제에 있어서, 기술과 언어활동만을 고려하는 이론에는 부족한 요소들을 제공하기 때문이다.

민족의 '스타일'

민족지적인 사실을 정확하고 상세히 서술한다 하더라도 민족적 가치의 가장 현실적인 면은 전혀 설명되지 않는다. 한정된 집단에만 고유하게 속하는 물체 모양, 농경 습관, 신앙을 밝혀내고, 그것들을 모아서 착오 없이 그 집단을 특징짓는 양식formule을 얻을 수 있다. 그러나 문화의 대부분은 인류 전체 혹은 대륙 혹은 적어도 한 지역 전체에 공통적으로 속한 특징으로 이루어지며, 각각 특수하다고 느끼는 여러 집단에도 공통된 것이다. 도끼, 풀무, 혼인 형식을 상투적으로 나열하면서 이것을 한 민족의 '정신'의 표현으로 바꾸는 이러한 민족적 특수성은 언어적 분류가 불가능한 것으로서, 자신의 고유한 가치가 있는 것이며, 집단 문화 전체에 배어 있는 스타일이다. 포도주 전문가가 포도 산지를 느끼는 것처럼, 훈련을 쌓은 민족학자는 모양 혹은 리듬의 조화 속에서 한 문화와 다른 문화의 산물을 구별한다. 이것은 경험에 근거한 방법이며, 어느 날 전자적 분석에 의해 각 민족의 창작물에서 풍기는 정의할 수 없는 개성적 풍미를 어떤 방정식으로 풀어낼 것이라고 상상할 수 있다. 그러나 기술적, 언어적 특징은 정의할 수 있다 하더라도 스타일은 통상적 언어활동 조작을 통해 접근할 수 없다는 사실이 바뀌는 것은 아니다. '자동차'라는 사실이 공통적이라도, 영국 자동차의 엔진이 프랑스나 러시아 엔진과 어떻게 다른지는, 상세한 기술적 분석을 통해 설명할 수 있다. 관찰자가 한눈에 보고 어떤 자동차가 '분명히 영국제'인지로 알아보는 이유를 설명하기 위해서는 방대한 분석이 필요할 것이다. 또한 '뉴올리언스' 스타일의 재즈 래퍼토리가 세계적 자산이 되었고, 원칙적으로는 스타일이 한결같다는 것은 분명하지만, 같은 곡의 스웨덴 연주와 미국 연주를 귀가 혼동하지는 않는다. 만약 민족학이 자신의 가장 본질적인 연구 대상이 무엇인지 분명히 말할 수 없다면, 그것은 언어활동과는 다른 영역의, 그렇지만 민족의 현실을 자신만이 관여해야 할 만큼 중요한 영역의 무언가를 민족학이 놓치고 있는 것이다. 이것은 인간이나 그 산물의 연구를 포함한 여러 자연 과학 부문에 공통된 사실이다. 인종 인류학이 엄밀한 과학의 외면적 특성을 모두 갖추고 있다고 해도, 숙련된 인류학자가 두개골의 지리적 출처를 한눈에 알아본 뒤 그로부터 수치에 의한 증명을 하려면 몇 주를 보내야 한다는 것은 사실이다. 게다가 이런 증명 과정에서 그가 즉각적으로 알아차리는데 무의식적으로 근거했던 대부분의 특징이 상실된다.

동물학에서는, 정주종espèce sédentaire에게서, 시간의 흐름에 따라 다소 중요한 유전적 방향이 결정되는 것을 알고 있다. 이것은 종종 미묘하고 일정하지 않으며, 동종의 다른 집단과 접촉하면 급속하게 희석되어 지역적 변종이 출현하게 된다. 문화적 특성에서도 마찬가지인데, 그것은 종종 아주 넓은 공통의 기초에서 탄생해서 충분히 일관성 있는 각 집단 안에서 특수화되고, 역사의 우연으로 만들어지고 사라지는 아주 미세한 지역적 변이를 만들어 낸다. 이러한 작용은 세세한 기술적 혹은 사회적 혁신에 영향을 끼치며, 괭이자루의 굽은 상태에서 의례 순서 형태에 이르기까지 그것이 속한 영역에서 동시에 영향을 미친다.

이러한 흐름에 따라 어떠한 인간 집단도 두 번 같은 집단을 만들지 않고, 각 민족은 모든 타 민족들과 다르고, 같은 민족도 상이한 두 존재 시점에서 서로 다르게 되는데, 이 흐름의 형성은 아주 복잡하다. 왜냐하면 개인적 혁신이 주된 역할을 담당하지만 그것은 선행 세대와 동시대인의 직접적인 영향 안에서만 가능하기 때문이다. 더구나 의식의 정도는, 기술적 동작 연쇄와 같은 조건 안에서, 혁신의 수준에 따라 달라진다. 일상적인 형태는 느리게 무의식적으로 만들어지는데, 마치 보통의 사물이나 몸짓이 구성원이 서로 순응하는 집단의 의향에 따라 이용되면서 점차적으로 만들어지는 것과 같다. 반대로 예외적인 형태는 개인적인 발명이 엄격한 전통에 가로막히지 않을 경우, 집단의 특수한 방향으로 진정한 변환으로 드러나게 된다. 양극단의 한쪽 끝에서는, 가정 혹은 농사에 관한 행위와 사물, 장인의 도구와 그 몸짓 등은 고립에 따라 점점 더 특징적이 되는 리듬과 형태가 천천히 배어드는 것을 알 수 있다. 한편 다른 극단에서는 축제 의상 혹은 관례적 춤은 다시 행해질 때마다 종종 상당하고 갑작스러운 변이를 겪을 수 있다.

일상적인 관습과 그 범위 안으로 스타일은 깊이 배어들며, 명철한 의식 밖에서 이루어진다. 기술적 동작에서와 마찬가지로 그것은 수세대에 걸쳐 생활에 흔적을 남긴다. 몇몇 태도들, 예절이나 의사소통에 관련된 몸짓, 걸음걸이 리듬, 식사 예절, 위생 몸짓 등은 세대에 걸쳐 전승되는 민족적 색조를 띤다. 음악, 춤, 시, 조형예술 등의 상형적인 관습에서는 기반과 개인적 변이 사이에 뚜렷한 분리가 이루어진다. 그 이유는 상형화는 동일한 동작 단계를 포함하기 때문이다. 골격을 바꾸지 않고 개개인에게 개인적 변이를 구성할 수 있게 해주는 가능성 덕분에, 음악 법칙 혹은 조형 장르에서 수세기 동안 상형화의 골조가 살아남는 것을 볼 수 있다.

미적인 관습의 매몰도를 검증하면 이전에 사용한 순서가 확인된다. 생리학적 표출은 일상 작업 속에 우월한 위치를 차지하며, 가장 깊은 고생물학적 기층에도 나타나고 동시에 살아 있는 개체가 자주 관련되는 영역에도 나타난다. 더구나 상형화된 운동의 표출이 그것에 밀접하게 결합된다. 기술적 표출, 모든 '기능적' 미학도 역시 가장 빈번한 동작 연쇄에 아주 광범위하게 개입하지만, 명석한 의식의 개입 정도는 그것보다 더 크고, 예외적인 혁신의 작용이 더 넓다. 생리학적인 것에 대해서도, 기술적인 것에 대해서도 상형적 통합을 인식할 수 없다는 사실이 더욱 명료하게 이 기층의 성질을 보여준다.

사회적인 것le social은 이중적으로 접합점의 위치를 차지한다. 한편으로는 사회적인 작업은 모든 정도의 관습의 빈도fréquence를 제공하고, 정확한 옷차림을 위해 옷 단추를 잠그는 기계적인 몸짓에서부터 국가 원수 영접 의식에 이르기까지의 모든 스타일화를 제공한다. 다른 한편으로 사회적인 작업은 예를 들어 몸의 태도에서의 생리적인 것부터 숫자나 달력을 다루는 추상적 상징화까지 이르는 기계화 수준의 변화 단계를 제공한다. 따라서 생리적인 것, 기술적인 것, 사회적인 것은 동작 관습의 관계에서 점진적인 세 수준에 해당한다. 이러한 점진적 변화는 언어활동과 병행하면서도 독자적인 발달 질서를 갖는 상형적 관습에 동일한 형태로 드러나지 않는다.

따라서 민족 스타일은 형태, 가치, 리듬을 받아들이고, 표시하는 집단 특유의 방식이라고 정의될 수 있다. 이런 각도에서 보면, 미적인 개성은 파악할 수 없는 것이 전혀 아니고, 공학 혹은 기술 사회학과 같은 정도로 정확한 분석 방법을 생각할 수 있다. 맛, 향기, 촉감, 소리, 색 등의 범위는 넓게 퍼져 있고, 아주 특징적인 변이를 나타낸다. 한 문화 안에서 자연적인 자세와 사회적 태도를 가르는 거리가 집단적 임의성laisser-aller의 정도를 나타낸다. 도구의 형태는 개인이 가정환경이나 더 일반적 환경에 통합되는 것과 마찬가지로, 정확한 기능적 분석의 대상이 된다. 더불어 여러 예술 연구의 수단도 사용할 할 수 있다. 그것들은 비교연구의 목적으로도 완성되고 있는데, 그 이유는 민족적 스타일이 전체적 표현이기 때문이다. 시적 표출이 최고조에 달하면 우리는 행렬의 선두에 설 수 있지만 그 끝은 호르몬의 미명pénombre 속으로 사라지고 있다. 조각가의 개인적 재능이 정점에 이르러도 우리는 어떤 개인을 마주하고 있는 것이다. 그 개인은 한 민족 집단의 구성원이고 어떤 사회 환경 속에서 교육되었으며, 때론 분명한 고독에 마주하는 대변인이지만 어쨌든 오세아니아, 중국 혹은 터키 등의 집단적 현실의 대변인인 것이다.

민족학적 3부작의 세 번째 부분은 다른 둘에 비해 밝기가 덜하지 않다. 다만 전혀 다른 상황에 놓여 있을 뿐이다. 기술과 언어활동 그리고 사회적 기억은 가치 판단 없이 다룰 수 있다. 그것은 인간에게 증대되는 효율성을 주도록 일관된 한 집단을 이루고 진화한다는 사실이 문제가 되며 그 존재 여부를 판단하면 되기 때문이다. 여기서 사회적인 것은 개인적인 것을 훨씬 뛰어넘으며 진화는 집단적 성과 이외의 다른 척도가 없다. 미학은 완전히 다른 반향résonance을 갖는데, 여기서 사회는 개인이 집단 속에서 개성적으로 존재한다는 감정을 남겨 주기 위해서만 지배적이 된다. 그것은 뉘앙스의 판단에 근거한다. 그것은 기술만큼 엄격한 순응주의conformisme를 향한 선택을 이끌기 위해서만 존재하지만 다른 성격을 갖는다. 그 이유는 개인이 그를 사회적으로 통합해주는 해결책을 보유하기 위한 가치들 사이의 대립으로 만들어진 것이기 때문이다. 도끼를 사용하는 것은 판단을 내포하지 않고 강요되거나 혹은 전기톱 앞에서 사라지는 것이다. 반대로 도끼의 유효한 형태와 움직임을 둘러싼 미학은 좋게, 아름답게 판단하는 각 개인의 몫이며, 그 판단은 절대적인 것이 아니라 자신의 집단의 미학적 안전망 안에서 그의 선택의 상상적 자유 안에서 이루어지는 것이다.

제11장
가치와 리듬의 신체적 근거

미학이 형태와 움직임(혹은 가치와 리듬)에 대한 의식에 근거한다는 사실과 이것이 가치판단 능력을 가진 유일한 것이기 때문에 인간에게만 고유한 것이라는 사실을 받아들인다면, 이러한 사실에 의거해 인간이 어떤 원천으로부터 운동과 형태의 지각을 가져오는지를 알아보게 될 것이다. 많은 다른 것처럼 포유류인 인간은 비길 데 없이 복잡한 뇌 기관을 갖고 있지만, 다른 포유류에는 없는 특별한 지각 기관을 갖고 있는 것은 아니다. 인간의 감각 기관은 감각을 상징으로 변형시키는 우수한 장치로 사용되기는 하지만 그 기능은 동물과 마찬가지다. 동물의 정신적 생활에는 상징화 체계가 결여되어 있지만, 인간도 깊은 감각적 삶을 살고 있고, 소화 운동을 생각하며 정해진 시간에 식사하고, 염소처럼 군중 속에서 집단적 행보의 리듬을 따라가고, 음식 입맛도 어류와 동일한 기관에 근거하고 있으며, 의식이 모든 운동에 동원되지 않고도 근육을 긴장, 이완시키며, 요컨대 인간의 모든 동물적 기계는 최종적으로 지적 통합에 이르는 여러 수준에서 기능하지만 그 수준은 다른 생물과 같다. 지성의 상징화가 그 정상에서 기반의 깊이까지 돌아갈 수 있다든지, 인간의 모든 것이 미적인 의미에서 건설적인 사유의 절차에 동화된다고 선험적으로 단정할 수 있다. 반대로 미적 사유가 '자연스러운' 행동이 시작되는 곳에서 중단되는 것 아니냐고 자문해볼 수도 있다. 이 두 가설 중에서 첫째 가설이 지금까지 걸어온 길에 가깝다고 생각되지만, 이를 지지하려면 만약 사유에 의해서 어떤 체험 의식이 실제로 보장될 수 있고, 감각 장비에 그 활동이 상징 이전 상태로 남아 있는 부분이 존재한다는 점을 받아들여야 한다. 예를 들어 엄밀한 의미에서 미각에는 짠맛의 이미지를 주는 방법이 전혀 없어서, 자기 자신에 의해서만 복원 가능한 것이다.

감각의 장비

동물에서 가장 단순한 행동은 감각의 관점에서 세 측면으로 축소될 수 있다. 첫째는 유기체가 자신에게 동화될 수 있는 재료를 처리하면서 몸의 기능을 보장하는 영양 섭취 행동 측면이고, 둘째는 종의 유전적 생존을 확립하는 생리적 감수성 측면이며, 셋째는 다른 둘을 가능하게 하는 공간적 통합의 측면이다. 이들 측면은 종의 진화 정도에 따라 분화되는데, 개체 상호 및 개체와 환경 사이의 세 가지 조합 층위에 대응하고, 인간의 경우에도 미적 관계는 여전히 뚜렷하다. 이 세 가지 생리학적 미학의 측면은 다양한 비율로 내장 감각, 근육 감각, 맛, 후각, 촉각, 청각, 균형 감각, 시각 등 감각 장치의 여러 기관을 동원한다.

그 기관 각각은 동물에서 인간에 이르기까지 동일한 중요한 구조를 보유한 하나의 완전한 생명체 속에 통합된다. 영양 섭취 행동은 내장 리듬을 원동력으로 하고, 후각-맛, 촉각을 지각 기관으로 한다. 정서 행동은 근육 작동 감각, 촉각, 후각, 시각의 사이에 균형 잡힌다. 공간-시간 상황 행동은 평형 기관과 공간에서의 몸의 지각에 힘입어, 인간에서는 시각, 다른 종에서는 후각, 촉각, 청각 등의 주요 감각의 도움을 받는다. 외부 환경과 관계된 이 세 가지 측면은 그 어느 것도 어떤 신체적 리듬감과 탐지 장치의 협력 없이는 생각할 수 없다. 입맛은 영양 섭취 활동이 없이는 추상적인 것이며, 또한 동정이나 공격의 감정 기능도 지각과 그것이 결정하는 운동성 사이에 존재하는 유대 관계 안에서만 존재한다. 공간적 통합도 생리적인 신체가 공간을 지각하는 정도에서만 가능하다. 다시 말하면 움직임과 형태의 협력이 모든 능동적 행동의 첫째 조건이다.

동물이건 인간이건, 행동의 주체는 움직임의 망 안에 잡혀 있고, 그 움직임은 외부 혹은 자신의 몸에서 유래하며, 움직임의 형태는 감각에 의해 해석된다. 더 넓게 보면, 그의 지각은 외부 리듬과 그가 운동으로 보이는 반응 사이에 놓인다. 해양 환형동물은 조수의 리듬에 따라 자신의 관 안에서 오르내리고 있지만, 맛의 감각이나 온도와 진동을 느끼는 촉각 등의 지각으로부터 자신의 운동적 통합을 얻는다. 영양 섭취 행동 및 시간 공간적 통합은 바로 그것이 속한 환경에 합체하는 것과 같다. 최고 고등 단계에 있는 포유류도, 냄새와 소리가 있는 자신의 영역에서 밤과 낮의 움직임과 온도와 시각 이미지의 변화에 따라서, 리듬, 형태, 자극, 그리고 그 해석과 반응 등의 공동 작용 속에서만 존재하는 것이다.

인간 차원에서도, 상황이 상징의 망 안에 반영되고서 결국 상황 자체와 마주하게 될 수 있다는 차이점을 제외하고는, 상황은 물론 동일하다. 이렇게 자각된 리듬과 가치는 인간 진화 과정에서 인간에게 고유한 시공간을 창조하고, 박자와 음계의 바둑판 모양 안에서 행동을 구속하고, 가장 한정된 의미의 미학을 구체화하게 된다. 그렇지만 생물적 기초는 자신의 모든 수단을 유지할 것이고, 예술적 상부구조에 부응할 수 있는 다른 수단은 없을 것이다. 자각된 표현에서도 미학은 여전히 그것이 나온 세계에서처럼 그대로 일 것이고, 동물학적 진화에 의해서 시각과 청각은 우리가 공간을 확인하는 감각 중에서 우선할 것이다. 만약 촉각과 진동의 미묘한 지각이나 후각이 우리의 주요 감각이라고 했다면, '접촉 교향곡', '냄새 그림', 균형 있게 진동하는 건축, 염분이나 신맛을 가진 시 등의 가능성도 생각할 수 있다. 지금 이런 미적 형태는 비록 불가능한 것은 아니라도 우리 예술에서 주요 자리를 차지하지는 못하는 것이다. 그렇지만 미적 삶의 근저에 이것들의 자리를 유지하지 못하면 유감스러울 것이다.

내장 감각

생리 기관에 결부된 지각은 모호하고 위치가 분명하지 않으며, 미적 형식화에 직접 개입하는 것도 불가능하기 때문에, 생리 기관의 모호한 보통의 기능은 잊혀야 할 것처럼 보인다. 그렇지만 프로이드를 비롯한 여러 정신분석학자는 리비도와 욕구불만의 중요성을 충분히 부각시켜서, 미적 삶의 가장 고도의, 특히 가장 고도라고 할 만한 형태에서도 심리-생리적 조건 형성이 발현될 가능성이 있다. 왜냐하면 기술적 혹은 사회적 행동은 '합당한' 실행을 내포하는 집단적 규범에 따라 체험되는 것인 반면에, 상형적 창조는 개인을 해방하는 주된 요소이기 때문이다.

내장 감각의 가장 중요한 표출은 리듬과 연결된다. 잠잘 때와 깨어 있을 때, 소화와 식욕의 시간적 교체와 같은 모든 생리적 리듬은 그 위에 모든 활동이 기록되는 골조를 형성한다. 이 리듬은 일반적으로 밤낮의 교대, 기상과 계절의 변화와 같은 보다 큰 골조에 연결된다. 여기서 진정한 조건화가 이루어지고 일상적인 동작의 안정적 기반이 되지만, 미적 행동에 있어서는 인간의 몸이 도구로 사용될 때에만 개입한다. 내장의 쾌적한 상태는 활동의 정상적인 조건이 성립되지 않으면 일어나지 않는다. 생리적 고통 혹은 불충분 상태는 개인의 미적 영역을 뚜렷하게 바꿀 수 있지만, 그것도 단지 넓은 의미에서의 정상적인 활동에 미친 결과에 의한 것일 뿐이다.

반대로 모든 문화에서 습관적이지 않은 운동, 언어 표출의 대부분은 정신적 낯설음에서 이차적 상태를 추구한 결과로 생긴다는 사실을 고려해 본다면, 리듬 균형이 깨지는 것은 중요한 역할을 한다는 사실을 인정해야 한다. 예외적인 의례, 황홀경 상태, 접신 의례 등에서 당사자는 고양된 초자연적 잠재력이 가득한 춤, 소리 표출에 몸을 맡기지만, 그것을 잘 하려면 예외 없이 단식과 불면에 의해 생리 기관의 일상성을 깨고 당사자를 일상의 리듬 주기 밖으로 이끌어 내야만 한다. 최종 결과가 심리적 황홀경이라도 출발점은 내장과 관련된 성격을 지닌다. 유기체의 가장 깊은 곳에서 출발하지 않으면 위상의 변화는 실현되지 않는다.

결핍과 제어

자연 리듬의 파괴, 밤샘, 밤낮의 역전, 단식, 성적 금욕 등은 미학보다 종교의 영역을 환기하는데, 그것은 단지 현대 문화에 이르러서야 이 두 영역의 분리가 거의 완전히 이루어졌기 때문이다. 이것은 사회 조직체 진화의 최근 결과물이며, 우리가 추진해 온 합리화 과정의 결과인 것이다. 사회적 척도에서 보면, 정상 주기의 일탈은 기술적 능률의 하락을 의미한다. 종교적인 것과 미적인 것을 분리해서 삶의 리듬이 깨지는 것을 피하게 함으로써, 개인은 사회-기술적인 장치가 순조롭게 기능하기 편리한 상황에 놓이게 된다. 명시적으로 혹은 암시적으로, 이 사실은 유교 이래로 알려졌고, 현대 사회에 이르러 결정적인 규모로 이용되고 있다. 그것은 반-리듬적인 삶을 실천하는 극소수의 전문가를 특화해내는 것을 가정하고, 일반 대중에게는 별다른 혼란 없이 이용할 수 있는, 시간과 공간속에서 걸러지고 계량된 표출의 안전판을 가정한다. 이 사실은 몇몇 회교 국가에서 생산성을 해친다는 이유로 라마단 단식을 폐지하기 위해 취해진 조치에서도 드러난다. 또한 몇 년 전부터 가톨릭교회가 용인한 완화 조치에서도 드러난다. 그러나 반복해서 말하지만 이는 최근의 사실이며, 인간이 집단으로 삶을 체험하고 생리적 지배가 큰 도약의 하부구조가 되었던 3만 년 전까지로 그 결과를 무리하게 확장해야 할 이유는 없다.

다른 측면에서 보면, 초보자가 춤을 배우려면 냉정함이 요구된다고 생각할 수 있고, 순례자들이 열광적으로 부르는 시구를 창조한 사람은 배부르고 명석한 시인이라고 생각할 수 있다. 아주 일반적으로 부정확하지는 않다고 해도, 창조와 실행을 분리해야 한다고 해도, 사실이 하나도 바뀌지 않을 것이다. 왜냐하면 미와 관련된 행동은 예술 작품을 창조하는 것에만 국한되지는 않기 때문인데, 이는 대장장이가 야금술의 발명에만 한정되지 않는 것과 마찬가지이다. 글자 이전 단계에서의 관습에서 즉흥성이 매우 압도적이어서 미적인 제작과 그것을 이용하는 것이 동일한 장소에서 혼동될 정도이다.

또한 더욱 중요한 것은 일상 리듬 단절의 방법을 찾고 이차적 상태를 만들어 이를 영속시키는 것이다. 인도, 중국, 이슬람 혹은 서구의 신비주의 주류 교파는 모두 생리를 지배하고, 명상과 내장 기관 제어에 의해 리듬에서 탈피하는 것을 목표로 하고 있었다. 요가는 이러한 탈피법 중 가장 대중적인 것으로서 리듬 제어를 추구하는 것은 심장을 포함한 모든 기관이 관련되며, 완전한 수행자는 모든 기관을 진정시키고, 모든 외적 시공간 리듬을 배제하고 황홀경의 미적 세계 안으로 들어간다. 이러한 반명제antithèse는 나중에 보게 될 상형 예술을 상형의 공백으로 이끄는 대조와 비슷하다. 도교에도 또한 음양 원리의 교체 주기를 벗어나는 기술, 엄격한 식사 규정, 호흡 훈련 등이 있는데, 이들이 근거로 하는 우주관은 모든 것이 상보적 가치를 지닌 리듬에 부응하는 우주, 현자가 시공간 밖에서 아무 것도 건드리지 않고 숨어 있는 유동적 우주 골격이다. 여기서도 하늘과 땅 사이에서 인간이 사회적 상징 안에 포함되는 문제가 재발견된다. 그러나 흥미로운 점은 현자에게 있어 우주적인 해탈이 소화관 수준에서 시작해서, 최초의 정화 과정이 점차 그를 이끌어 단지 공기를 들이마시며 생존을 유지하게 만드는 것이다. 각 기관을 지배하고, 간을 길들이고, 침이나 삶의 분비물을 보존하고, 호흡을 조절하고, 모든 생리 기관을 진정시켜서 비취 같은 육체를 체득하는 것은 수세기에 걸쳐 추구된 꿈이고, 중국 철학의 대부분은 여기서 나온다. 서양의 예술이 인간과 육체의 협정에 근거를 둔 어떤 삶의 개념에서 유래했다고 느끼는 것은, 거리 두기를 할 수 없는 우리에게는 어려운 일이다. 반대로 삶에 거리 두기를 하기 때문에, 그리고 틀림없이 이 협정의 표현을 아주 멀리까지 밀어붙이기 때문에, 고전적 중국은 존재 양식이나 작품에서도 기저에서 정상에 이르기까지 연속성을 보이는 것이다.

도교와 불교가 결합되면서 이승의 존재의 원환적 리듬에서 벗어나기 위한 연구가 점점 확대되었다. 중국에서와 그 다음에 일본에서 이상적 존재의 완전한 방식이 창조된다. 여기서 편안하고 자신의 육체의 주인이 된 현자는 바람, 물, 나무, 달과 완전히 조화를 이루며, 소화 기관에서 출발해서 회화에 도달하는 균형 안에서 삶을 연주하고 있는 것이다.

근육 감각

해골의 뼈대는 정상적인 상태에서는 보이지 않지만, 근육 주름drapé은 매우 인상적인 영역이며, 뼈-근육 기관은 이제 단순한 도구가 아니라 존재 세계로 편입되기 위한 장치로 생각 할 수 있다. 운동 뇌 피질에서 이루어지는 운동의 통합은 지적인 작업으로 별도로 두어야 하지만, 반대로 주의해야 하는 것은 개체의 환경에 대한 평형, 직접적 공간 지각, 운동 조직 등의 측면에서 내이와 뼈근육 기관 사이에 고생물학적인 관련이 있다는 것이다.

신체의 무게는 근육에 의해 지각되고, 공간적인 평형과 조합되어 인간을 구체적인 우주에 묶어 두고 있지만, 역설적으로 무게와 평형이 무너진 상상의 우주가 구성된다. 곡예, 평형 운동, 춤 등은 대부분 정상적인 동작 연쇄에서 벗어나려는 노력, 공간 내 자세의 일상적 주기를 깬 창조를 추구하면서 구체화된다. 수면 중에 내이와 근육이 휴식하고 있어서 일상적인 배경의 반대를 만들어 낼 때, 날아가는 꿈속에서 자연스럽게 해방이 이루어진다. 다른 방식으로 깨어 있을 때에도, 곡예를 관람하는 것 역시 해방이며, 동작 연쇄에 대한 일종의 도전이다.

지능을 담당하는 모든 기관의 정상적인 기능은 신체 기관의 상태가 좋다, 나쁘다 하는 경우만 아니라 매 삶의 순간에 주체를 시공간적으로 통합해주는 리듬 속에서 유기체적인 하부 구조에 속한다. 인간에서처럼 동물에서도 기관과 근육의 협동작용 속에서 평형이 이루어지고, 평형은 정규적인 질서 안에서 서로 얽혀 있는 상이한 규모의 리듬 연쇄의 전개를 따른다. 외적 혹은 내적 리듬감에 심각한 장해가 생기면 신경-심리적 행동은 정상의 경로를 다양하게 벗어난다. 잡혀온 야생 포유류에서 몸의 동작 연쇄의 편차가 인공적인 리듬감을 만들고, 생포된 주체가 공간, 시간적으로 통합되는 진정한 틀을 재구성해 주는 주기적 왕복 운동이 생긴다. 인간에게도 동일한 외부화된 리듬성의 현상이 나타나는데, 인공적인 틀이 만들어져 정상적인 동작 주기에서 해방되는 상황, 혹은 지적인 습득 과정 속에서 인공적인 틀이 신체 기관을 속박하는 경우이다. 한자 표를 암기하는 중국 초등학생이나 구구단을 외는 프랑스 학생의 리듬감 있는 왕복 운동, 지중해 동부의 묵주 돌리기 등 사례는 얼마든지 있다. 아주 종종 '엄지 돌리기' 혹은 부드러운 재료로 무언가를 만들기, 공 모양의 물체를 손가락 사이에 굴리기 등 몸의 일부에 국한된 움직임은 명상을 전개하는데 도움을 준다. 이러한 리듬적 표출은 단지 근육의 기능에만 국한되는 경우는 드물고, 불교 승려가 징을 리듬 있게 치면서 독경할 때처럼 종종 중요한 역할을 하는 청음과도 합쳐져 하나를 이룬다.

이 점에서, 다양한 상부구조의 특질이 뼈-근육 하부구조의 역할을 감추는 경향이 있다. 리드미컬한 제자리걸음, 선회, 안무, 주기적인 절 혹은 무릎 꿇기, 왕복 이동 등이 예외적인 연쇄로 통합되는 것은 어느 시대에서나, 전 세계적으로 종교적 혹은 세속적 표출에서 볼 수 있다. 이 동작들은 음악의 도움을 받아서, 앞 단락의 표출에 비해, 일상적으로 체험된 환경에서 진정으로 벗어나는 성격을 지닌다. 그 동작들의 표출은 항상 비물질적인 가치가 있다. 군대가 보조를 맞춰 행진하는 것부터 빙의의 무아 상태까지 근육은 보통의 용도와 완전히 다르다.

리듬적 조건화를 통해 사회가 개인을 지배하는 것은 아주 특징적인 집단적 태도로 나타난다. '발맞추기'는 단지 군대 이미지만이 아닌데, 리듬적 획일화, 개인을 끌어들여 조건화된 군중이 되는 것은 지하철 통로에서 뿐만 아니라 장례식장에서도 볼 수 있고, 회교 수도승 수련 모습에서 뿐만 아니라 쉬는 시간에 운동장으로 뛰어나가는 학생들에서도 볼 수 있다. 근육의 조건화에 관한 학문은 초기 도시의 여명으로부터 이미 정치적 획일성이 필요해서 경험적으로 실천되던 것이다. 군중의 움직임, '마치 한 사람처럼' 걷는 집단적 행동은 그것에 근거한 것이다.

노동이나 거주 환경에서 움직임의 리듬에 질서를 세우고 조직하려 한 구성적 기능주의에서도 동일한 현상을 볼 수 있다. 음악을 작업실에 도입하는 것도 근육의 조건화을 추구하는 것으로 생각할 수 있다. 음악에 맞춰 일하는 것은 작용적 동작 행동을 완전히 바꾸는 것이고, 환경에 가장 유효하게 침투하기 위해 보통 사용되는 과정에 대해 낯선 환경 만들기 기술을 적용한 것이다. 더구나 일과 리듬적 연계가 없는 소리를 배경으로 복잡하고 명석한 동작 연쇄를 실행하는 것과 리듬적으로 일과 통합된 음악을 타고 틀에 박힌 연쇄를 수행하는 것에서 비롯된 완전한 통합 과정을 서로 구별해야 한다. 이 두 번째 형태는 밭갈이, 김매기, 탈곡, 밧줄 예인 등의 집단 작업을 말하며 다양한 사회에서 발견된다. 산업적 제조의 경우에서처럼, 몇몇 개인을 분리해서 집단적 도구 속으로 재통합하는 것이다. 산업의 리듬적 '강제성'이 비인간적인 것은, 산업사회에서 개인이 멀리 떨어진 실체를 위해 일하고 근로 시간이 끝나면 뿔뿔이 흩어지기 때문이다. 반면에 전통 사회에서는 근처의 수혜자를 위해 행해지는 기술적 작업이 집단적 과정의 한 국면에 불과한 것이고, 그 과정 속에서는 여러 다른 집단적 응집력이 서로 조화를 이루며 표출되는 것이다.

아름다운 것, 좋은 것, 가장 좋은 것 등은 이어지는 다음 여러 장에서 점점 더 지적인 가치를 가지게 될 것이다. 완전한 고요 속에 누워서 하나의 시를 읽는 경우, 단어들에 의해 환기되는 모든 이미지가 지적으로 파악하기에 충분할 만큼 시적 이미지에 가까운 구체적인 상황 속에서 어느 날 체험한 경험과 관련될 때에만 의미를 갖는다는 사실조차 잊게 될 지도 모른다. 그런데 모든 구체적인 경험의 첫 번째로 탐지되는 것은 '상황'(이 말의 여러 의미가 표현하는 것처럼) 속에서, 신체적 기반 안에서 이루어진다. 다시 말해 몸으로 지각된 시간, 공간과의 관계에 의해서 이루어진다. 고차원적인 미적 혹은 정신적 표출을 판단해야 할 때에는 이러한 생각을 머릿속에 두고 있어야 한다. 동물이나 근본적으로 우리와 다른 존재의 눈으로 보면, 인간은 시간과 공간 안에 사로잡혀 있는 것으로 보일 것이다. 이 시간과 공간은 문명이 출현한 이래 모든 형태의 인간 사고에 인간의 관심사를 지배하고 있다. 지리적 공간을 시작으로 다음에는 우주 공간을 물질적으로 지배하고, 속도와 의학 연구에 의해 시간을 조금씩 극복하는 것이 인간의 실제 삶을 구성한다. 천문, 빛, 도량형학, 원자물리학에 대한 사색이 인간의 철학적, 과학적 꿈을 현혹한다. 영원과 천상을 정복하는 것이 인간의 정신적 꿈에 자양분을 준다. 수천 년이래 인간의 큰 시도는 시간과 공간을 리듬과 역법, 건축물로 조직하는 것이었다. 인간이 소우주를 창조함으로써 우주의 운명을 결정하는 종교 체계가 유지된다. 부정적으로라도 시간과 공간은 인간의 몸짓을 모두 지배하고 있으며, 인간이 사막으로 도망쳐 움직이지 않고 몽상에 잠긴 것도 '속세siècle'로부터 즉 흐르는 삶의 리듬이 새겨진 시간과 공간으로부터 동시에 몸을 빼내기 위한 것이다. 시공간에서 탈출하는 위대한 거장의 운명은 도교, 불교, 기독교도의 찬양으로 장식된다. 시간과 움직임이 무상하다는 인식이 인간의 사유에 침투해 있다면 그것은 그저 지상의 삶이 시간과 공간의 교차점에 있기 때문이다. 인간이 그것에 대해 날카로운 의식을 갖고 있다고 단정할 것은 아무 것도 발견할 수 없다. 그러나 거기에서 하나의 발견을 찾아볼 수 있는데, 왜냐하면 "그는 (과거에) 강에 있었고, 우리 집에 현재 있고, 내일은 숲에 있을 것이다."라고 말하면서 서로서로 다시 체험하는 가능성이 인류에게 열릴 때, 시간-공간의 이미지가 새로워지기 때문이다. 인간과 다른 세계에서 시간과 공간은 내장, 내이, 근육 등 초기 탐지 기관 이외의 다른 것은 없다. 굶주림, 균형, 운동은 촉각, 후각, 청각, 시각보다 고도의 탐지 감각의 삼각 축으로 사용된다. 인간에게 바뀐 것은 없다. 다만 그 위에 새워진 거대한 상징체계가 있으며, 그것이 데카르트적인 시각의 전체 배경을 차지하고 있다.

미각

인간에게 미각은 모든 동물계에서처럼 하등 감각이다. 소화관 입구에 분포하는 돌기의 역할은 본질적으로 방어적이고, 해로운 것을 감지하기 위한 것이다. 그것은 독성이 있을 수 있는 신 것 혹은 짠 것의 침투를 알리는 경보기이다. 미각이 개입하는 것은 척추동물과 무척추동물에 공통적인 것이고, 그 위치도 모두 동일하게 구강에 분포한다. 맛을 지각하는 영역은 매우 좁으며 인간과 마찬가지로 대부분의 동물은 신맛, 짠맛, 쓴맛, 단맛을 다소 분명하게 구별한다. 여기에 매운맛을 첨가할 수 있는데, 이것은 미각 경험이라기보다는 점막에 대한 직접적인 자극이다.

동물 세계에서 미각은 어류(후각과 결합되어)를 제외하면 공간적 탐지 기관 역할을 하지 않는다. 단맛 음식을 찾는 것을 주된 역할로 하는 몇몇 곤충에서는 앞 다리의 발목뼈에 달린 미각 세포의 존재가 확실한 공간적 탐지 기관이 된다. 개미나 흰개미를 먹는 포유류에서도 같은 사실을 가정할 수 있는데, 길고 가는 혀가 촉수 역할을 하는 것이다. 이 마지막 경우 촉감이 분명히 지배적이다.

미식

미식 미학은 음식을 식별한다고 하는 매우 일반적인 생물학적 사실에 근거하고 있다. 동물은 어떤 단계를 예로 들어도 음식의 폭이 다소 넓다. 음식의 식별은 단순히 미각 기관 뿐만 아니라 그것을 보완해 주는 감각적 이미지 연합에 의해서도 이루어진다. 청각을 제외하면 여러 감각은 공간적 탐지 능력의 중요도 순서로 개입하다. 새는 시각을 주요 공간 탐지 기관으로 하고 있어서 시각으로 인식하고 이차적으로는 촉각과 후각-미각으로 분별한다. 또한 대부분의 포유류는 주로 후각을 기반으로 하고 있지만, 후각 및 다음에 시각과 촉각으로 분별한다. 후각-미각을 주된 공간 탐지 장치로 사용하는 어류에 있어서는 가장 간단하게 음식을 식별한다. 척추동물에서는 거리를 사이에 두고 식별할 경우에는 시각과 후각, 직접 식별할 경우 구강 촉각과 후각-미각을 사용하는데, 그로 인해 음식 수용의 조건화된 연쇄의 범위가 확립되며, 이 연쇄 안에서 기억이 선호와 거부를 결정하는데 결정적 역할을 수행한다. 포유류에서 새끼는 음식 교육을 위해 부모에게 오랫동안 의지하기 때문에, 이 후천적인 취향은 육식 동물과 잡식 동물에게 있어서 지배적이지는 않지만 무시할 수 없는 자리를 차지한다. 성장한 개체는 음식 영역을 어느 정도 확대할 수는 있지만 일반적으로 어렸을 때 미각이 이후의 취향을 결정한다.

인간의 음식 미학에 또 다른 기반이 있는 것은 아니다. 시각, 후각이 미각, 구강 촉각과 같이 작용한다. 더구나 유아기 취향 연쇄가 형성되면 성인의 입맛은 종종 아주 협소하게 방향이 결정된다. 인간의 소화관은 아주 잘 적응해서 먹을 수 있는 모든 것은 소화될 수 있지만, 기근이 들지 않는 한 아무 것이나 상관없이 먹지는 않는다. 민족은 각각 수많은 것을 거부하거나, 민족의 개성이 뚜렷한 취향을 보인다. 또 다시 사회조직이 동물학적인 종으로 대체되어 기계적 연쇄의 형성을 결정하고, 그 연쇄 안에서 개인의 미각이 스며든다. 지역 요리는 섭취 가능한 동물 혹은 식물 분포에 의해서가 아니라, 향토 혹은 수입 음식을 기반으로 하는 미식 선호 체계에 의해서 인류 문화권을 세분하는 윤곽이 그려진다. 몸짓이나 말투, 음악에 대해서와 마찬가지로 감각적인 탐지 장치 체계가 발달하고, 그 체계는 인간적으로 사유에서 오는 행위를 담고 있으므로, 미학적으로 분석할 수 있다.

사실 민족 교육에 의해 취득된 취향은 전통을 가진 모든 인간 체계와 같은 성격을 지니며, 하나의 코드로 집약되는데, 그 코드의 일반항은 집단 전체의 입맛의 근저에 있고, 그 코드의 해석에서 개인별로 다소 섬세한 성격의 변이항, 뉘앙스가 도출된다.

우리의 음식 탐지 장치 체계는 비교적 복잡하지만, 그럼에도 개개인의 실천적 미각 총체가 기록된 일반적인 틀 속에 집약된다. 여기서 인정되는 것은 순수하게 미각적 효과만이 아주 엄격한 범위가 정해진다는 것이다. 즉 요리들 중 어떤 것은 짜고, 다른 것은 달고, 어떤 것은 신 것 등이다. 이 코드는 미각의 효과가 일정한 순서로 이어지도록 명하기까지 한다. 전채는 어느 정도 시고, 본 요리는 짜고, 샐러드는 시고, 치즈는 짜고, 디저트는 달콤하다. 짠맛과 신맛이 어우러지고, 후추나 겨자의 매운 맛이 동참하여 치즈 전까지 계속된다. 고전적 전통에서는 짠맛과 단맛의 조합은 피한다. 따라서 조화롭다고 여겨지는 미각 조합이 존재하지만 이것은 엄격하게 민족적인 관습이다. 왜냐하면 어떤 지역과 우리와 다른 국가에서는 주 요리에 짠맛과 단맛이 결합되기도 하고, 달콤함과 새콤함이 함께 하기도 하고, 양념에 쓴맛이 스며들기도 한다. 아프리카 사회에서는 소금 대신에 칼륨을 포함한 재를 이용하여 독특한 맛이 결정되기도 한다.

모든 것 중 가장 평범한 감각 장치가 어떻게 미학적으로 조직되는지를 주목하는 것은 흥미롭다. 평범하다는 것은 미각 돌기가 생물학적으로는 위험한 물질의 섭취를 방지하고 소금이나 설탕 등의 간단한 식재료를 인식하는 것에 사용되는 단순한 경보 기관이기 때문이다. 개인에게 있어서 과일을 섭취하면서 신맛이나 단맛의 긍정적 가치를 평가하는 것은 일반적이지만, 짠맛은 더 드물다. 왜냐하면, 에스키모 인이 해수나 해초를 통해 얻는 경우가 아니라면, 호주 원주민도 에스키모 인도 부시맨도 짠맛을 직접적으로 이용하지는 않는다. 순수하게 맛에 관련된 감각이 평범하고 변화가 적은 성격을 지니는 것은 미식 미학이 구성되는 문화 안에서 미각이 차지하는 위치를 설명해 준다. 그것은 음악에서 기본음에 해당하는 역할을 담당하고, 음조를 제공하고, 일종의 통주저음basse continue을 확보해 주어서 그 위에 다른 가치가 구성될 수 있게 해준다.

이들 가치는 구강 촉각과 후각에 분포된다. 미식가의 촉각은 온도와 점도를 측정한다. 고도로 발달한 요리에서 온도는 기본 맛과 병행해서 관여한다. 풀코스 식사에서는 아주 뜨거운 스프에서 차가운 전채, 따뜻한 주 요리, 차가운 샤벳에 이르기까지 가능한 전 영역이 펼쳐진다. 점도에 대해서도 마찬가지로서, 부드러움, 딱딱함, 끈적함, 바삭함, 녹음, 아삭함, 미끈거림, 액체 상태 등이 기본 맛과 온도와 동시적으로 작용한다.

미각과 구강 촉각은 이렇게 요리 미학의 깊은 부분을 만들고 그 위해 후각에 의한 자수가 그려진다. 이것은 또한 양념 이외의 근원에서 비롯된 후각 지각과도 연계된 단순한 조합에 의해서 가장 덜 발달한 식사에도 알려진 가장 원시적인 기초가 된다.

후각과 시각 요리

미식 감정의 상부 구조는 특히 후각에 관련되어 있다. 후각 기관은 공간적 상황에 관련된 장치이지만, 그 판별력은 구강 관계 기관보다 훨씬 더 섬세하다. 이 기관은 시각이나 청각만큼이나 풍부한 탐지 장치 체계에 개입하고 있고, 그것이 생리 미학의 차원에 머무르는 것은 생물학적으로 언어활동과 무관하다는 이유에서이다.

실제로 동물 세계에서는 후각 판별력이 시각이나 청각보다 높은 서열에 위치할 수 있는데, 이것은 수많은 포유류의 경우에 해당된다. 그것이 주요 탐지 감각으로 개입할 때, 예를 들어 개의 경우, 그것은 지적 자산이라고 부를 수 있을 기반을 형성한다. 영장류와 인류가 가진 후각 도구는, 그것의 공간적 이미지 안에서 단순히 보조적 역할만을 하기 때문에 우리는 세계에 대한 후각 이미지가 분명하게 무엇인지를 상상할 수 없다. 인간에게 있어서 외부 관계 감각 중에서 후각은 특별한 상황에 있다. 사실 시각과 청각만이 손과 마찬가지로 언어활동에 참여하는 상형적 상징의 교환을 가능하게 하는 송수신 체계에 들어간다. 후각은 순수하게 수신적일 뿐이고, 냄새의 상징을 발신하는 보조 기관이 있지는 않다. 후각은 인간의 특징적인 장치에서 가장 동떨어진 것이다. 사유에 의해 그 지각을 코드화할 수는 있지만 그것은 전달 불가능하다. 바로 이런 이유로 모든 후각 미학처럼 미식이 미술의 밖에 존재하는 것이다.

모든 음식 작업에 존재하는 판별 지각으로부터 민족성의 가장 깊은 곳에 속하는 문화적 탐지 체계가 형성되어 온 것이다. 요리와 민족성 사이의 이러한 연계는 거의 전적으로 후각과 관련된다. 쌀이 기본 요소가 되는 요리는 많지만, 요리법이 각 문화에 고유한 후각적 미각 향기를 탄생시켜서 마다가스카르, 중국, 인도, 헝가리, 스페인의 쌀 음식 사이에 혼동이 일어날 수는 없는 것이다.

양념 첨가는 다른 모든 것과 다르게 시공간적인 탐지 밖에 위치하고 있어서 아주 특별한 기술 영역을 이룬다. 하나의 도구 형태는 필연적 귀결로서 반드시 소조각상 같은 움직임을 가지며, 사회적 예의 형태, 건축물, 시, 찬송가 등에서도 사정은 마찬가지이다. 백리향에 소금과 육두구를 혼합하는 것은 움직임으로도 혹은 단지 단어로도 번역이 불가능하다. 다른 모든 기술은 상형화 가능성이 있지만 요리법에는 이런 성격이 없다. 상징의 수준에 모습을 드러내지 않는 것이다. 이론적으로는 모든 것이 상징화가 가능하지만, 미식법은 문자 그대로 인공 보철물이 없으면 가능하지 않다. 식사 순서는 세계의 진행 순서의 상징이 될 수 있다. 그러나 그것은 미식적 성격과는 상관없는 서비스 리듬이나 요리의 의미일 뿐이다. 백리향의 향은 새벽 황무지의 상징일 수 있다. 그러나 그것은 시공간적 탐지 장치로서 인간에게 남은 후각의 잔재인 것이다. 요리는 하나의 그림이 될 수 있다. 이 경우 시각적 탐지 장치의 영역에 들어가는 것이고 그것을 제시해도 맛을 상형화하는 것은 아니다.

미식에 있어서 음식 식별의 미학적 전개 이외의 다른 것은 더 이상 미식적이지 않다. 이론적으로는 맛, 냄새, 점도 등이 언어가 없는 이 미학의 실제적 기반을 형성한다. 그렇지만 인간의 경우 시각은 너무 중요해서 개입하지 않을 수 없다. 시공간 탐지 장치 역할에서 시각은 사실상 부차적이다. 어떤 요리가 보기에 좋지는 않지만 맛이 훌륭하다고 얼마든지 말할 수 있다. 이것은 상형 예술에서는 있을 수 없는 일이며, 요리에서는 미적인 영양 공급원과 시간 공간의 미학 사이에 분리가 되는 것을 볼 수 있다. 반대로 음식 식별 감각으로서 시각은 훨씬 더 중요한 역할을 한다. 빈약한 후각을 가진 포유류인 인간에게 음식은 우선 시각적으로 식별되는데, 예를 들어 만약 보랏빛 조명 아래에서 식사를 하면, 후각적 식별의 대부분은 아주 우연적이 되며, 내장이 관련된 모든 단계에서 흡수는 혼란을 겪는다. 그런데 실제 조류를 아주 잘 흉내 낸 캐러멜 비스킷 닭을 제공한다면 같은 현상이 일어나지 않는다. 효과는 눈속임과 비슷하고, 전환이 이루어져 받아들이는 과정에 혼란이 생기지 않는다. 그것은 정상적인 동조가 파괴되는 것이 아니라 보충적인 미적 효과인 것이다.

후각

인간의 후각은 음식 식별 이외에도 시공간 식별 및 통합의 이중적 역할로 여러 단계에서 개입한다. 기술에서도 후각의 협조가 필요한 작업에서는 식별에 참여한다. 이것은 거의 언제나 화학과 관련된 기술이며, 즉 요리 과정과 가까운 과정이다.

대개 사회의 미학으로 대부분 구체화된 정서 행동에서 후각은 개인 간의 관계에 중요한 역할을 유지한다. 향수, 향유, 탈취제 등은 자연적 체취를 감추거나 이상적 체취 이미지를 만듦으로서 이성간의 관계에서 중요한 요소가 된다. 여기서 흥미롭게 지적할 사항은 상형적 표상은 어느 정도로 현존한다는 점이다. 사향 고양이나 개가 영역 표시하는 것과 꽃 향수 혹은 사향 고양이 분비선 성분 향수를 여성이 사용하는 것 사이에는 상형적인 과정이 개입되는 것이다. 냄새는 운동의 모든 전개의 상징이 되었는데, 이 전개는 상형화가 개입될 수 없는 소화 체제 안에서가 아니라 정서 행동과 공간 통합의 공통 기반인 근육 역학에서 탐지된다. 이 단계에서 후각은 엄밀한 의미에서 상상적인 것과 경계를 접하고 있다.

이 경계를 넘어서는 것은 후각이 시공간 통합과 연계될 때로서, 상황 지각의 기반이 될 때이다. 수많은 동물에게 세계는 우선 냄새의 세계이다. 냄새를 공간적으로 분석하여 만들어지는 지식 자본을 구성하는 것은 완전히 가능하다. 인간처럼 시각-청각 쌍으로부터 지각을 구성하는 것 대신에 개는 후각-청각 쌍으로 자신의 지각을 구성하는데, 이 경우 시각은 확인 역할 밖에는 하지 않는다. 이렇게 만들어진 사유와 인간의 사유의 차이는 즉시 알아볼 수 있다. 근육 역학이 개입하여 동작적으로 지탱하는 정도에 따라서 연역적 동작 연쇄가 구성될 수는 있다. 그러나 우리 인간과 같은 자각적 행동으로의 전이 가능성은 전혀 없다. 인간에 필적하는 발달된 뇌를 지닌 개가 있다고 상상 해보면 그것은 아마 거대한 후뇌가 있고, 이곳에서 냄새의 세계를 극도로 섬세하게 지각하는 도구가 발달하고, 인간의 합리적 지성 대신에 '감상적' 지성을 개에게 부여하는 초-감정성도 볼 수 있을 것이다. 인간을 만들어 주는 것은 바로 얼굴과 손 작용 영역의 이원성이며 손으로 잡기와 시각 사이의 근본적 연계성이라는 점을 잊어서는 안 된다. 개의 경우 멀리서 파악하는 콧구멍과 먹이를 무는 송곳니 등으로 외부 관계 영역이 한정되지만, 인간의 경우는 시각으로 우선 탐색하고 손은 잡기 기능뿐만 아니라 복합 구성 기능을 수행할 수 있다. 개의 진화의 출구는 상형화 되지 않은 후각과 감정성에 공통된 영역으로 향하고 있지만, 인간의 출구는 지배적인 시각, 손의 운동성에 근거하면서 합리적인 상상의 세계로 향해 열리고 있다. 따라서 인간에게 후각의 세계는 무시할 수는 없지만 부차적인 실용적 탐지 장치가 된다. 집에서 연기 냄새가 나면 그것만으로 주민은 코를 바람에 대고 공기 중 공간 탐지 장치를 가동할 수 있는 것이다. 미학적으로 후각은 시각과 청각 연쇄에 밀접하게 연계된다. 여러 해 동안 맡은 적이 없는 냄새가 갑자기 어린 시절부터 잊고 있던 정경이나 소리를 떠올린다. 사건의 기억처럼 냄새를 기억하지는 못하지만 후각 지각은, 사유와 무관한 생리적 영역에서 움직이기 때문에 사유된 이미지에 상당한 깊이와 힘을 주게 된다.

냄새가 평소의 연쇄를 끊는 데 결정적 요소로 될 수 있고, 진정 상태를 야기할 수 있고, 과도한 흥분을 유발할 수 있는 것도 같은 방향에서이다. 흔한 시공간에서 탈피시키는 어떤 환경은 보통 생활권에서 고립시키는 냄새 분위기와 결부되어 있다. 지성소의 향냄새, '홀로코스트 연기', 영웅을 도취시키는 화약 냄새 등이 그것이며 그 역할은 단순한 향신료와는 다르다. 사실 냄새는 심층에 있는 무엇인가를 발동시킴으로써 이런 경우에 상황을 설정하는 결정적인 요소가 된다. 요리 냄새가 은은히 떠다니는 지성소 혹은 봄 향기가 갑자기 퍼져 나가는 전쟁터를 상상 해보면 그것에서 생기는 조건화의 단절을 충분히 느낄 수 있다. 조건화란 결국 냄새가 생리적인 것과 깊숙이 연계되어 있기 때문이다. 석쇠 불고기 분위기 안에서도 성서의 경건함에 집중하고, 때로는 미모사꽃 사이에서 전쟁이 벌어질 수 있으나 이는 후천적 전통의 중요성과 상황 탐지 장치로서의 후각적 행동의 유연한 성격을 동시에 드러내 보인다. 왜냐하면 개의 경우 고기에서 자른 건초 냄새가 나면 고기가 있다고 생각하지 않게 되겠지만, 인간은 전쟁터에 민속 축제 모습들이 보이면 전쟁이 현실이라고 생각하지 않게 될 것이다.

촉각

척추동물의 촉각은 즉각적인 공간 탐지 장치로서 해부학적으로 동일하게 분포한다. 촉각 기관은 안면 앞부분에 극히 높은 밀도로 있고, 앞 다리 끝에 보다 적은 밀도로 있으며, 신체 나머지 부위에 더 희박하게 퍼져 있다. 실제로 입술은 온도, 진동, 접촉에 대해 가장 민감한 감각 장소가 된다. 그 감각 장치는 종종 더 강화되기도 하는데, 예를 들어 물고기는 촉수에 의해, 고양잇과나 설치류는 딱딱한 긴 털이나 감각모에 의해 강화된다. 촉각은 원래 청각에 가까운 감각이어서 수많은 동물 특히 물고기 혹은 두더지처럼 시각이 약하거나 없는 포유류에서는 청각과 조합된다. 넓은 의미에서 청각과 촉각 지각은 군집 행동에 아주 중요해서, 어군 움직임이나 밀집한 가축의 움직임 등은 주로 그것에 의지한다.

인간의 경우, 촉각의 분포는 다른 척추동물과 같다. 입술은 1/10 mm^2의 면적에 5~6 mg을 지각하고, 손가락 끝은 30~40 mg을 느낀다. 신체의 다른 부분의 촉각은 다양하지만 훨씬 희미하다.

척추동물의 촉각은 공간 탐지 장치가 되지만 특히 맹인의 경우나 어둠 속 혹은 시각 영역 밖에 있을 때 등 시각적 탐지 장치가 작동하지 않을 때 더욱 중요하다. 이런 조건에서 촉각은 후각과 반대로 극히 섬세하게 나타난다. 우선 종합적으로 지각하는 시각과는 반대로 촉각은 손과 손가락을 이동시키며, 접촉-운동의 조합 속에서, 양을 분석하고 재현한다. 이 조합은 상형적 지각이 관련된 영역에 촉각을 통합하는 것이다.

입술의 촉각은 상형적 미학에 관련된 행동보다는 영양 섭취 혹은 정서 행동에 관련되고 있지만, 신체적 촉각은 공간 안에서의 안락함과 귀속감에 관련되고, 손의 영역 밖에는 엄밀하게 촉각적 미학은 존재하지 않는다. 이 미학은 생리적 국면과 아주 가깝고, 애무 감각의 주위를 맴돈다. 그것은 매끄러운 재료, 모피, 피부결, 가소성 있는 반죽, 부드럽고 신축성 있는 재료 등에 관여하고, 조각으로 형상화하는 것처럼 만지기 좋은 표면을 추구하는 기술에서 사용된다. 일상적 작업은 항상 촉각적 판단의 장소가 되지만, 후각과 달리 촉각은 이상한 통합의 근원이 되지 않고, 최소한 결정적인 지각으로 되지는 않는다. 사실 리듬 있는 움직임이나 소리, 또는 예외적인 냄새 등은 평범한 연쇄에 비해서 외부화 상태를 촉발할 수 있다고 하더라도 촉각에 의한 조건화는 상상하기 어렵다. 이것은 상황을 전체적으로 파악하는 것을 거의 허용하지 않는 촉각의 분석적 성격에서 특별히 기인한다.

그렇지만 분명한 사실은 촉각은 일정한 영역에 개입한다는 것이고, 그 영역에서의 반복된 접촉 운동이 근육 행동의 전환을 결정한다. 전 세계에는 명상이나 평온한 몽상(위 94쪽 참조) 중에 작은 물체를 반복적으로 움직이는 경우가 많다. 기독교도, 회교도 혹은 불교도의 염주 굴리기, 손가락 사이로 낟알이나 경옥 조각을 돌리기, 부드러운 물체를 계속 주무르기 등이 그것이다. 이 영역은 촉각적 미학에 특유한 대상이 존재하는 유일한 장소이며 형태의 지각을 극히 협소한 영역으로 수렴하는 효과를 갖고, 그 영역을 넘어서는 신체 기관이 평온함이 유지된다.

시간 공간의 통합

생리적 미학을 완성하기 위해서는 청각과 시각을 고려해야만 하는데, 그것은 사실 둘 모두 안에 잔존하는 언어내적infra-verbaux 행동 부분을 드러내는 것이다. 분명 인간의 감각 장비 중에서 종의 근원으로부터 물려받은 것은 모두 근원으로부터 출발해야만 이해가 되는 연구에 적합하다. 맛, 후각, 촉각은 내장 감각, 근육 감각과 마찬가지로 동물적인 뿌리를 갖고 있어서, 지각하고 표현하는 인간적 형태와 인접해 있다. 고등 감각으로의 진보의 궤적을 더듬어 보면, 초가집에서 쉬고 있는 인간의 공간 통합은 땅굴 속의 오소리의 통합과 별반 다르지 않다는 사실 혹은 깃털의 특징에 의해 상호 관계를 정하는 새의 코드에 지극히 가까운 코드로 사회적으로 인지한다는 사실을 증명할 수 있을 것이다. 그러나 오소리가 살았던 공간과 인간이 상징적으로 만든 공간 사이, 뇌조의 장식과 고급 장교의 상징적 군복 사이, 나이팅게일의 지저귐과 감성적 멜로디 사이의 경계는 이미 돌파된 것이다. 인간에게는 이미지의 필터를 통해서 경험한 행동이 문제가 되는 것이고, 그것이 깊은 차원에서 태어났다는 것을 느낄 필요가 있기는 하지만, 너무나 논리적인 염려로 인해 지나치게 그것을 그 차원에 묶어 두면 쓸데없이 역설적이 될 것이다. 이러한 이유로 이 책의 사회적 상형적 미학에 관련된 몇몇 장에서, 인간의 손의 자질에 관련된 기능적 미학을 제시하면 시각과 청각이 신체적 균형 속에서 다시 나타나게 될 것이다.

제12장 기능적 미학

도구, 기계, 엔진, 집, 마을 등의 실용적인 용도를 가진 대상을 분석하면 그 기능과 직접 연계된 특수한 미의 특성이 나타난다. 하나의 형태가 정해진 기능에 적합한지 그렇지 않은지의 판단은 실제로는 미적 판단을 하는 것과 같다. 놀라운 사실은 항상은 아니더라도 일부 예외를 제외하면, 절대적 미적 가치는 형태가 기능에 적합 하는 것에 직접 비례한다. 사실 수많은 기술 제품의 발전을 시간을 따라 더듬어 가면 점점 더 균형 잡힌 형태로 점차 통합되는 과정이 보인다. 이러한 일반 법칙의 가치를 따지려면, 항공기를 생각해보면 충분하다.

기능적 진화 법칙의 성격에 대해서는 이미 오래 전부터 알려졌다. 이 법칙의 양상을 연구하는 것은 대부분의 기술 영역에서는 아직 경험적이지만 다른 영역에서는 체계적으로 탐구하는 단계에 이르렀다. 선박, 항공, 우주 분야는 완전하게 효과적인 형태를 탐구하는 것에 몰두한다. 이주 이상하게도 이 연구는 자연에서 나온 형태와 광범위하게 비교하게 된다. 이러한 사실은 다음의 질문을 떠오르게 한다. 즉 사실 그것이 유일하고 동일한 현상이 아닌지, 인간 작품의 기능적 특징은 상형적인 것이 아니라 자연 본래의 절차가 인간의 영역에 순수하고 단순하게 함입invagination된 것은 아닌가 하는 질문이다.

이러한 가정을 지지하기 위해 몇몇 논거가 제시되는데, 이 논거는 기능적 아름다움은 물체가 상형화를 포기하면서 실현된다는 것을 증명하기 위한 것이다. 자동차가 말이 끄는 사륜마차의 형상에서 벗어나는데 아주 오랜 시간이 걸렸는데, 자동차가 상대적이기도 하고 기능적인 적합성에 도달한 것은, 공기 중에 땅에 밀착해서 고체가 빠르게 이동하는 법칙에 자동차가 부응하면서부터이다. 기능적 아름다움이 비상형적이라는 것은 다른 문화에 속하는 같은 기능의 물체 혹은 같은 문화 안에서 다양한 기능을 하는 물체를 살펴보면 알 수 있다. 방패, 방직기, 괭이, 낚시 바늘, 타자기 등을 보면, 형태에 덧붙여진 장식적 외관을 통해 다소 간 충족된 기능을 보이고 있다. 만족시키는 기능의 물체로서 루이 13세 식 안락의자와 인물 형상 다리가 달린 아프리카 추장 옥좌를 생각할 수 있다. 여기서 기능적 형태는 상형적 외피를 통해 들여다보이는데, 그 외피는 언어활동으로 연결된 상징을 직접 번역한 식물적 모티브 혹은 의인법적anthropomorphique인 모티브의 장식이다. 물체에서 이 외피를 제거하면 기능상의 양식 밖에는 남지 않는데, 위엄에 찬 태도로 휴식을 대략 취하는 데 적합한 의자의 양식이다. 어울리는 태도를 유지한다는 것은 지켜야 할 지위를 형상화한 사회적 미학의 결과이다. 두 개의 의자에서 그것을 벗겨 내면 이제 앉은 편한 자세의 인간 모형을 떠받치는 것 밖에 남지 않는데, 이것은 순수 기능을 구체화하는 네거티브 질량이며, 적절하게 방향 잡힌 지지대가 보충된 바다 선체의 형태를 연상시키는 일종의 조개껍질 같은 것이다.

그렇지만 자연의 형태에 적합화하는 것은 절대적인 것은 아니다. 식물과 동물이 생물학적인 통합에 가장 어울리는 형태를 정확하게 갖고 있다고 인정하기 위해서는 전-진화론 시대 박물학자와 베르나르뎅 드 생피에르[10)]까지 돌아가야 한다. 형태가 기능적 양식을 향해 진화한다고 해도 결국에는 상대적으로만 실현된다는 사실을 알려면 고생물학적인 흐름을 따라가는 것으로 충분하다. 기능과 형태는 모두 시간을 따라 파생되지만 끊임없이 상호간에 반응하

10) Jacques Bernardin Henri de Saint-Pierre, 1737-1814, 프랑스 식물학자, 작가.

는 상태에 있다. 충격적인 사실은 각 단계에서 기능적 양식이 색, 보충물, 엉뚱한 곡선과 같은 인간이 만든 물체를 감싸고 있는 것과 비슷한 '장식적' 외피에 둘러 쌓여 있다는 것이다. 이것은 마치 인간에게 있어서 장식적 기능 역시도 비-인공적인 균형에 부합하는 것과 같다. 사실 기능과 형태의 관계는 형태와 장식의 관계와 다른 차원에 있다. 인간에서처럼 동물에서도 기능적이지 않은 외피는 계통발생학적 시발점의 잔재, 흔적에 의해 만들어지는데, 그 잔재는 동물에서는 종의 과거와 연결되고, 인간에서는 민족의 과거와 연결된다. 나비의 날개 장식이 모방적 가치를 갖는 것은 그 날개가 공중 이동에 적합한 것과 완전히 다른 차원에 속한다. 이 공중 이동은 역학적 양식으로 환원되고, 물리 법칙의 가치를 갖지만, 날개의 반점은 비록 종의 역사의 어떤 기간 동안에는, 다윈darwin적 이유로, 보호 기능을 가진 적이 있었다고 해도 불안정한 스타일의 영역에 속하는 것이다. 인간의 장식은 종을 민족으로 대체하는 일정한 경향을 확인해 줄 뿐이며, 같은 현상은 집단적 개성의 흔적이 집요하게 존속하는 것 안에서도 나타난다.

기능적 미학의 성격은 이러한 비교를 통해 좀 더 분명하게 드러난다. 그 성격은 문자 그대로의 역학적 결정론에 부합하고, 생체 법칙보다는 오히려 물질 법칙에 부합하며, 이는 자연 그 자체는 식물계, 동물계, 인간계에서 모두 동일하다는 것을 설명해 준다. 꿀벌의 벌집 구멍은 변형에 최대한 견디도록 표면과 질량 관계 문제를 완전하게 해결한 것이지만, 식물의 조직도 이 해결책을 알고 있으며, 인류 산업도 이를 실현하고 있다. 일단 육각형 방의 양식이 완성되면 이제 종이나 민족의 채색이 이루어질 여지는 없어지고, 미적 가치는 완벽한 역학적 건축의 절대성 속에 모두 존재한다.

인류를 포함한 생명 세계에서 완벽한 기능적 양식이 실현되는 것은 드물다. 그 이유는, 어느 수준이 넘으면, 삶은 많은 기능을 수반하게 되어, 결과적으로 기능적 적합성이란 단일한 기능의 피조물과 물체에 해당되는 것이다. 역학적으로 보면, 고등어가 원숭이보다 더 만족스러운데, 그것은 아주 빠른 이동과 순간적인 움직임에 거의 이상적으로 적응한 유체 동력학적인 체형이기 때문이다. 이 물고기의 경우 외부 관계의 유일한 기능은 먹이를 추적하고 획득하는 것을 동시에 이루어 주는 이동이다. 송곳poinçon은 역학적으로 완전한 도구로서 말기 무스테리안 시기 이래로 뼈로 만들건 쇠로 만들건 부드러운 재료를 뚫는데 적합한 첨단 원통형의 모양을 이루고 있다. 그것은 가위, 단추 끼우개, 접목용 칼, 귀 청소기, 코르크 마개뽑이, 톱, 끌, 칼 세 개 등 열 가지 부속품이 달린 주머니칼과는 비교도 할 수 없이 이상적인 기능적 양식에 더 가깝다. 원숭이 그리고 덜 동등한 수준에서 인간은 송곳보다는 열 기능 주머니칼에 훨씬 더 가깝다. 대다수의 피조물과 물체는 아주 복잡한 작용 안에서 균형을 이루고 있다. 1) 각 기능이 만족스러운 형태로 진화하는 작용, 2) 상이한 기능 사이의 타협 작용(이것에 의해 다소간 근접도가 있는 형태를 유지하게 한다), 3) '장식' 양식으로 표현되는 생물적 혹은 민족적 과거로부터 물려받은 상부구조의 작용 등이다. 따라서 기능적 미의 분석은 대체로 기능적 근접성을 측정하는 것에 불과하다.

사실을 말하자면, 상형적인 상부 구조의 외피를 통해서, 역학의 양식이 그 가치를 유지하고 있는 정도에 따라 총체적인 미의 가치도 존재하는 것을 감안하면 좀 더 멀리 나아갈 수 있다. 앞에서 거론한 의자의 경우를 다시 보면 엄밀하게 기능적인 껍질에 최종적으로 도달하는 일이 일어날 수 없으며, 항상 어느 정도의 기능적 유연성이 남게 되며(그렇지 않으면 의자는 유일한 개인에게 유일한 자세만이 가능하게만 적합하게 될 것이다), 스타일의 외피도 남게 되는데, 이것으로 인해 오늘날의 팔걸이의자 중 가장 냉정하게 계산된 것도 이십세기 중반의 미국산, 일본산, 핀란드산 제품으로 특징지어지는 것이다. 자동차 공기 역학을 생각해도 같은 고찰을 할 수 있다. 그것은 아주 근접적인 경향에 불과한 것으로 그것을 중심으로 전체적 스타일, 장식이 아주 큰 민족적 다양성과 함께 작용한다.

그래서 비록 기능적 성질은 언제나 대부분 불완전하게 밖에 분리할 수 없더라도 그 하나하나를 분리하고 따로 분석하는 것이 합당하다. 반대로 기능적 분석을 할 때, 기능의 진화, 형태의 진화, 재료의 진화, 리듬의 진화 등을 분리하는 것은 순수한 편의주의로 보일 수도 있다. 하나의 도끼는 그 모양에 의해, 돌, 청동 혹은 금속 칼날에 의해, 그것을 움직이는 리듬 운동(상대적 무게와 사용자의 근육 간의 함수)에 의해 실행되는 어떤 직선적 타격percussion lancée 기능에 최적화 된다. 결국 그 기능의 진화를 분석하는 것은 동시에 네 가지 측면에서 전개되어야 하며, 이는 합리적 사고와 언어활동이 가지는 선형성이 접근할 수 없는 것이다. 이러한 장애가 없더라도 생각해 볼 수 있는 것은 직선적 타격 기능이 큰 칼machette에도 역시 존재하고, 도끼 형태는 손도끼, 호미, 해머, 곤봉 등… 여러 다른 직선적 타격 도구와 같은 역학상의 경향을 따르고 있으며, 규석silex에서 금속으로의 이행은 직선적 타격 도구를 훨씬 뛰어넘는 현상이며, 도끼의 리듬은 넓게 보면 낫 혹은 절굿공이의 리듬과 연결된다는 사실이다.

기능과 형태

『인간과 물질』에서 도구의 기능은 기술적 '경향'과 결부되었는데, 그것은 순수하게 공학적인 수준에서 점점 더 분화하는 형태를 파악하게 해주는 여러 단계의 사실이다. 고생물학이나 역사의 각도에서 보면, 동일한 기능적 경향이 밟아 온 단계의 증언에 의해서 형태가 특수화하는 것을 볼 수 있을 뿐만 아니라 새로운 형태를 통해 기능이 개선되고 존속한다는 진정한 변이가 일어나는 것도 볼 수 있다. 어떤 것이든 자르는 동작에서 아직 우리에게 칼로 대표되는 기능(사선, 직선, 수직적 타격)은 두드러진 예를 제공하는데, 그 이유는 칼의 고생물학이 최초의 도구까지 공백 없이 거슬러 올라가기 때문이다(그림 108). 오스트랄란트로프의 찍개chopper의 불규칙한 좋지 않고 작은 칼날에서 무거운 양면석기biface 칼날으로, 그 다음에 긁개racloir의 칼날으로 진행한다. 후기 구석기시대 초기에 날카로운 얇은 칼날이 타원형 긁개reclois를 대체한 뒤로, 칼은 금속이 출현할 때까지 그 형태가 더 이상 크게 바뀌지 않는다. 칼은 청동기시

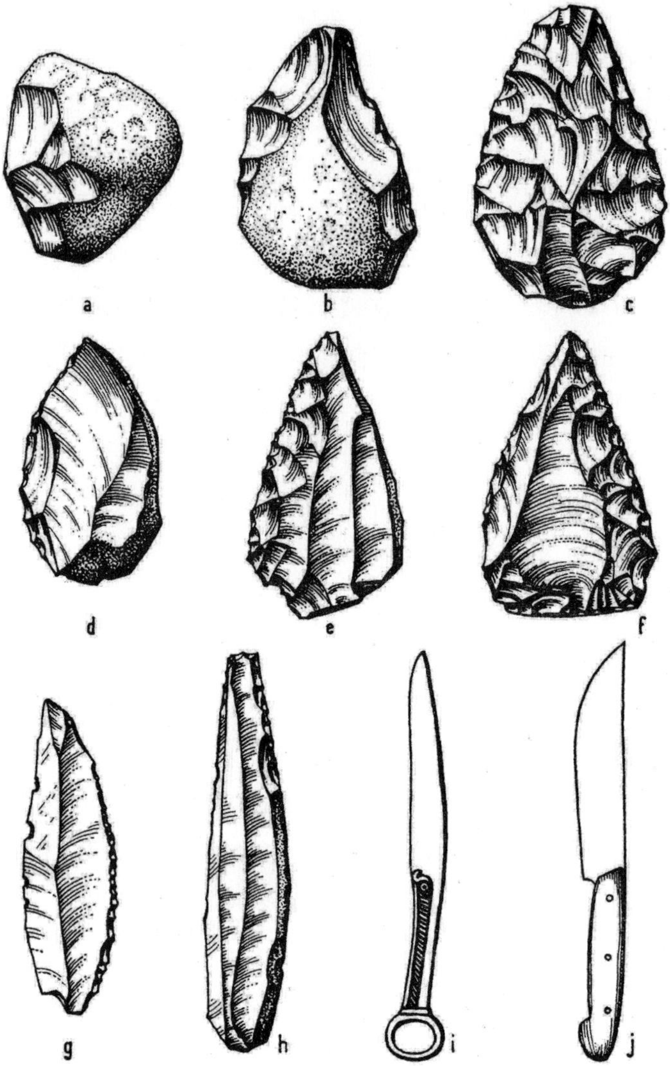

108

그림 108. 칼의 진화. 전기 구석기 시대 a)찍개chopper b)초보적 양면석기 c) 아시유레안기 양면석기. 중기 구석기 시대(약 10만년) d-e) 긁개racloir f) 레발루아지안기 송곳. 후기 구석기 시대(3만5천년 - 1만년) g) 샤텔페로니안기 송곳. h) 막달레니안기 칼날. 청동기 시대(기원전 1천년) i) 칼(시베리아) 철기 시대 j) 현재의 칼(그리스).

대부터 오늘날의 비례를 유지했고, 기능적 진화의 끝에 다다른 것이다. 즉 손잡이 연장선상에 고정된 외날의 형태이다. 그러나 그 기능은 이미 점진적인 네다섯 형태를 거쳐 왔지만, 기계 속으로 옮겨져서 띠톱이나 햄 절단기에서는 직선 운동을 원 운동으로 전환하는데 적응했다. 뼈나 나무를 자르는 규석 끌(새기개)burin de silex, 손도끼, 소목장의 가위, 원형형삭반toupie circulaire에 이르는 계열처럼 수많은 도구들에서 비슷한 진화가 나타난다. 원동기는 여기에 또 다른 인상적인 이미지를 추가한다. 그것은 형태가 기능 안에서 일종의 용해가 이루어 졌던 현상에 비해서 기능과 형태의 관계가 다르게, 상호보완적으로 드러나는 현상이다. 그 현상의 중요성을 평가하기 위해서는 중력 모터에서 스프링 모터로의 이행을 참조하지 않더라도, 18세기말에서 오늘날까지 이어져 온 피스톤과 추가 달린 초기 모터, 초기 증기기관차의 크랭크암 피스톤, 자동차 엔진의 크랭크축으로 연결된 피스톤, 터빈-엔진, 제트-엔진 등을 연이어서 생각해보기만 해도 충분하다.

기능은 여기에도 다시 나타나는데, 방정식의 조화와 관련된 것 이외의 미적 근거가 없는 단순하고 물리적이며 추상화된 양식으로서 더 분명하게 나타난다. 미적 '순간'이라는 것은 각 형태의 궤적에서 그 형태가 양식에 가장 근접한 시점에 존재한다. 아주 진화한 양면석기biface, 극히 세심하게 만들어진 긁개racloir, 특수한 용도에 매우 적합한 청동 칼 등은 기능과 형태가 만났을 경우의 미적 자질을 같은 정도로 드러내 보여준다.

기능 미의 원리는 재료의 법칙에서 나오며, 이런 측면에서 아주 상대적으로만 인간적인 것으로 생각된다. 사실 완전한 형태가 단순한 기능에 대응한다는 동일한 원리는, 알바트로스처럼 돛의 역할 밖에는 하지 않는 날개에도 적용되고, 또 찌르는 데에만 이용되는 유형의 창에도 똑같이 적용된다. 오늘날 우리의 문명이 수학 물리학 지식을 갖추고 있어서 이들 단순 기능 형태가 미적인 것으로 간주되는 경향이 있지만 완전한 형태를 빈약한 형태로 간주하지 않는 문화는 드문 것이다. 일본 칼의 칼날은 기능과 균형에서 기적적 성과이지만, 중국, 인도, 인도네시아의 무기고에는 부자연스러운 형태들이 모여 있고, 겁을 주기 위한 부속물과 곡선 속에서 그 형태의 기능은 질식하고 말았다. 대부분의 경우 완전한 형태라는 것은 너무 평범해서 민족적 상상 속에서 무시된 조촐한 형태였다.

그렇게 만들어진 것은 아마도 이유가 없지 않을 것이다. 종에서도, 민족에서도, 간결한 양식으로 형태가 환원되는 것은 아마도 다양화 속에서의 균형을 유지하는 것과 반대를 이루었을 것이다. 너무 완전한 형태가 고사하는 것에 대한 오늘날의 저항은 이 점에서 아주 흥미롭다.

지금 여기서 거론된 것은 형태의 기원을 이상적인 기능과의 만남을 추구하는 것으로 연계시키는 경향이 있다. 그렇지만 예외를 제외하면 기능적 근사치가 정상적인 원칙이라는 것도 동시에 드러났다. 대립하는 두 경향이 이러한 근사치 상태의 원인을 나누어 갖고 있는 것처럼 보인다. 첫째 경향은 미적인 것과 관계가 없고, 유리한 환경 이론과 관련된다(『환경과 기술』 참조). 재료적으로도, 기술적으로도 무스테리안은 절단 규석 끌racloir로 완전한 칼을 만들지 못했다. 우리도 역시 적은 용적과 상대적으로 단순한 것이 될 이상적인 인공두뇌를 만들지 못한다. 결국 효율적인 형태는 다양한 기술 발전 단계와 관계된 시간 공간 안의 다양성에 종속된다.

둘째 경향은 전적으로 미적인데, 그 이유는 형태와 기능과의 관계 해석이 어느 정도 자유롭기 때문이다. 예를 들어 사하라의 규석 화살촉의 계열을 살펴보면 길이와 폭의 관계 변이, 몸통 각도의 열림 정도의 변이, 촉 날 요철 면의 미묘한 차이 등 기능의 양식을 둘러싼 변이 등이 놀랍도록 다양하다. 경험적으로 지각된 기능성을 고려하고, 재료의 제약 속에서 화살촉을 만드는 조각가의 개인적 솜씨가 느껴진다.

동일한 기능은 비록 집단의 총체적인 개성의 각인이 강하게 찍히지만, 문화에 따라 비슷한 형태를 가질 수 있다. 가장 인상적인 사례 중 하나는 쇠사슬 갑옷 혹은 갑옷 이음매를 꿰뚫기 위해 특별히 만들어진 '단검dague'의 경우이다(그림 109). 이 기능에 부합하기 위해서는 무기에는 30~40 cm의 칼날이 필요한데, 아주 날카로운 꿰뚫는 부분은 사각이나 마름모꼴 단면으로 되어 있

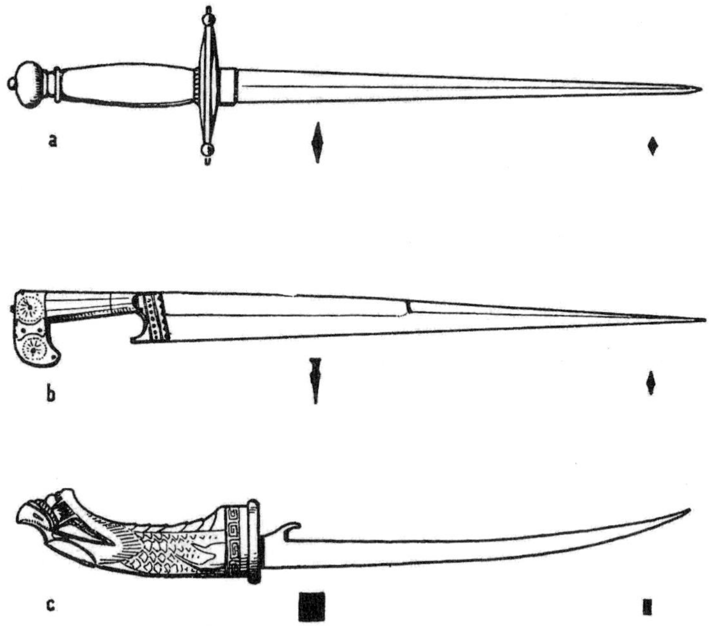

그림 109. 단검. a) 검épée에서 착상된 유럽형 b) 칼couteau에서 착상된 이란형 c) 검sabre에서 착상된 일본형.

다. 유럽, 근동, 일본에서는 14~18세기 사이에 이러한 기능적 이상형에 도달한다. 세 개의 큰 문명에서 단검은 금속의 질이나 칼끝 투과 가능성에서 실질적으로 동일한 성질을 갖고 있지만, 유럽의 것은 짧은 양날 검épée의 형태, 근동의 것은 직선 칼 형태를 모방했고, 일본의 그것은 짧은 검sabre의 곡선을 지니고 있다. 물론 이 셋 중 어느 것도 투과의 이론적 이상형에 완벽하게 부합하지 못한다는 것을 증명하는 것은 가능할 것이다. 그리고 역학적으로도 충족되고 집단 내부 환경의 각인empreinte도 이루어져야 하는 서로 대립되는 요구에 부응하기 위해 기능적 근사치 개념에 의존해야만 한다. 이 점에서 영국, 이탈리아, 미국의 자동차 곡선은 기능적 근사치 상태에 있는데, 왜냐하면 그것들을 모두 동일하게 만드는 공기역학적 요구에도 불구하고 각각은 민족적 스타일을 유지하기 때문이다. 미국과 러시아의 로켓과 인공위성이 아주 엄밀한 기능적 제약에도 불구하고 그것을 만든 문화가 얼마나 많이 반영되는 지를 보는 것 역시 인상적이다.

이러한 예들을 보면, 기능적 미학과 상형적 미학이 각 문화에서 만든 물체에 얼마나 상호 혼합되는지 알 수 있다. 기술 수준을 고려하면 이상적 기능을 가진 수많은 물체를 실현하기에 종종 충분하지만, 그러나 이들 물체는 기능이 형태에 허락하는 협소한 여백 안에 스며드는 양식을 보유하고 있는 것이다.

형태와 재료

제작을 한다는 것은 모두 제작자와 재료와의 대화이며, 또 다른 기능적 근사치의 여지를 만든다. 도끼hache와 손도끼herminette의 예를 들면 그것의 약 8천년 역사에 걸쳐 형태와 재료 사이의 기능적 관계가 아주 분명하게 드러난다(그림 110). 연마한 돌로 된 도끼hache와 쇠로 된 도끼cognée는 동일한 이상적 양식을 따르는데, 그것은 짧은 직선 칼날이 세로 손잡이에 매달려 있어서 상당한 가속을 줄 수 있고, 머리는 충분한 무게가 있어서 칼날이 나무로 파고들어갈 수 있도록 충격 속도를 유지할 수 있는 것이다. 이상적인 양식이 단숨에 실현된 것으로 보이는데, 왜냐하면 손잡이까지 발견된 신석기 시대 도끼hache는 손잡이 길이, 머리 무게, 칼날의 각도에서 이미 완전한 것이기 때문이다. 그렇지만 연마석의 날을 효율적 방향으로 향하게 하고, 손잡이가 빠지지 않게 하고, 날이 손잡이에 끼지 않고 물체에 깊숙이 파고들게 하기 위해 수많은 문제가 발생했다. 날이 손잡이 구멍에 들어가 버리지 않고 견고하게 고정되어야 하기 때문이다. 청동기에는 다른 문제가 발생했는데, 이것은 주조사 특유의 기술인 용골 모양 날 혹은 소켓 모양 날에 의해서 해결된다. 철 야금술과 함께 다른 문제도 거론되는데, 이는 칼날의 주조가 아니라 단조에 관련된 문제였다. 이렇게 처음부터 해결되고는 있지만, 기능적 양식은 칼날의 원

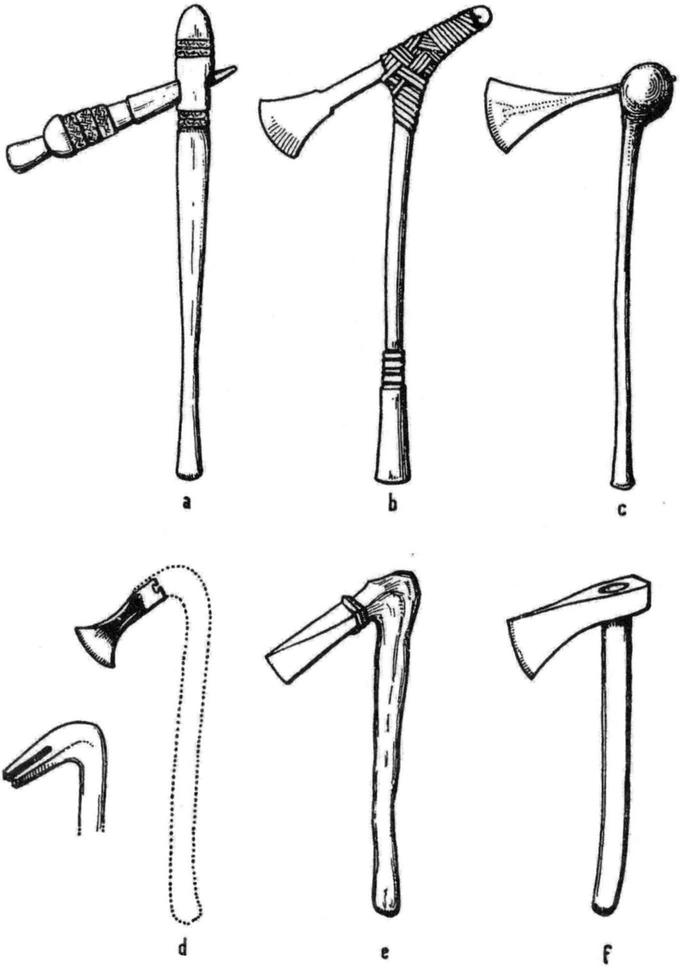

110

그림 110. 도끼의 기능적 적응. a) 뉴기니아. 나무 자루가 달린 돌 칼날 b) 보르네오. 묶어 고정하고 망치로 단련된 철 칼날 c) 로데시아. 섬유가 붙은 철 칼날 d) 청동기 시대. 자루가 빠지는 것을 막는 용골모양 청동 날 e) 청동기 시대 손잡이 수납용 굴곡이 있는 소켓모양 칼날 f) 근대. 주조된 고리에 의한 접속.

재료에 차례로 적응하는 일련의 형태로 실현된 것이다. 여기서 문제는 하나의 기능을 충족시키기 위한 여러 수단을 서서히 찾는 것은 아니다. 왜냐하면 도끼 이전에도 나무는 불이나 긁개grattoir로 잘랐을 것이며, 도끼를 만든 뒤에도 오늘날에는 기계톱의 도움을 받아 나무를 베기 때문이다. 즉 '도끼'라는 해결책은 하나의 동질적 단계라는 것을 증명한다. 또한 상형화와 역학적 기능 사이의 상호 간섭이 문제인 것도 아니다. 왜냐하면 그 스타일에서 즉각 도끼로 알아볼 수 있는, 같은 유형의 도끼가 신석기 시대 유럽, 인디언 시대 미국, 현재 오세아니아에서 발견되기 때문인데, 이것이 증명하는 점은 하나의 도구 형태에는 세 가지 가치가 간섭한다는 점이다. 즉 이상적 역학적 기능, 기술 상태에 따른 기능적 근사치에 대한 재료적 해결책, 그리고 민족적 상형화에 따른 스타일 등이다.

인간의 산업적 산물의 미학적 세 측면에 대한 것과 동일한 탐구는, 기능의 양면적 성격을 분명하게 작용하게 하는 비율 안에서, 모든 공학 영역에도 적용된다. 송곳poinçon과 같은 몇몇 경우에, 형태는 단번에 실현되고 단지 점차 효율적인 재료로 바뀌어 갈 뿐이다. 도자기와 같은 다른 경우에, 재료는 기능에게 거의 장애가 되지 못하며, 순수 기능과 스타일 사이에서 주된 움직임이 벌어진다. 많은 기능을 가진 복합체의 경우에는 분석이 더 어려워지는데, 예를 들어 도시와 같은 경우이다. 그런데 평면도에서 건물의 비율, 성의 성격, 거리의 구획 등을 보면, 마야 도시, 메소포타미아 도시, 중세 혹은 현대 도시에서 이론적 양식에 속하는 것과 기능적 근사치와 상형적 상징화라는 두 여백에 속하는 것을 아주 분명하게 구별할 수 있다. 실제로 도시는 물질적으로 강한 제약을 받는 수단이기도 하고 동시에, 나중에 보듯이, 우주의 상징적 이미지가 되기도 한다.

기능 면에서도 상형의 면에서도 형태와 재료를 이론적으로 밖에는 구분하기 어렵다. 그 이유는 합리적인 형태와 아름답다고 판단되는 형태는 종종 동일한 물리적인 양식을 이용하기 때문이다. 도기의 경우에 입 쪽이나 바닥 쪽으로 향해 구형이 미묘하게 깨지는 것은 기능의 작용과 취향의 작용에 동시에 부응하고 있기 때문이며, 또 진화한 양면도끼biface의 대칭이 경미하게 왜곡된 것은 역학적으로도 근거가 있지만 형태의 미적 평가를 결정하는 것이기도 하다. 구형, 대칭, 평평함, 구부러진 표면 등은 기능의 점에서는 합리적이면서도 동시에 기능을 넘어 매혹적이기도 하다. 합리적 기능을 갖지 않은 기계적 조합인 자코메티[11] 혹은 팅겔리[12]의 작품에서 보듯 이러한 미학적 애매함은 오늘날 몇몇 예술 작품에도 활용되고 있다.

재료 자체도 형태와 직접 관계없이 기능과 연관될 수 있다. 담는 기능을 가진 물체의 경우가 그것이다. 곡식을 넣는 거대한 용기인지, 차가운 물을 담는 용기인지, 혹은 불투수성의 용기인지에 따라, 도자기 표면은 거칠거나, 다공질이거나, 매끈하거나 하는 등 직접적으로 기능적인 다양한 표면 상태를 갖게 될 것이다. 이러한 표면 모습은 생리적 미학에서 유래한 특성과도 관계된다. 나무껍질, 가죽, 모피, 섬유, 오늘날의 플라스틱 재료 등에 대해서도 사정은 마찬가지여서 그것을 보거나 만지는 것은 미적으로도 평가되지만 그것은 바로 기능과 사용된 재료와의 유대의 결과다.

이렇게 기능의 미학, 생리의 미학, 상형의 미학이 전혀 상형적인 작품이 아닌 인간 산업 생산물 안에서 진정한 순환을 이루고 있다. 그 순환적인 조합의 정상은 산물이 속한 범주의 조합이지만, 보통 이 세 가지 미학 하나하나가 흔적을 남기며 아름다움을 더 깊게 지각하게 해준다.

리듬

여러 리듬은 적어도 주체에게는 공간과 시간의 창조자이다. 공간과 시간은 리듬으로 감싸져 구체화되어야만 체험된 것으로 존재할 수 있다. 리듬은 또한 형태의 창조자이기도 하다. 근육의 리듬성에 대해 앞에서 언급한 것은 규칙적

11) Alberto Giacometti, 1901-1966, 스위스 화가, 조각가.
12) Jean Tinguely, 1925-1991, 스위스 화가, 조각가.

인 간격의 몸짓의 반복을 유발하는 기술적 작업에도 선험적으로 적용된다. 이들 몸짓 중 많은 수가 망치질 운동과 관련되는데, 그것은 연체동물 껍질이나 곡식을 까서 먹는 새에서 뿐만 아니라 나무껍질 안의 먹이를 찾는 새에게서도 볼 수 있지만, 포유류나 거대 유인원에게 조차도 예외적인 것이다. 초기 단계부터 인류 동작의 특징 중 하나는 오랫동안 되풀이하는 리듬적 타격을 가하는 것이었다. 이 작업은 오스트랄란트로프를 인류에 동참시켜 주는 유일한 것이 되기도 하는데, 왜냐하면 이 작업은 오랫동안의 망치질에서 만들어진 찍개 chopper, 잘린 조약돌, 둥근 다면체를 그 흔적으로 남겼기 때문이다. 처음부터 물체를 만드는 기술은 충격을 주는 몸짓의 반복에서 태어난 근육, 청각, 시각적 리듬의 분위기 안에 자리 잡고 있었다. 톱질 운동도 같은 시기에 태어났을 것인데, 그 이유는 돌에 망치 치기를 하는 그것에 날을 만들기 위한 것이고 깎는 운동이 그것보다 그다지 덜 오래된 것이 아니기 때문이다. 망치 치기는 직선 타격percussion lancée을 작동하고, 톱질하기나 깎기는 사선 정지 타격 percussion oblique posée(『인간과 물질』 참조)을 작동한다. 이 두 가지가 오늘날까지 모든 문화에서 기술의 본질적 부분을 이루어 왔다.

그래서 인간에서는 보행 리듬의 틀을 이루는 발걸음에 팔의 리듬적 운동이 가세한다. 전자가 시간-공간적 통합을 담당하고, 사회 영역에서의 이동의 원천이 되는 것에 비해, 팔의 리듬적 운동은 다른 출구 즉 시간 공간이 아닌, 형태를 만들어 내는 체제 속으로 개인을 통합 해주는 출구로 열려 있다. 다리의 리듬성은 결국 킬로미터와 시간에 귀결되며, 손 리듬성은 순전히 인간적 움직임을 되살리는 근원이 되는, 물체를 잡고 고정시키는 것으로 향한다. 템포와 박자로 모든 것이 이루어지는 음악의 리듬에서부터, 즉시 혹은 나중에 형태를 만드는 망치 혹은 괭이의 리듬까지의 거리는 상당하다. 왜냐하면 한쪽은 자연계와 인간화된 공간과의 분리를 상징적으로 묘사하는 행동을 하는 것이고, 다른 한쪽은 야생 자연을 인간화된 도구로 물질적으로 변환시키는 것이기 때문이다. 이 둘은 모두 엄밀하게 상호 보충적이지만, 프로메테우스적 상승에 대해 말한 장(5장)에서 본 것처럼, 이 둘은 가치의 계단에서 같은 위치에 있지 않다. 음악, 무용, 연극, 체험되고 모방된 사회적 상황 등은 상상력에 속한다. 즉 인간적 상황의 평범한 동물적 전개를 인간적으로 밝혀 주는 빛을 현실에 투사하는 것이다. 이들은 가장 일반적인 생물학적 규범 속에 등록된, 사회적이고 개인 상호적인 행동을 감싸는 옷이며, 이들은 언어활동이 손 기술성과 대립되는 경우 언어활동의 내면적 특성이다. 기술적 리듬은 상상력이 없다. 그것에 의해 인간화 되는 것은 행동이 아니라 원재료인 것이다. 상형의 리듬은 수천 년간 인간이 지배하고 온 세계의 범위 안에 달과 금성을 넣어, 인간이 자신의 신들을 만들거나 추방하거나 했던 광대한 무대 위에서 달과 금성을 마음 편안한 배우로 만들었는데, 그것에 대해서 기술적 리듬은 아직도 힘들게 최초의 별 공간에 들어가려 하고 있는 것이다. 그렇지만 기술은 천천히 밀려와서 상상력을 조금씩 새로운 상황 속에 있게 하고, 신화적 사고가 점차 으깨지면서(6장), 몇 세기에 걸쳐서 가장 진화한 사회를, 상형화의 위기를 숨기면서 '예술을 위한 예술'의 길로 이끌어 왔다. 현재 시점에서 개인은 사실상 완전한 (인간화 이상으로) 기계화의 단계에 도달한 리듬성에 젖어 있고, 조건화되어 있다. 상형화의 위기는 기계주의적 지배의 필연적 귀결이지만, 다음 장에서는 탈신비화된 시공간의 생존 문제를 여러 차례에 걸쳐 다룰 것이다. 과학과 노동이 형이상학의 차원을 배제하는 사회에서 최대의 노력을 기울여서 역사적 그림, 노동 영웅 숭배, 기계의 신격화 등 신화적인 가치를 도입하여 상형주의를 구하려 하는 것을 보면 아주 인상적이다. 실제로 태초부터 상형화 역할과 기술 역할을 조정 해온 것만큼 항구적인 균형은 인간 모험의 의미 자체를 문제 삼지 않고서는 깨질 수 없는 것 같다.

제13장
사회의 상징

기술적 몸짓은 형태의 창조자이다. 무기력한 세계에서 형태를 끌어내 생명을 불어넣는 것이다. 화살은 당겨진 활시위 안에만, 그것이 암시하는 모든 움직임의 이미지 안에만 존재한다. 아고라agora는 우주적인 통합의 띠가 그곳에서 전개되어 나오는 공간임을 사회가 발견하게 되면 비로소 그냥 빈 공간이 아닌 것이 된다. 인간은 다른 사람들 사이에 있음으로써, 존재 이유의 상징을 갖춤으로써만 인간인 것이다. 대제사장도 방랑객도, 벌거벗고 응고되면, 의미 없는 시공간에 있는 고등 포유류의 시체에 불과한데, 그 이유는 그들이 더 이상 상징적으로 인간적인 체계를 지탱 해주지 않기 때문이다. 중세 죽은 이의 춤은 정신성과 동물성이 혼동되는 생물적 현실과 인간의 사회적 삶을 상징하는 장치 사이의 대비를 깊게 반향한다. 동물의 삶은 유전적 종의 선을 따라 펼쳐지지만, 인간 집단의 삶에서 유전적 차원이 민족 차원으로 대체될 수 있으려면, 필요한 안정성과 자연의 무질서한 움직임 사이에 섬 해안처럼 끼어 있는 완전히 상징적인 시간, 공간, 사회에 의해 보호를 받아야만 이루어질 수 있다.

공간과 시간의 순화

가장 훌륭한 인간적인 사실은 아마도 도구를 창조한 것보다는 시간과 공간을 순화한 것, 다시 말해 인간적 시간과 공간을 창조한 것이다. 실제로 도구와 언어활동은 새로운 동물 집단의 속성으로서, 오늘날 우리가 알고 있는 첫 단계는 오스트랄란트로프인데 이것에서 사피엔스 단계에 이르려면 아직 많이 거슬러 올라가야 하는 단계이다. 거기에 이르기 조금 전, 마지막 팔레안트로프에서 도식적인 상징체계의 최초 흔적이 나타난다. 무스테리안 마지막 시기에서 차텔페로니엔 시기까지 기원전 5만년에서 3만년 사이에 최초의 주거, 최초의 새겨진 기호, 평행선의 단순한 병렬 등이 나타난다.

은신처를 만든 시기가 훨씬 더 오래 거슬러 올라간다는 것은 의심의 여지가 없지만, 최초의 제대로 된 집이 나타나는 것과 최초의 리듬적 표상이 나타나는 것이 일치하는 것은 이상한 일이다. 구체적인 공간과 시간 안에 통합되는 것은 모든 생명체에 공통되는데, 이것은 생리적 미학에서 이미 암시한 바 있다. 동물에서 이러한 통합은 다양한 형태로 표시되지만, 특히 그것은 개체가 집단의 공간과 리듬에 포함되면서 생기는 안전함의 지각 안에서, 혹은 안전권 안에서의 반응 속에서, 또한 둥지나 땅굴 등의 영구적인 혹은 일시적인 닫힌 은신처에 들어가는 것으로 나타나고 있다. 인간에게서도 정신적 물리적 안락함의 기초에는 안전권, 닫힌 피난처 혹은 사회화된 리듬에 대한 아주 동물적인 지각이 자리 잡고 있다. 사회생활의 리듬과 거주 공간에 정착 감정이 우리 인간에게 있다는 것을 설명하기 위해서 또 다시 동물성과 인간성을 가르는 단층을 찾는 것은 유익하지 않다. 인간적 의미의 기술성이 관련되지 않아도 손이 원숭이 때부터 존재한 것처럼, 언어활동이 관련되지 않아도 발성 기호가 어느 수준에서 존재하듯이, 시-공간의 지각은 태초부터 이미 있어 왔고, 인간화의 단계를 단절 없이 거쳐 온다. 3장과 6장에서 보았듯이, 화석 유물로 증명되는 도구의 발달과 병행하여, 사라진 안트로피엔의 언어활동의 진화 리듬을 산정하는 것이 어떻게 가능한지를 알 수 있었다. 주어진 공간에서 스스로 구축한 공간으로 넘어가는 흔적을 땅에서 찾는 것은 언어활동의 경우보다도 언뜻 보아 간단하게 보이지만, 실제로는 그 단계를 추적하는 것은 더 어렵다. 이러한 어려움은 우선 도구나 언어활동과는 반대로 은신처 만들기가 인간과 수많은 동물에서 공통된다는 것에서 기인한다. 그 어려움은 또한 고고학 자료가 불충분하다는 것에서도 기인하는데, 호모 사피엔스 보다 앞서는 주거지가 보존된 것도 드물고, 아주 상세한 자료를 확보할 수 있을 만큼 아주 정확하게 발굴된 경우도 극소수에 불과하다. 그렇지만 호모 사피엔스에 가깝게 뇌 구조가 발달한 것, 추상적인 상징체계가 발달한 것, 민족 단위가 두드러지게 다양화하는 것이 모두 일치하는 순간에 근본적인 변화가 생겼다는 것을 증명하기에는 알려진 것으로도 충분하다(그림 111, 112, 113). 이러한 확인된 고고학적인 사실에 근거해서 후기 구석기 시대부터 시공간에 편입되는 현상을 언어활동을 주된 수단으로 하는 상징체계와 동일시 할 수 있다. 이 현상은 상징을 매개로 해서 진정으로 시간, 공간을 점거하는 것에 해당되고, 가장 엄밀한 의미에서의 순화domestication에 해당된다. 왜냐하면 그것은 집 안에서, 집을 기점으로 제어 가능한 공간과 시간을 창조하기에 이르기 때문이다.

이러한 상징에 의한 '순화'에 의해, 사계절, 나날, 보행 거리 등의 자연적 리듬성에서 달력, 시간, 거리 측정 등 상징의 망을 통해서 규칙적으로 조건화되는 리듬성으로 옮겨가게 된다. 이들 상징망은 인간화된 시간과 공간을 인간이 자연의 작용을 지배하는 무대로 만들어 준다. 규격화된 박자와 간격이 자연계의 혼돈스러운 리듬성을 대체하고, 인간적 사회화의 주요 요소가 되며, 사회적 편입의 이미지 그 자체가 된다. 결국 성공적인 사회의 틀은 도시, 도로의 바둑판 모양에 불과하게 되며, 그 안에서 시간이 개개인의 움직임을 명령하는 것이다. 인간화된 시공간과 사회와의 유대는 매우 강하게 느껴져서 수세기 이래로 모든 문명에서 자신의 정신적 균형을 되찾으려는 개개인은 수도원, 동굴, 사막으로 가는 출구 밖에 없었다. 시메온 르 스틸리트성자[13] 혹은 달마대사[14]

13) Siméon le Stylite, 388 혹은 389-459, 기독교 성인.
14) Boddhidharma, 5~6세기에 살았던 인도 출신 승려. 중국에 선종을 전파한 것으로 알려짐.

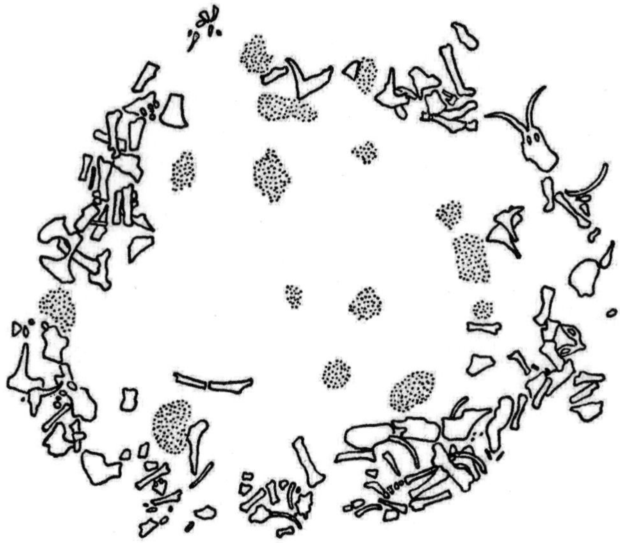

111

112

그림 111. 천막 혹은 오두막 유적. 무스테리안기(4만년 이전) 소련 모로도보에서 발견된 이 주거지에는 동물 잔해가 동그랗게 남아있다.
그림 112. 프랑스 렌느 아르시-쉬르-퀴르 동굴의 후미진 통로에 있는 무스테리안 주거지.

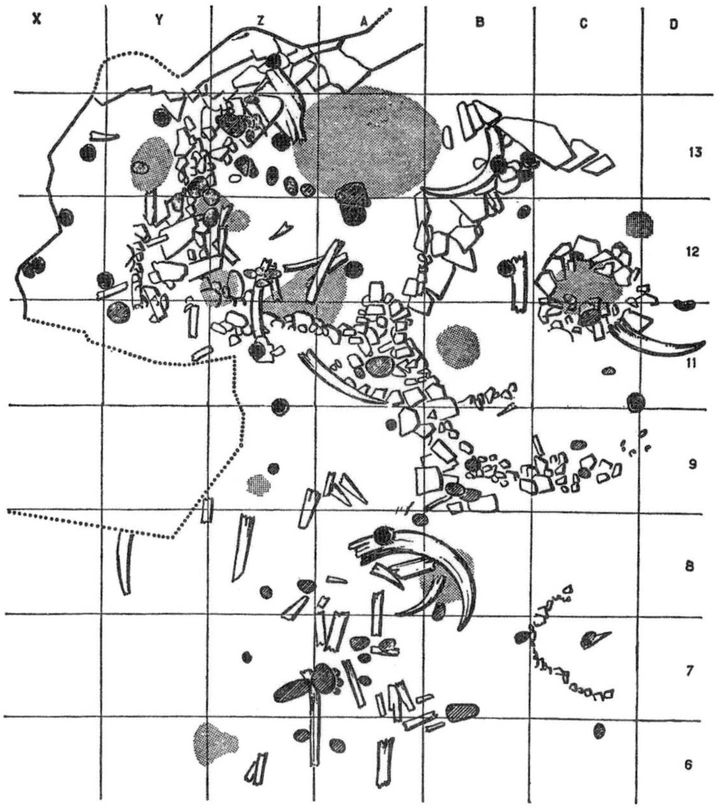

113

그림 113. 프랑스 렌느 아르시-쉬르-퀴르 동굴 입구 아래 구축된 오두막 유적. 차텔페로니엔 시기(약 3만5천년 전) (6…12숫자는 미터를 의미).

도 명상에 의한 부동자세 안에서 시간과 공간을 이중적으로 거부하기에 이른다.

시간

공간과 시간의 분리는 순수하게 기술적 혹은 과학적인 관습으로서, 모스크바가 파리에서 비행기로 세 시간 반 거리에 있다고 말하면, 이 두 도시가 2500km 떨어져 있다고 언급하는 것보다 더 풍부하게 현실을 이해하게 된다. 더 풍부한 현실이 되는 것은, 1800년에 리용은 파리에서 5일 거리에 있다고 말 할 수 있었던 것처럼, 그 현실이 모든 체험된 문명을 단번에 모두 포괄하기 때문이다. 마찬가지로 괘종시계에서 읽은 시각은 바늘의 공간적 위치를 시간과 연결한다. 민족학적 차원에서 시간을 말하는 것이 가능하다고 해도 그것은 리듬의 양극 중 하나로서 단순하게 추상화하는 것이다.

리듬 표현의 최초 증거는 규칙적인 간격의 선이 그어진 뼈 혹은 돌 조각으로서, 무스테리안 말기부터 나타나고, 3만 년 전 차텔페로니엔 시기에는 이미 아주 많아진다(그림 82). 그것에 대해 내세울 수 있는 모든 가설 중에서, 앞부분(6장)에서 본 것처럼, 내가 생각하기에 가장 진실적으로 보이는 것은 이 일련의 선 자국들이 말parole의 리듬에 대응한다는 것이다. 사실 그것이 거리를 표현하고 있다고는 상상하기 어렵고, 수많은 증거를 검토 해보아도 그것이 셈법의 가치를 갖는다는 가설을 지지하는 것은 하나도 없다. 이 일련의 선이 동물 생활의 본질적인 리듬인 심장의 리듬을 표현한다고 말하는 것은 불가능하지는 않지만 증명할 수는 없다. 그 의미가 무엇이든 간에 이들 자료는, 최초의 측정 체계로부터 수천 년 전에 규칙적인 간격을 가진 리듬을 처음 포착했다는 증거를 가져다준다. 규칙적인 리듬으로 자연계가 제공하는 것은 별의 리듬, 사계절이나 하루하루의 리듬, 걸음걸이 리듬, 심장의 리듬 정도인 것이다. 그것들은 다양한 정도로, 공간의 개념보다 시간의 개념에 우월성 부여한다.

이렇게 주어진 리듬에 인간이 몸짓이나 발성으로 만들고 가공한 리듬의 역학적인 이미지가 중첩되고, 결국 마지막으로 돌이나 뼈 위에 손으로 고정시킨 도식적 이미지가 탄생하는 것이다.

인간에게 있어서 시간은 계속 애매한 측정 단위이다. 왜냐하면 자연의 리듬은 모든 살아 있는 물질을 공유하고 있기 때문이다. 체험한 시간을 측정하는 것은 측정 자체와 무관한 현상을 기반으로 하고 있으며 이 점에서 달력 체계의 연구는 아주 인상적이다. 천체 움직임의 복잡한 맥락은 모든 농업-목축 문명에서 천문학적 탐지 장치 체계를 낳았는데, 마야, 중국, 이집트 혹은 로마에서도, 이 체계를 통해 주기적으로 확인되는 주요한 천체의 공간적 위치로 고정된 그물망 안에 연도의 흐름을 기하학적으로 정렬하려고 했다. 달력의 그물망의 규칙성을 확립하기 위한 노력은 공간 계산과 수량 계산의 발전과 분리될 수 없다. 곡물이나 가축의 계산, 세계의 공간 구성적 통합은 이상적으로 동일한 주기라는 추상적 개념보다 훨씬 결정적이다. 최초의 도시가 구성될 무렵 나타나는 시간 전문가를 제외하면, 지속성이라는 근본적인 개념은 실제로 생명적 성격의 산물이나 작업의 회귀를 통해서만 파악되었다. 원시인이나 농민의 달력은, 신화적 시간으로 짜여 있지만, 어느 먹이가 회귀하는 것, 어느 식물이 익어 가는 것, 혹은 어느 밭갈이를 하는 것 등에 의해 결정된 주기인 것이다. 여기서 시간은 구체적, 작업적 시간이며, 천체는 거대한 기술-종교적 장치 안에서의 협연자로서 혹은 멀리 떨어진 배분자로서 여기에 가세한다. 에스키모 인에게 바다표범의 주기적 회귀 혹은 농부들에게 곡물의 발아는 시간의 상징적 체계를 낳지만, 여기서 종교적 사유는 작업적 현실에 우선 적용된다. 시간의 추상적인 측정뿐만 아니라 큰 천체에 최고 신성 역할을 부여하는 이념이 발달하는 것은 이미 극히 도시화된 농경 사회의 단계에서이다. 18세기 여행자가 자신이 만난 거의 모든 민족들에게 주저 없이 태양과 천체 숭배를 전하는 것은 우연이 아니다. 반면에 같은 시기에 우리의 혁명적 달력은 시간을 농경과 기술에 관련된 일상적 작업에 결합시키고 있다. 한편으로는 천문학적 장치가 갖는 엄청난 중요성과 수천 년의 천문학 전통이 철학자의 사고를 지배하고, 다른 한편으로는 한 해 작업의 실용적 전통이 신들의 시간의 해독제로서 지배적이 된 것이다.

시간을 개인화하는 것은 개인이 사회적인 초-조직체sur-organisme에 점차 통합되는 것을 반영한다. 수만 년이 흐르는 사이에 처음에는 아주 느슨한 상징적인 씨줄이 조금씩 자연적 시간의 복잡하고 탄성있는 운동에 겹쳐져 왔다. 동물의 삶은 “일출과 함께 일어나고, 닭과 함께 잠든” 지난 세기 농민의 삶과 마찬가지로 규칙화되어 있어서, 둘 다 모두 자연, 개인, 사회 사이의 삼중 협약이 맺어지는 주기 안에 아직 통합되어 있었다. 그러나 20세기 까지 농촌 환경에서는 진실인 것이 도시 환경에서는 수세기 전부터 이미 진실이 아니게 되었으며 특히 종교, 군인 계층처럼 가장 사회화된 부분에서 그러했다. 그들에게 사회 집단의 진행과 생존은 추상적 시간에 달려있다. 그들의 행동적, 지성적 통합은 엄밀한 리듬의 그물망에 의존하는데, 그것은 종이나 나팔 소리로 구체화되고, 이 소리는 통합의 코드의 신호인 동시에 시간의 단락도 되는 것이다. 모든 큰 종교에서는 우주의 정상적인 진행은 제물이 규칙적으로 바쳐지는데 의존했기 때문에, 집단의 생존을 유지할 필요에 의해서, 구세계와 신세계 문명의 새벽으로부터, 시간을 이상적으로 불변하는 단편으로 구분한 최초의 인간은 종교인이었다. 따라서 그들은 달, 일, 시간의 분배자였다. 전문가의 쇠퇴가 집단의 혼란을 초래하는 사회 체제에 대중이 통합되면서, 상징적 시간이 절대 명령적 가치를 갖게 된 것은 최근에 이루어진 것이다. 앞의 여러 장에서 수차례에 걸쳐서 살펴본 것처럼, 여러 다른 능력의 해방 행렬은 모두를 가속화된 완성으로 향하고 있지만 이것은 있는 그대로의 개인의 완성이 아니라 사회적 초-조직체의 일원으로서의 개인의 완성인 것이다. 이 사실은 여러 사회학자가 아주 다양한 각도에서 수도 없이 많이 거론된 것으로서, 언어활동이 구체성의 한계를 뚫은 순간부터 인간으로부터 야기된 물질적인 진화의 흐름이 생물학적 진화와 병행하여 존재하는 것에 관련된다. 그것은 도구를 외부화하고(이미 오래전부터 근본적 조건으로서 실현된 것이지만), 근육을 외부화하고, 외부 관계의 신경 체계를 외부화하는 것으로 이끈다. 시간 역시 병행 해

가면서 공시적으로 외부화되고, 외부 관계 체계가 전달 간격을 시간 단위로, 분 단위로, 초 단위로 좁혀 갈 때, 개인을 가두는 창살이 되는 것이다. 한계에 다다른 분야에서는 개인은 신호의 망 위에서 집단적 프로그램의 한 요소로서 세포처럼 기능하는데, 그 신호의 망은 개인의 몸짓을 명령하고 유효한 생각을 발생시킬 뿐만 아니라 부재 권리 즉 휴식이나 여가 시간을 제어하기 까지 한다. 원시인은 시간과 타협하지만, 완전한 사회적 시간은 아무와도, 무엇과도, 공간과 조차도 타협하지 않는다. 왜냐하면 공간은 그것을 통과하기 위해 필요한 시간에 의해서만 존재하기 때문이다. 사회화된 시간은 완전히 상징적인 인간화된 공간을 내포한다. 밤과 낮은 고정된 시간에 도시에 찾아오고, 도시에서의 겨울과 여름은 평균적인 비율로 환원되고, 개인 사이의 관계나 행위 장소는 순간적인 것이 된다. 이러한 이상적 상황의 단지 일부분만이 실현되었지만, 한 세기 전의 조명, 난방, 공공 수송이 어땠을 지를 상상하기만 해도, 나아갈 길의 상당 부분을 이미 거쳐 왔다는 사실을 이해하기에 충분하다.

인간화된 공간

인간은 인공적인 은신처에서 생존의 일부를 보내는 포유류의 부류에 속한다. 이 점에서 인간은 원숭이와 다르다. 가장 진화한 원숭이도 하룻밤을 보내는 장소를 정성들여 꾸미지 않는다. 오히려 인간은 수많은 설치류와 더 가까운데, 그것들은 종종 아주 잘 만들어진 땅굴을 보유하며, 그곳은 자기 영역의 중심이 되고, 종종 음식 저장소 역할을 한다. 인간의 영역 행동에 대해서는 5장에서 기술-경제의 각도에서 언급하였지만, 여기서 문제 삼을 것은 인간화된 영역의 이미지이다.

인간적으로 조직된 공간이 어떻게 시작되었는지에 대해서는 단편적인 정보조차도 없다. 오스트랄란트로프가 주거지를 남겨 주었다면 자세히 연구되었겠지만, 아직 그렇지 못하고, 시난트로프Sinanthrope도 응고된 동굴 안에 흔적을 남겨서 관찰하는 것이 아주 어렵다. 아무튼 팔레안트로프까지는 아는 것이 거의 없다. 끈질긴 과학적 전통에 따르면 선사 시대 인간은 동굴에 살았었다고 생각한다. 만약 그것이 정확하다면 인간과 마찬가지로 잡식성이고, 발바닥으로 걷는 곰이나 오소리와 흥미로운 비교가 가능해질 것이다. 그러나 더 정확하게 말하자면, 인간은 동굴이 거주가 능한 상태인 경우라도 하더라도 때때로 동굴을 이용했고, 통계적으로 압도적으로 많은 경우 인간은 항상 야외에서 살았으며, 연구 자료를 구할 수 있을 때부터는, 만들어진 은신처 안에서 살고 있었다.

자료는 매우 드물지만 팔레안트로프와 호모 사피엔스의 연결점에 아주 긍정적으로 위치하고 있으며, 그 연결점의 양쪽에서 최초의 도식화된 상징이 발견된다. 따라서 무스테리안기의 주거지가 오래된 안트로피엔 공간 진화의 마지막 도달점에 해당하고, 후기 구석기 시대의 주거지가 현재 국면의 출발점을 구체화한다고 생각하는 것이 합리적이다.

무스테리안 시기의 세 개의 주거지의 정확한 도면이 있다. 하나는 드네스트르Dniestr 강가 몰로도보Molodovo의 야외에 있고, 나머지 두 개는 동굴에 있는데, 이엔느Hyène 동굴과 욘느Yonne의 아르시-쉬르-퀴르Arcy-sur-Cure에 있는 렌느Renne 동굴이다. 형태로 보면 이것들은 아주 다르다. 소련(몰도보)의 것은 직경 8m에 가까운 원형 부지로서 천막이나 오두막이 설치되었을 것이다(그림 111). 이엔느 동굴의 것은 직경 5~6m의 방을 차지하며, 렌느 동굴의 것은 길이 5~6m, 폭 2m의 회랑의 일부를 차지하고 있다(그림 112). 그러나 반대로 이 세 주거지는 놀라운 유사성도 갖고 있다. 그들은 모두 화로가 있는 중앙 지역이 있는데, 이곳에는 동물의 잔해가 적고, 석기가 많으며, 빻거나 긁어낸 뼈의 두꺼운 층으로 둘러싸여 있다. 몰도보에 분명히 존재했을 건축물을 제외하고, 전체를 복원 해보면 아주 빈약한 그림이 된다. 네안데르탈인은 사냥감의 잔해에 둘러싸여 살았고, 생활공간을 확보하기 위해서 잔해를 밀쳐 내곤 했던 것이다.

3만 년 전 쯤의 주거지와의 대비가 두드러진다. 가장 오래된 것은 아르시에 있는 렌느 동굴로서 차텔페로니엔 시기의 것이다(그림 113). 이것이 이전의 것 중 하나와 동일한 장소에 있는 만큼 비교가 더 쉽다. 이것은 동굴 입구에 만들어진 천막 부지인데, 각각은 직경 3m 혹은 4m의 원형을 이루고, 중앙에는 돌이 제거되고 침하된 점토로 된 부분이 있는데, 포석을 형성하는 돌 판이 둥그렇게 둘러싸고 있다. 원주 밖에는 수직 구멍에 메머드의 큰 송곳니가 세워져서 기둥을 형성한다. 공간 전체가 주의 깊게 유지되고, 밖에는 큰 잔해 더미가 몇 개 있고, 경사면에 버려진 '쓰레기통'에는 규석 조각, 작은 뼛조각이 섞인 잿더미의 작은 퇴적이 보인다. 따라서 상형화가 나타나는 진화의 첫 시점은 주거 공간이 외부의 혼돈과 분리되는 시점이 되기도 한다. 공간을 조직하는 자로서의 인간의 역할은 체계적으로 정돈하는 것에서 볼 수 있다. 그 가장 오래된 예는 모라비Moravie, 우크라이나, 러시아 등에서 발견된 수많은 천막이나 움막의 유적으로서, 화로와 뼈를 버린 구멍이 있는 원형 혹은 장방형 주거 유적이다. 최근 프랑스에서는 전보다 더 정확한 발굴이 이루어지면서 비슷한 주거 유적이 발견되었는데, 동굴 안이나 바위 그늘 아래 만들어진 것이다. 마지막으로 최근 몽트로Montereau 근처의 팽스방Pincevent에서 막달레니안 시기의 아주 넓은 야영지가 발견되었다.

거주 공간을 구축하는 것은 단지 기술적 편의성뿐만 아니라 언어활동과 마찬가지로 전체로서 인간적인 행동을 상징적으로 표현한 것이다. 이미 알려진 모든 인간 집단에서 주거지는 세 개의 필요에 부응한다. 그것은 기술적으로 유효한 환경을 만드는 필요, 사회적 체계의 틀을 확립하는 필요, 어떤 시점으로부터 둘러싸고 있는 우주 안에 질서를 부여할 필요 등이다. 이러한 특징 중 첫 번째는 기능적 미학에 관련되며 앞에서 다룬 바 있다. 모든 주거지는 하나의 도구이며, 이 점에서 기능과 형태의 관계의 진화 법칙에 따르는 것이다.

사회적 공간

주거habitation 혹은 더 넓게 주거지habitat가 사회 체계를 구체적으로 상징하는 것임은 한 세기 동안의 사회학에 의해 강조되고 있다. 부시맨 혹은 남-서 인도양의 야영지 평면도나 아마존, 뉴칼레도니아 촌락의 평면도는 지형 배치에서 가정과 부족의 구분을 나타내는 고전적인 예이다(그림 114, 115, 116). 더불어 직업별 전화번호부를 넘겨보기만 해도, 파리 시가 같은 규칙을 더 엄격하게 따르고 있다는 것을 알 수 있다.

사회적 기능주의의 최초 흔적이 주거지에 나타나는 시점, 특히 사회-공간적 조직과 기술-경제적 진화 사이의 가능한 일치점을 찾아보는 것은 특히 흥미로운 일이다. 전기 선사시대의 자료는 아주 불분명하다. 무스테리안 은신처에서는 사회적 구분을 합리적으로 나타내 주는 어떠한 특징도 찾을 수 없다. 후기 구석기 주거지는 좀 더 나은 가능성을 보여준다. 보존 상태가 종종 아주 많은 결함이 있지만, 조직적으로 구성된 성격과 유물의 다양함은 뭔가 빛을 던져 줄 것이다. 시베리아의 말타Malta에 있는 후기 구석기 시대의 주거는 거의 이상적인 예이다(그림 117). 그것은 특별히 잘 보존된 천막 부지 유적인데, 발굴자 제라시노브[15]가 여러 차례에 걸쳐서 증명한 사실은 각 주거지의 오른쪽과 왼쪽 화덕이 서로 다른 유물로 둘러싸여 있다는 것이다. 한쪽에는 여자 모양 조각상, 바느질용 송곳, 가죽 손질용 긁개, 다른 쪽에는 새 모양 조각상, 투창, 칼, 큰 송곳이 있었다. 적어도 하나의 경우에서는, 원시 경제 수준에서 부부의 상호 보완적인 구분이 남녀의 가구가 분리된 것을 통해 도식적으로 표현된 것을 볼 수 있다. 오늘날 부시맨의 야영지에서도 아주 유사한 사회-기능적 조직을 반영하는데, 남자 모두가 사용하는 불, 각각의 여자가 사용하는 불, 부부용 오두막, 딸들용 오두막, 청소년용 오두막 등이 나뉜다(그림 114). 에스키모 가족의 이글루 도식도 남자와 여자의 상호 영역을 명료하게 구분한다. 원시 경제 사회가 갖는 기본적인 성격에 대응하는 것이 공간적 구성인데, 그

15) Mikhail Mikhaylovich Gerasimov, 1907-1970, 소련 고고학자, 인류학자.

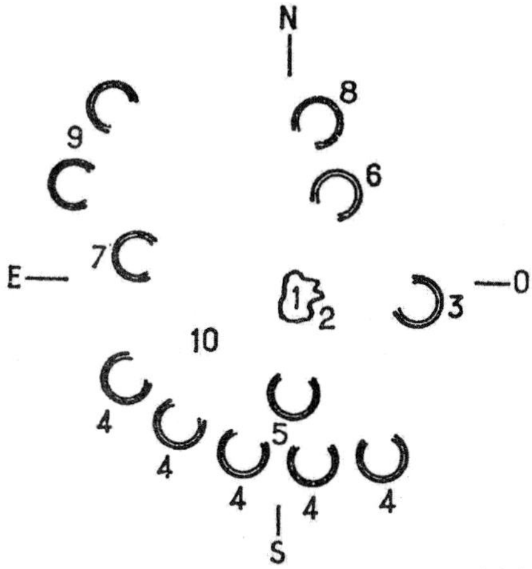

114

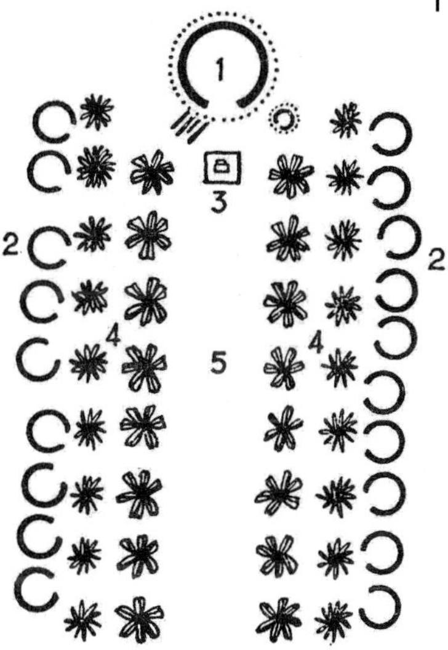

115

그림 114. 부시 맨 수렵자의 천막 설치. 1) 중앙의 나무, 그 아래 남자들이 모이고 사냥감을 거기에 둔다. 2)남자의 불 3)수장의 오두막 4) 부부와 적령기 딸의 오두막 5) 어린 딸의 오두막 6) 소년의 오두막 7) 손님으로 온 딸의 오두막 8) 손님으로 온 자매의 오두막 9) 홀아비, 과부, 외국인 10) 춤의 광장(블레크Bleek에 의한 도식).
그림 115. 뉴 기니아, 카나카인 마을. 1. 남자의 오두막 2. 가족의 오두막 3. 제단 4. 여자의 길(가족 의례 5. 남자의 길(부족 축제, 연회, 춤) (린하르트Leenhardt에 의한 도식).

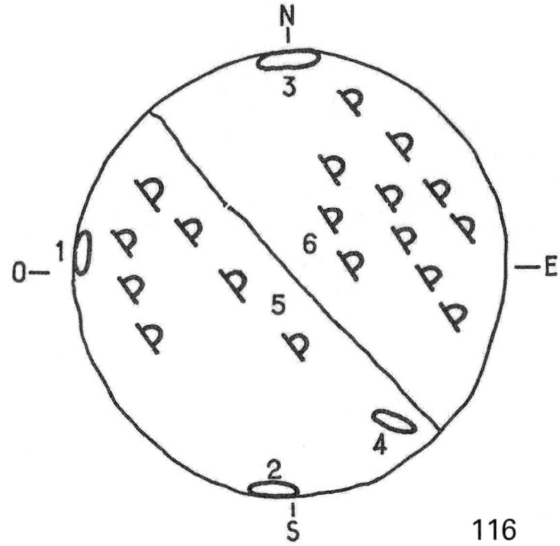

116

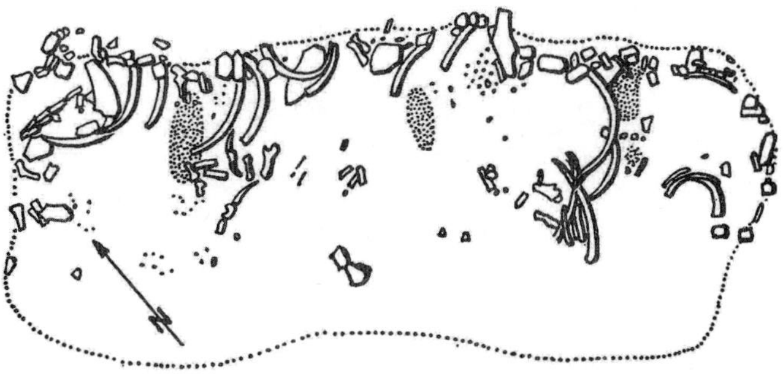

117

그림 116. 위네바고 인디언의 마을. 상호보완하는 두 부분으로 나뉘어 있다. 1 ~ 4 전사 부족들 공통의 오두막(1), 천둥의 새 부족(2), 곰 부족(3), 들소 부족(4), 5.상급 부족의 오두막 6.하급 부족의 가족 집(라댕Radin에 의한 도식).

그림 117. 말타(시베리아)의 후기 구석기 시대 천막 유적. 측면 화로 주위에 한쪽은 남자의 가구, 다른 쪽은 여자의 가구들이 모였다(제라시모브Gerasimov에 의한 도식).

구성에서 지배적인 사회적 구분은 부부의 기술-경제적 기능의 구분이다.

최초 농업 경제에 관한 고고학적 자료는 아직 거의 없다. 사실 고고학이 할 일 중 대부분은 앞으로 해야 할 것이고, 지금까지 고고학은 특히 연대 결정을 해야 할 필요에 직면해 있었다. 유물의 용도, 남자 혹은 여자의 사용 여부, 거주 공간에서의 위치 등의 해석은 사실을 빠짐없이 기록하는 방향으로 발굴을 진행하면서 앞으로 해야 할 일이다. 촌락의 평면도는 있지만, 완전한 것은 드물고, 유물의 정확한 상황을 기록할 수 있을 정도로 충분히 정밀한 것은 하나도 없다. 분묘가 더 잘 연구된 것은 더욱 명확하게 한정되어 있기 때문이다. 마르느Marne의 인공 동굴에서처럼, 집단 묘지가 살던 사람의 세계관을 보여주는 등의 몇 가지 사례에서 사회학적 해석이 도출될 수는 있지만, 발굴자의 눈이 가장 좋은 자료를 더 이상 빠트리지 않을 정도까지는 아직 거리가 멀다. 세계의 다양한 지역의 발굴에서 어렴풋하게 드러난 것은, 도시화되지 않은 농업 사회의 경우 마을 전체에 거주하는 주민들이 상대적으로 균일하다는 것, 별개의 화덕이 있는 아주 큰 주거가 종종 있다는 것, 분명한 사회적 상하 관계가 없는 집단 묘지 등이다. 비록 수많은 변이 형태가 존재하지만 이러한 여러 사실은 최근 도시화되지 않은 농업 사회, 특히 미국, 오세아니아, 인도네시아 등 도시화된 세계의 주변부에서 감지된다. 이것들에 대응되는 기술-경제적 단계에서는 부부가 더 확대된 단위 속으로 사라지고, 사회가 복잡하고 다양한 친족 관계 체계에서 결속력을 유지하지만, 결혼을 통해 경제적인 면에서 더 이상 개인이 아닌 가족 집단의 균형을 유지하려 한다. 뇌의 진화 혹은 도구의 진화에서처럼, 구조들은 서로 배제하지 않고 덧붙여진다. 가장 나중에 발달한 것은 이전 것을 기본으로 하는 것이다. 따라서 부부의 중요성은 하부 구조로 살아남는데 이것은 마치 대가족의 중요성이 이전 것에 덧붙여지면서 다음 단계에서 살아남는 것과 같다. 초보 농민의 공간 체계는 원시 수렵-채집자의 그것과 이미 아주 다르게 나타나는데, 앞의 5장에서 보았듯이, 정착은 사회 체제 뿐만 아니라 세계의 이미지 자체를 바꾸기 때문이다.

순회하는 공간과 방사되는 공간

주위 세계를 지각하는 것은 두 가지 방법으로 이뤄진다. 하나는 동적인 것으로, 공간을 의식하면서 주파하는 것이며, 다른 하나는 정적으로, 미지의 한계에 이르기까지 약해져 가는 원을 자신은 움직이지 않고 주위에 연속해서 그리는 것이다. 하나는 순회하는 길을 따라서 세계 이미지를 만들어 주고, 다른 하나는 지평선에서 하나가 되는 하늘과 땅의 대립된 두 지평 안에서 이미지를 통합한다. 이 두 가지 이해 방법은 결합되거나 분리된 채로 모든 동물에 존재한다. 순회하는 방식은 특히 지상 동물을 특징짓고, 방사되는 방식은 특히 새를 특징짓는다. 또한 전자가 근육, 후각 지배적 지각으로 연결되는데 반해, 후자는 시각이 발달된 종에 주로 관계한다. 그러나 이것은 아주 간단한 구분에 해당하는데, 휴식을 취하는 늑대는 세계를 '후각 표면'으로 틀림없이 지각할 것이기 때문이다. 인간에게 이 두 방식은 본질적으로 시각과 연결되며, 공존하고 있다. 이 두 방식은 세계에 대한 이중적 표상, 동시적 양태를 만들어 주었지만, 정착 이전과 이후에서 마침내 반대 비율로 표상된다.

수렵-채집자의 신화는 별의 여정, 세상을 만드는 영웅의 여정 등 본질적으로 여정trajet의 이미지를 갖는다. 세계 각지의 수많은 신화에서, 지중해 문명의 농업 이전 기반을 포함해서, 우주는 애초에 혼돈했고, 괴물이 우글거리고 있었다. 여정 중에 영웅은 괴물과 싸우고, 산과 강의 위치를 정돈하고, 존재에게 이름을 부여하고, 그 결과 우주는 인간이 동화, 제어할 수 있는 상징적으로 정돈된 이미지로 변화되는 것이다. 북아메리카 인디언의 신화는 이러한 여정의 좋은 예를 보여준다. 지중해 사례 중에서 헤라클레스의 이야기는 처음의 도시 문명이 아마 그 이전 이념에서 남은 것을 가져온 것이라는 점을 보여준다.

구석기 시대 사람이 우주에 대해서 품었던 이미지의 개념을 생각해 보면 매우 귀중할 것이다. 선사 예술은 이 점에서 귀중한 원천임에 틀림없다. 그런데 동굴 예술에는 처음 보면 놀라운 형상이 조직되고 선택된다. 최근까지는 그것을 본질적으로 주술적인 예술로 보아 왔지만, 그것은 더 일반적인 상형

체계, 진정한 신화적 조합인 것처럼 보인다. 그것은 쌍을 이룬 남녀의 모습, 대부분 들소, 말이 등장하는 한 쌍의 동물, 보통 야생 염소, 사슴, 매머드가 등장하는 세 번째 동물 등이 등장한다. 그림은 방마다 분산되는데, 가장 안쪽에 큰 고양잇과나 코뿔소를 두고 점진적으로 지형적 배치가 이루어진다. 그림들이 그것을 그리는 사람을 둘러싸는 순간부터, 모든 배치는 그림을 그리는 사람들이 만드는 인간화된 우주의 어떤 이미지를 담고 있다. 그런데 동굴 예술에는 방사적 방식이 아무 것도 나타나지 않는다. 평면을 구체적으로 상징해주는 구도가 없으며, 그림들의 조직은 오랫동안 우리를 놀라게 한다. 왜냐하면 그것에 존재하는 질서가 우리 것과 다르고 우연적으로 던져진 무질서한 이미지이기 때문이다. 전등으로 비춰 보면, 라스코 그림은 전체적인 벽면마다가 아니라 하나의 여정을 따라 진행되는데, 의미를 알 수 없는 주제로 연결되지만, 그 전개는 도면마다 반복되면서 마지막에 가장 깊은 곳의 코뿔소 그림까지 이어진다. 니오Niaux에서는 사실이 더 분명하게 드러나는데, 여러 이미지가 작은 집단으로 1km 이상 이어진다. 쿨랄베라Cullalvera(산탄데르Santander 지역)에서도 역시 분명한데, 2km 이상에 걸쳐서 하나의 유일한 주제가 수백 미터의 간극을 두고 그림 하나하나마다 나열된다. 이것이 구석기 예술에 있어서의 진정한 우주생성론일까? 천체를 우리 방식으로 표현한 것이 하나도 없다는 것은 분명히 그 반대 증거가 되지는 못하지만, 그렇지만 그것이 우주생성론이란 것을 증명 해주는 것도 아무 것도 없다. 반면에 적극적으로 볼 수 있는 것은 신화의 근저가 무엇이든 간에, 그것은 선적으로 정렬되고 반복된다는 것이다.

방사형 공간

수렵-채집 유목민은 자기 영토의 구역을 자신의 여정에 따라 포착한다. 정착 농경민은 세계를 자신의 곳간 주위로 펼쳐지는 동심원의 형태로 구성한다. 지상 낙원은 산으로 향한 정원이며 중심에는 지혜의 나무가 있고 그곳에서 세

118

그림 118. 카탈 휴육Catal Hüyük (아나톨리아Anatolie). 신석기 시대의 프레스코(칠천년전)(멜라르J. Mellaart에 의한 도식).

계의 끝으로 향해 흘러가는 네 개의 강이 있다. 이 이미지는 라스코와도 관계가 없고, 헤라클레스의 여정과도 관련되지 않는다. 여기서 사물은 인간에 의해 명명되지만(따라서 상징적으로 존재하지만), 현장에서 즉 분명히 에덴동산 중심 자체에서 이루어진다. 창세기가 우리에게 전해 준 형태는 이미 농경에 의한 정착이 진행된 단계에 이르렀던 사회의 세계 표상을 이상적으로 재현한다. 미국이나 중국의 커다란 문명의 우주생성론에서도 실질적으로 동일한데, 거기에는 문자에서 파생된 체계적인 발생의 흐름이 강하게 이미 드러난 체계가 나타나고 있다. 최초 글 자료보다 앞서는, 농경 진화를 특징짓는 5, 6천년 동안의 진화를 파악하는 것은 아주 어렵다. 구석기 시대 후기인 약 8천 년 전부터 청동기시대 사이에 무수히 많은 유럽, 아프리카, 아시아의 벽면 예술은 아주 미약하게 밖에 연구를 조명 해주지 못한다. 그렇지만 거기에는 구석기 예술에는 존재하지 않았던 두 가지 측면이 발견되는데, (사냥, 경작, 목축의) 실제 장면과, 원근법이나 평면도가 발견되는 것인데(그림 93), 그 중에는 주거가 그려진 것도 있다. 또한 거기에서는 태양원이나 초승달도 처음 볼 수 있다. 1961년 멜라르[16]는 아나톨리아Anatolie에서 거의 기원전 6천년으로 것으로 추정되는 신석기 시대 초기의 마을의 일부를 발굴했는데, 그곳에는 몇 개의 집의 벽이 프레스코화로 장식되어 있었다(그림 118). 우리에게 알려진 것 중 가장 오래된 이 벽화에는 광대한 장면을 보여주는데, 활로 무장한 인간(사냥꾼이나 무용수)이 황소와 사슴의 그림을 둘러싸고 있다. 일반적인 구성과 주제는 적어도 삼천년 더 최근의 것인 크레타의 미노스 문명의 벽화와 일부 관련성을 찾을 수 있다. 이 놀라운 발견에서 볼 수 있는 것은, 농경 초기부터, 정착이 사회생활을 기록한 체제에 얼마나 새로운 형태를 부여했는가 하는 점이다. 벽이 두껍고 서로 달라붙은 사각의 집, 그 안뜰과 장식된 방, 살아 있는 사람이 자는 침상 아래 묻힌 죽은 사람, 벽 뒤에 유폐된 곡물 창고 등이 완전히 인간화된 소우주를 구성하고, 그 주위에 밭, 숲, 산이 펼쳐진다.

소우주와 대우주

진화의 세부 사항을 알려주는 자료는 아직 없지만, 미국, 중국, 인도, 메소포타미아(그림 76, 78), 이집트 그리고 문화가 문자의 경계를 넘어섰거나 넘어서려고 하는 모든 곳에서 최초의 텍스트는 아주 놀랍도록 유사한 우주 상징 표상을 보여준다. 이러한 개념은 주요한 지점의 교차로에 수도를 정하는 것과 모든 창조를 그 그물망 안에 조금씩 동화시키는 것 등에 상응한다(그림 119).

대규모 도시 집중화 이후 공간과 시간에 관여된 상징적 요소가 풍부한 가치를 갖게 되고, 이미 본 것처럼, 기술-경제적 진화에 의해 불 기술(야금, 유리 제조, 도자기), 문자, 기념비적 건축, 대규모 사회 계층화 등이 일괄적으로 출현하게 된다. 이것에 의해 민족 집단의 수도는 영토의 중심부에서, 스스로의 영양을 섭취하는 완전히 인간화된 핵심부가 되었다. 이러한 기술-경제 과

16) James Mellaart, 1925-2012, 영국 고고학자.

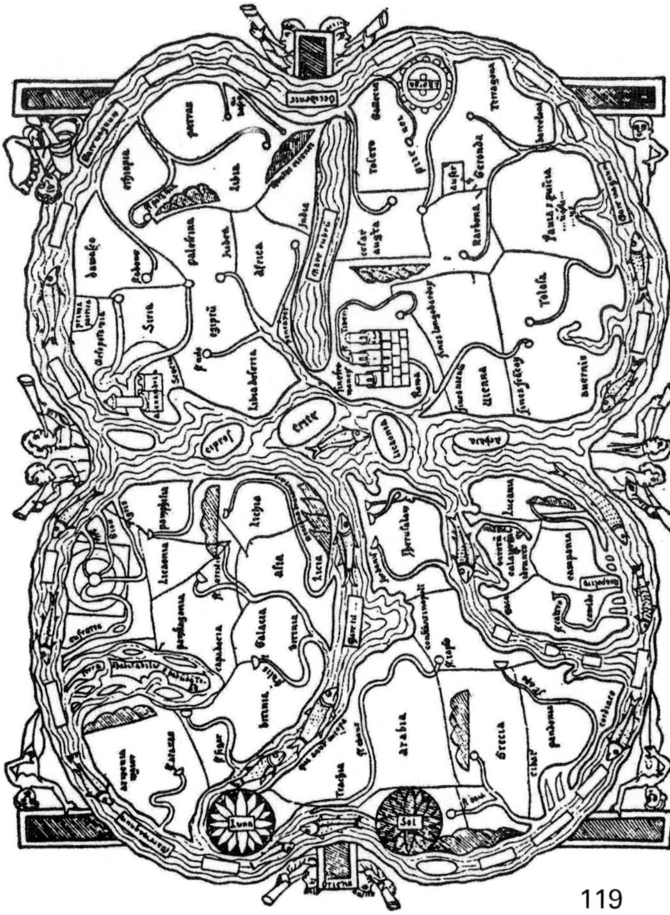

119

그림 119. 수도사 비투스Beatus의 세계 지도(8세기). 12, 13세기의 사본. 주위에 바다가 둘러싸고, 지중해와 홍해가 십자형으로 가르는 대지는 고대부터 알려진 유라시아와 아프리카의 일부만 포함한다. 이는 순수히 논리적인 구조로서 로마와 예루살렘이 중앙에서 서로 마주한다. 에덴은 십자형의 네개의 강과 함께 상부 왼쪽에 있고, 바다와 알렉산드리아에 의해 메소포타미아에서 나누어지고 있다.

정은 농경에 의한 정착 이후 수백 번 재현되었는데, 때로는 결정된 역사적 지층의 흐름 속에 녹아들었고, 때로는 소위 고립되기도 했다. 그 원인은 기술적 결정론과 연계된 것으로서, 결국 이론적으로 메소포타미아와 마야 사이의 근사convergence 현상의 자동적 결과를 보는 것만큼이나 역사적 관련성의 흔적을 찾는 것 또한 무의미한 것이다. 둘 다 모두 교대로 진실인 것이다. 우주생성론에서도 사정은 마찬가지이고, 혹은 더 나아가 최초의 도시화에 해당되는 기술-경제 수준의 모든 농경 문명에 고유하고 공통된 형이상학에서도 사정은 마찬가지이다. 우주 질서를 처음으로 정착에 관련시켜서 이해한 것은 놀라울 정도로 논리적이고 합리적이다. 모든 것이 질서정연하고 상응한다. 이집트, 중국, 아트란트Atlantes, 혹은 마야에서의 신비로운 과학으로 생각되는 것에서 동일한 매력이 드러난다. 이 '과학'이 무슨 이유로 형법, 광장 건축, 서명 대여prêt sur signature 등과 동시에 출현했는지를 탐구 해보는 것은 흥미로울 것이다.

완전히 인간화된 평면이 있다는 것과 이 평면을 주위의 우주에 통합하는 것은 개인이 공간적으로 통합되는 것과 마찬가지로 명확한 문제를 제기한다. 집단 조직체는 움직임에서 공간적 통합을 실현해야 한다. 도시화된 조직체 속에서는 개인의 통합은 집단의 조건화를 지배하는 리듬에 의해 보장된다. 이미 본 것처럼, 도시의 시간은 특히 인간화된 시간이다. 그렇지만 인간과 그 기술-경제 환경에 의해 구축된 핵심부를 그것에 끼워 넣는 것은 그 인간화된 핵심부와 그것을 둘러싼 자연계의 후광 사이의 질서정연한 연속성을 연구하는 것에 의해서만 가능할 것이다.

이러한 이상적 연속성은 방위의 교차점 혹은 고정된 것으로 보이는 모든 다른 천체 기점을 제공하는 하늘의 움직임에 의해 확립된다. 그러면 도시는 세계의 중심에 위치하고, 도시가 고정되어 있다는 것은 말하자면 도시 주위를 도는 하늘의 회전을 보장한다. 하늘과 땅의 중심점으로서, 도시는 우주의 배치에 통합되어 그 이미지를 반영한다. 태양이 '그것의 동쪽'에서 뜨고, '그것의 서쪽'으로 지며, 일정한 거리에 있다. 그리고 그 주민은 그의 후광 너머로, '서쪽' 어둠의 세계 아주 가까이에 혹은 뜨는 해의 기점 가까이에, 중요도가 떨어

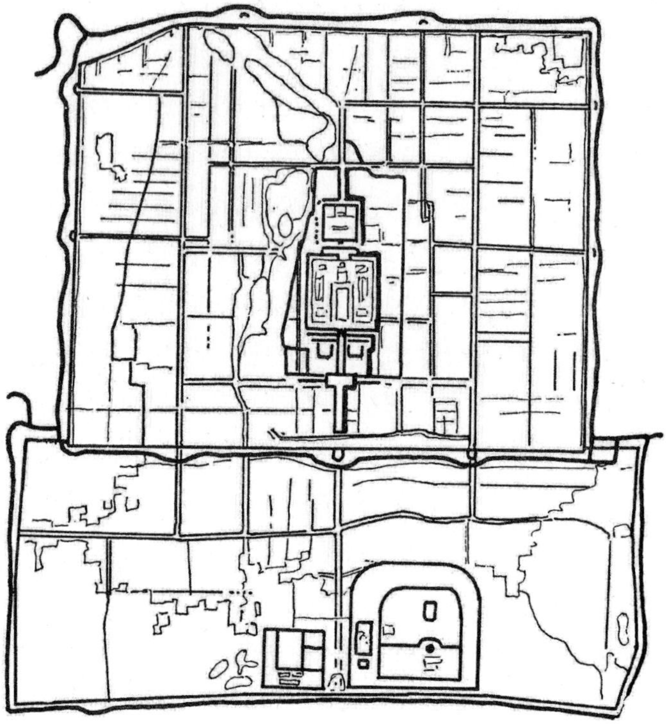

120

그림 120. 베이징의 평면도. 방위가 있는 기하학적인 마을. 궁궐은 중앙에 있고 입구는 남쪽을 향하고 있다.

지는 여러 중심이 있다고 생각하게 된다. 도시의 '서쪽'과 '동쪽'은 진정한 서쪽과 동쪽이 되는데, 그 이유는 그 '서쪽'과 '동쪽'이 완전히 인간화되고 상징적인 소우주 안에 천체의 출몰을 표시하기 때문이다(그림 120).

건축을 문자와 공간적 통합에 결합하는 여러 이유로 인해, 도시는 도량형의 참조 기점이 된다. 측량이 여기서 주된 역할을 수행하며, 세계의 경계들은 여기서 간격의 원반의 상징적 반경에 의해 서로 연결된다. 이렇게 세계와 도시에 대한 기하학적 이미지에 도달하는데, 그 안에서 모든 공간적 상응성의 기초적인 망이 작용한다. 문과 방위는 일치하기 때문에, 북쪽 문을 '겨울 문'이라고 명명하기만 해도 공간 상징체계가 시간 역동성에 의해 풍요롭게 되기에 충분하다. 계절마다 다른 문에서 봄 혹은 여름을 맞이하러 가기만 해도, 우주적 체제를 시공간적으로 통합 할 뿐만 아니라 이른바 기계적으로 제어하기에 충분하다. 이 과정은, 여기에서 점진적인 현상처럼 말했지만, 도시의 배꼽 모양 배치에 언어활동의 특질 중 하나 혹은 더 넓게는 상징화 능력을 갖다 맞춘 것에 불과하다. 아주 일반적인 이 특질에 의거해, 상징이 사물을 지배한다는 것, 사물은 명명되어야만 존재한다는 것, 사물의 상징을 소유한다는 것은 그것에 힘을 미칠 수 있다는 것 등을 인정하게 된다. '주술적' 행동에 있어서 이 태도는 '원시사회'에 속하는 것으로 보이지만, 가장 과학적인 행동에서도 역시 현실이 되는데, 그 이유는 사유가 단어를 통해 구체적으로 실현해야 할 상징적 이미지를 만들면서 현상에 영향을 미칠 수 있을 때에만 현상을 정복할 수 있기 때문이다.

그래서 지리상의 동쪽과 동쪽 문과의 유대는 대상과 그 상징과의 정상적인 유대이며 도시의 기본적인 특질은 우주의 질서정연한 이미지를 만들어 준다. 여기서 질서는 기하학주의[17]와 시공간의 측정에 의해 도입된다. 천체 움직임의 상징을 천체 움직임 자체와 동일시함으로써, 혹은 식물의 실제 성장을 촉발하는 식물 재생 상징에 의해서 생명은 거기에 유지된다. 종교 역사가들은 공놀이의 아주 일반적인 특징을 태양년의 상징으로 제시한다. 아메리카 전반, 중국, 그리고 오늘날까지 일본에서, 공놀이는 아주 공들여 만들어진 우주발생론 성격의 의식을 하게한다(그림 121).

중국과 일본의 기하학적이고 방위가 정해진 수도에서, 궁궐은 북벽을 등지고, 남쪽을 바라보는 상석place d'honneur에 자리한다. 궁궐 울타리 안에는 공놀이장도 기하학적이고 방위가 정해지며, 북동쪽 모퉁이에는 벚나무(봄), 남동쪽에는 버드나무(여름), 남서쪽에는 단풍나무(가을), 북서쪽에는 소나무(겨울)가 있다. 공은 봄 나무의 가지에 걸려 있고, 두 무리의 네 경기자가 원형으로 서 있는 데, 그들은 이상적으로는 공을 발로 차서 반대 방향으로 1회전씩 2회

17) géométrisme, 모든 것을 기하학적 형태와 방법으로 보는 철학 체계.

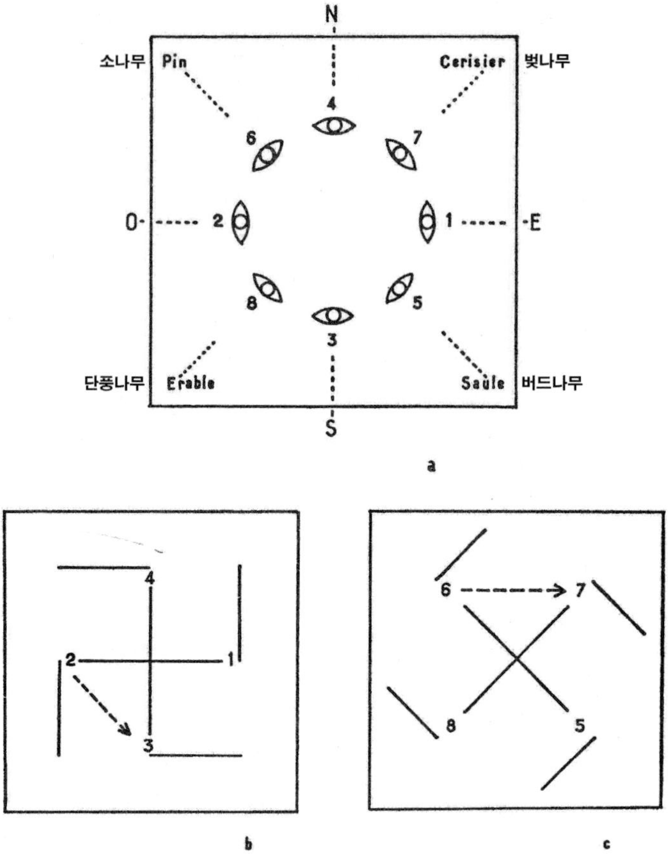

121

그림 121. 전통적인 공놀이의 배치(고대 중국, 일본). a : 경기장, 경기자의 위치와 경기 순서 b, c : 반대방향으로 두 개의 만(卍)자에 해당되는 공이 그리는 이상적인 도형.

전을 하면서, 춘분-추분과 하지-동지 각에 연속적으로 도달하는 것이다. 각 경기자는 공이 경기장을 횡단하게 하는데, 공은 동서, 남북으로 일련의 지그재그를 그린다.

우주의 움직임은 사실 회전뿐만 아니라 반대되는 것들의 교체나 대립이 되기도 하는데, 북쪽의 추위, 남쪽의 더위, 동쪽의 젊음, 서쪽의 늙음 등이다. 따라서 우주의(그리고 도시의) 각 부분은 위치이면서 동시에 특질에 부응한다. 이 점에서 우주의 열쇠는 인간의 손 안에 있고, 모두 동일성과 상반성의 작용에 근거해서 지식의 놀라운 전체가, 다양한 형태로 그러나 마지막에는 수렴하는 형태로 태어난다. 그것은 숫자에서 의학, 건축에서 음악에 이르는 모든 지식을 담고 있다. 고대 중국에서는 네 방위 기점과 중심에 다섯 가지 요소, 다섯 개의 하늘, 다섯 종류의 동물, 음표, 향기, 숫자, 희생 장소, 신체 기관, 색깔, 맛, 신성 등이 상응한다. 따라서 분명해지는 것은 남쪽, 여름, 탄 냄새, 화로, 폐, 빨강, 괴로움, 숫자 7, 거성tchen 등이 공통의 특징을 갖고 있고, 서로 영향을 미칠 수 있다는 것이다. 그러면 시공간적 편입은 완전해지고, 인간의 안전은 전체적이 된다. 왜냐하면 모든 것이 설명되고, 포착되고, 고정되기 때문이다. 그렇다고 때때로 달에 의해서 일식이 생기는 것을 방해하지는 못할 것이다. 그러나 이때에도, 여성적 원리의 영향이 너무 강했기 때문에 일식이 일어났으며, 인간화된 소우주의 주민의 행위를 개혁함으로써 하늘을 개혁할 수 있기 위한 것으로 이해하는 것이 중요하다. 이러한 체계는 아즈테크나 그리스 혹은 이집트에도 있었다. 그것은 또한 16세기 유럽을 지배하고 있었고, 몇몇 아프리카 사회는 이 원리에 입각한 철학을 유지해 왔다. 이것을 불완전하게 형성된 사상의 결실이라고 생각하는 것은 이것을 우리에게 단편적으로밖에는 전달되지 않은 신비롭고 완전한 지식의 유적이라고 생각하는 것만큼이나 잘못된 것이다. 우주생성론에 관한 사고가 완전히 논리적이고 제어 가능한 사실의 틀에 대응하고 있고, 인간 추론에 자연적으로 열려진 사면을 따라가고 있으며, 더구나 신비롭게 모든 것을 설명하는 양식의 작용에 통하고 있는 만큼, 그 사고의 놀라운 측면을 탐색하는 것은 그만큼 더 쉬울 것이다. 이집트나 티벳인의 수천 년 지혜는 히브리 신비 철학Cabale의 잔존, 피타고라스주의, 피라미드 혹은 대성당의 비밀과 함께 더욱 오랫동안 거론될 것이다. 왜냐하면 그것은 진정한 지혜였기 때문인데, 다시 말해 그것은 질서 창조자로서 자연의 혼돈의 중심에 그저 홀로 존재하는 인간의 고뇌를 잠 재워 주는 설명을 성찰하고 탐구하는 것이기 때문이다. 그것은 역사적으로 존경받는 사상인데 그 이유는 문명이 그것에서 처음으로 과학적인 발전을 찾아냈기 때문이다. 그 사상은 우리가 아직도 완전하게 다가갈 수 있는데 이는 마치 당시의 낫이 아직도 우리가 사용가능한 것과 같다. 단지 아틀란트인이 손댈 수 없이 망가진 자신의 밭의 풀을 베기 위해 사용했을 멋진 자동 수확 탈곡기의 흐릿해져 가는 추억에 해당하는 것이 바로 낫이라고 받아들이는 것은 어렵다. 어떤 역사적 일관성이 기술에서처럼 과학에도 존재한다.

고대

인간화된 공간이 외부 우주에 통합된다는 것은 근본적인 법칙에 부합되는데, 고찰의 대상이 되는 집단의 기술-경제 혹은 이념의 진화 상황이 어떻든 인간 역사의 어떤 순간에도 그 근본 법칙을 만난다는 것은 놀라운 일이 아니다. 인간에 있어서 건축의 상징이나 상형적인 상징을 통해서 표현되는 것은 동물에서 가장 초보적인 획득 행동의 형태에 적용된다. 은신처와 영역을 왕복하는 것은 인간처럼 외부 세계와 피난처를 분리하는 종의 생리적, 심리적 안정감을 주는 골격이다. 따라서 결과적으로 피난처-영토의 관계가 시공간 표상의 주된 항목이 된다는 사실과, 피난처의 형태가 방어나 경제에 필요한 물질적 요구에 부합하는 동시에, 피난처와 영토 사이, 인간화된 공간과 황량한 우주 사이의 접점 즉 위치와 운동 상의 시공간 통합의 경계에도 해당된다는 사실은 정상적인 것이다.

이미 보았듯이, 원시 세계가 농경 정착하면서, 새로운 공간 편입 방법을 도입하는 순간 아주 중요한 단절이 존재한다. 이러한 공간 편입 방법이 얻어지면, 근본적 차원에서의 변경은 있을 수 없지만, 형태를 정당화 해주는 이념에 영향을 주는 중요한 변이가 생길 수 있다. 다르게 말하자면, 가장 오래된 도시들의 평면도가 일단 실현되면, 고대, 중세, 현대에 이르기까지 지상에 도시를 물질적으로 기록하는 골격이 변경될 이유는 없다는 것이다. 도시는 그 전체 역사를 통해서 우주생성론적 성격을 유지하겠지만, 이념의 진화와 역사적 상황이 세계 이미지로서 도시가 지각되는 방식은 크게 바꿀 수는 있다.

마법의 고리처럼 인간을 고립시키는 인공적 공간을 만드는 것은 거기에, 물질적으로 혹은 상징적으로, 외부 우주의 제어된 요소들을 집어넣을 수 있다는 사실과 분리할 수 없다. 그리고 음식물을 저장하는 곡물 창고의 통합과 통제된 우주의 상징인 사원의 통합은 많이 다른 것이 아니다. 동물의 차원으로 옮겨 보면, 피난처로서의 땅굴과 소비재 저장용으로서의 땅굴은 서로 명확하게 구분되지 않는다. 메소포타미아의 도시에서도 도곤족[18]의 마을에서도 사원과 창고는 가까이 있고, 게다가 이념 망으로 서로 밀접하게 연결되어 있다. 인간 제도의 기능적 현실을 감싸는 상징적 조직이 문명마다 아주 놀라울 정도로 일치하는 것은 바로 그 조직이 깊숙한 요철에 맞춰 만들어지기 때문이다.

유효한 상응성이라는 낡은 이념이 이미 어둠속으로 들어갔지만, 그리스나 로마의 영향을 받은 지중해 고전적 고대 도시가 오래된 건축 개념에서 직접 영감을 받은 기하학적 배치를 유지하고 있는 것은 놀라운 일이다(그림 122). 근대에 이르기까지 종교 행렬은 천체의 움직임을 계속 형상화할 것이고, 제물sacrifice은 계속해서 농사 주기의 진행을 열어 주겠지만, 기능적 사실주의가 설명해 주는 지성적 망을 통해서도 그것은 이루어질 것이다. 이것은 로마 세계의 발전 과정에서 특히 뚜렷한데, 로마에서는 모든 행위가 종교적인 의미를 띠고 있음에도 불구하고 과학이 합리적으로 발전함으로써 이미 우주의 배치에 대한 보조적인 설명이 제공되기 시작한다. 헤라클레스 혹은 길가메시[19]의 우주에서 헤로도토스Hérodote 혹은 세네카Sénèque의 우주까지의 거리는 이미 상당히 멀다. 이미 열 번은 설명한 하나의 과정에 의해서, 새로운 설명 방식이 외부화하는데, 그것은 과학적 설명으로서 이전 단계를 없애지는 않고, 미묘한 톤 속에서 일부를 잘라 내는 것이다. 천문학과 점성술의 현재 상황을 생각해 보기만 해도 사고의 점진적인 변화와 중첩의 가능성을 상상하기에 충분하다.

---

18) Dogon, 서부 아프리카 말리 중앙 고원지대에 사는 민족 집단.
19) Gilgamesh, 고대 메소포타미아 수메르 왕조 초기 시대의 전설적인 왕.

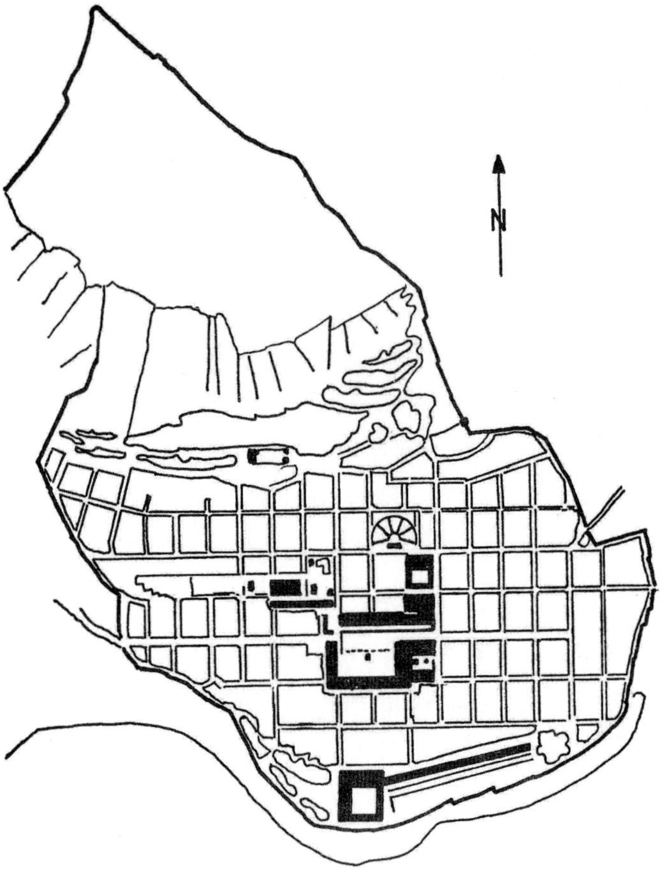

122

그림 122. 프리엔Priène의 평면도. 기하학적이고 방위가 정해진 고대 그리스 도시가 안정되게 편입되어 있다. 아크로폴리스를 요새로 만들어주는 산벽의 기슭에 위치한다.

오늘날 인류의 공간적 통합 정서를 지탱하는데 사용되는 우주 항성의 과학적 현실성을 따져 보려는 사람은 아무도 없다. 그런데도 천문학 서적을 읽는 사람보다 점성술 운세를 보는 사람이 천 배도 넘는다. 우주생성론의 상응의 낡은 구조는 희미한 빛 속에서 살아남았다. 화성과 지구의 접촉이 더 이상 조상의 사원에서가 아니라 관측소에서 설정된다. 행성의 상징과 개인들 사이에는 아직도 직접적인 망이 존재하는데, 그 개인은 그 행성의 표지signe 안에서 태어나고, 이 상상적 연결성 안에서 우주적 통합의 필연적인 느낌을 갖고 있다.

수도는 아직도 세계의 중심으로 남아 있는데, 우주 전체가 수도로 수렴되기 때문이다. 형이상학적 설명이었던 것이 오늘날까지도 우리가 알고 있는 것과 극히 가까운 형태를 취하고 있다. 이국취미, 멀리서 온 산물에 대한 열정, 동물원, 코끼리와 사자와 에티오피아인이 나오는 서커스 공연 등은 고대 세계에서 공간적 통합이 취할 수 있었던 형태를 증언한다. 이제 도시는 더 이상 우주의 영향력을 수렴하는 점에 그치지 않고 도시를 둘러싼 자연적 우주의 아주 구체적인 이미지를 자신의 품 안에서 창조하려 한다. 극히 인간화된 도시 공간에 다시 자연을 재도입하는 문제는 다만 도시 위생 문제만이 아니다. 그것은 인구 밀도가 높은 인간 집단이 완전히 인위적인 공간에 집중된 결과 이미 충족되지 않게 된 자유와 공격 반응을 이른바 상징적으로 고정할 필요, 즉 극히 깊은 심리적 욕구에 대응하고 있는 것이다.

세계의 설명 체계가 종교와 과학에 동시에 속한다는 사실은 우연이 아니다. 고대부터 이 둘이 경쟁 상대처럼 보인 것은 각각이 다른 차원에서 안전과 자유 사이의 역동적인 균형에 대해서 같은 근본적인 태도를 보이고 있기 때문이다. 둘 모두 동일한 이중적 얼굴을 갖고 있는데, 하나는 물질적 혹은 형이상학적 보증 측면이고 다른 하나는 유효한 탐구 안에서 출발한다는 측면이다. 과학 이전 단계에서 두 측면의 보증은 혼동되는데, 인간의 도시가 가진 소우주적 윤곽이 형이상학적 현실을 손에 닿게 증명하고 있기 때문이다. 과학 단계에서도 분리는 허울뿐인 것이 불과하다. 불완전하게 통합된 개인은, 과학에게 비물질적 현실에 대한 형이상학적 증명을 요구하지 않을 때에도, 하늘처럼 계속 지각되는 다른 세계의 현실성에 대한 물질적인 보증을 다소간 의식적으로 형이상학에 요구하기 때문이다. 안전이 자유와 대립하는 경우, 그것은 또한 질서와 혼돈의 대립이 된다. 여기서 혼돈은 무질서가 아니라 유효한 조직의 약속이다. 또 이 대립은 일상적 작업의 리듬성과 예외적인 작업의 일탈 사이의 대립이기도 하다. 이것은 진보의 경제학의 기초 그 자체가 되는데, 항상 진보가 있다는 것은 그 기초에 관례가 있다는 것이며, 그 관례는 혁신에 의해서 깨지고 균형이 잡히는 것이다. 최상단에서 가장 깊은 단계까지 연속된 단계별로 동일한 교체, 동일한 이중적 흐름 혹은 동일한 주기에 도달하는데, 그것은 부동성을 움직임에, 안전을 자유에, 안락을 획득에, 피난처를 영토에 연결한다. 이러한 일정한 가치 위에서 진화는 점점 더 복잡화하면서도 동일한 기원을 유지하는 상징체계를 쌓아 간다.

중세

중세 도시의 형태에서 상당한 변화가 나타나는 것을 확인하는 것은 흥미롭다. 지중해 지방의 전통은 이미 기하학적 배치에 도달했고, 이 배치는 토지의 기복에 큰 문제없이 적용되어 왔다. 기초공사 작업은 우주생성적 의미가 담긴 방위가 정해진 바둑판 모양을 설치하는 것이고, 그곳에 건축물들이 들어서면 도시로 변모하는 것이다. 마을이건 혹은 로마인 캠프이건 간에 인간화는 순식간에 최대한에 도달했다. 중세 유럽 전통은 다른 성격을 갖고 있어서, 기초적인 농경 거주 환경에 도달해 있다. 즉 갑promontoire이나 언덕 위에 조성된 둥그런 울타리 안에 촘촘하게 밀집한 집으로 이루어진 마을이다. 메소포타미아 혹은 아즈텍 마을과 마찬가지로 방위가 지켜지고, 사방으로 열린 두 길을 통해 하늘에 이어진다(그림 123). 지성소sanctuaire는 중앙 네거리에 놓이고, 십자가, 때로는 검은 돌이 도시 배치의 이념적 중심을 표시한다. 교회 또한 방위가 정해져 있고, 공간적 통합의 도식은 전통적 국면에 속한다. 이데올로기적

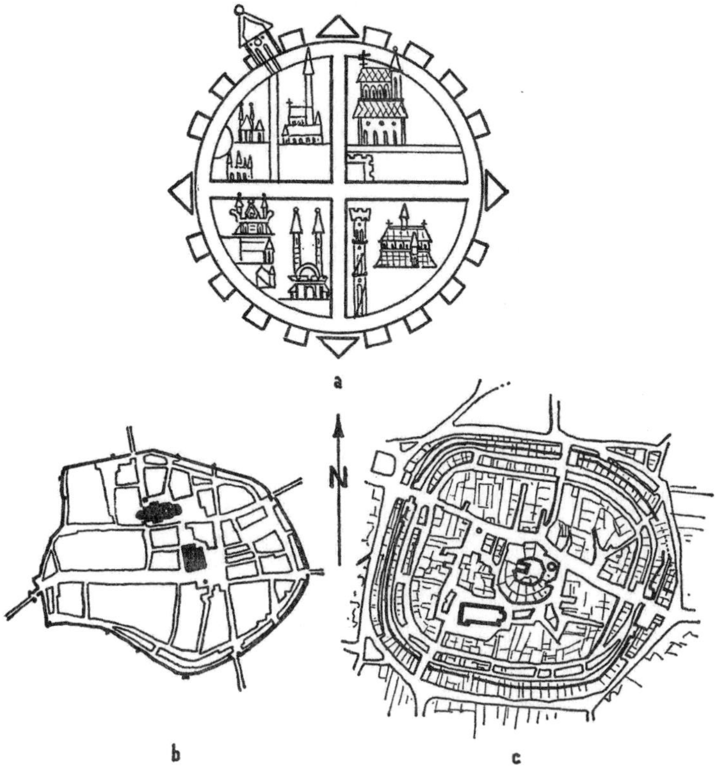

123

그림 123. a) 13세기 아일랜드 고본에 의한 예루살렘의 이상적 평면도 b) c) 로텐부르그 Rothenburg와 에기스하임Eguisheim의 중세 도시의 평면도. 거의 기하학적이지 않은 그물망을 가진 순환 배치의 가운데에 십자형 도로가 남아 있다. 교회는 방위가 정해졌지만 주요 도로에서 벗어나고 있어 방위 축의 이동을 초래했다.

내용은 고대와 다르고, 십자가의 상징성이 인간화된 공간을 미화하지만, 심층부의 도식은 동일하고, 이미 알려진 우주 전체로 확대된다. 예루살렘은 원형이고, 열십자로 나뉘어 있으며, 네 개의 바다, 사방의 바람, 주위를 둘러싼 별에 의해서 십자가 모양으로 분할되어, 원형의 세계 중심에 놓여 있다. 각각의 도시는 적어도 이상적으로는 원형을 이루며, 사방 네 길로 분할된다. 중세의 지도 제작자에 의한 예루살렘은, 마치 메소포타미아 사원 안에 지구라트

ziggurat 탑이 있고, 콜럼버스 이전 도시 안에 피라미드가 있는 것처럼, 골고타 Calvaire언덕을 성벽 안에 두고 있다. 실제로 방위적 연결성 이외에도 중심과 하늘의 연결을 확립하는 것이 도시 소우주의 일관된 성격이다. 기독교 이데올로기에서는 이 연결성을 순수하게 신비로운 특징으로 만들었지만 하늘로 오르는 장소와 지옥으로 떨어지는 장소는 기독교 우주의 중심과 일치한다.

최초 도시에서 중세에 이르는 세계 이미지가 일관성이 있고 그것이 다른 지역 다른 시대에 쉽게 되살아난다는 것은 손 활동과 언어활동만큼이나 특징적인 인간 행동의 근본적 특성의 문제라는 것을 증거 해준다. 우주를 통합한다는 것은 몇 세기에 걸쳐서 기초적인 상응성으로부터 서서히 벗어나는 맥락 안에서도 변하지 않는 필연성으로 남는다. 처음의 여명에서 우리의 중세에 이르기까지 우주의 통합은 우주생성론의 종교적 비전으로 표현되고, 근대의 수세기에서도 확실히 이어지고 있지만, 이번에는 차가운 과학의 빛 아래에 나타나는 것이다.

18세기

르네상스 이후, 고딕적 도식은 버려졌고 적어도 외형상으로는 고전 세계의 전통과의 유대가 다시 이어진다. 건축은 긴 원근법을 되찾았고, 도시 계획은 고대인에게서 영감을 얻은 구상을 다시 생각해 낸다. 오래된 도시 평면도에서 이러한 진화의 결과를 추적하기는 힘들다. 그 대부분은, 파리 평면도처럼, 아직 찾아 볼 수 있는 로마 시대의 평면도에 중세 도시의 둥그런 형태를 중첩시키고 있으며, 신고전주의 도시 계획은 거기에 몇몇 넓은 광장을 끼워 넣을 뿐이다. 반대로 뇌프-브리자슈Neuf-Brisach나 브루아즈Brouage처럼, 일반적으로 요새를 만들 목적으로 완전히 새로 만들어진 도시는 매우 특징적인 공간 통합을 보여주고 있다. 대포를 설치하기에 필요한 톱니 모양의 성체 안에 엄밀하게 방위가 정해진 십자형 도로가 기하학적으로 놓여 있다(그림124).

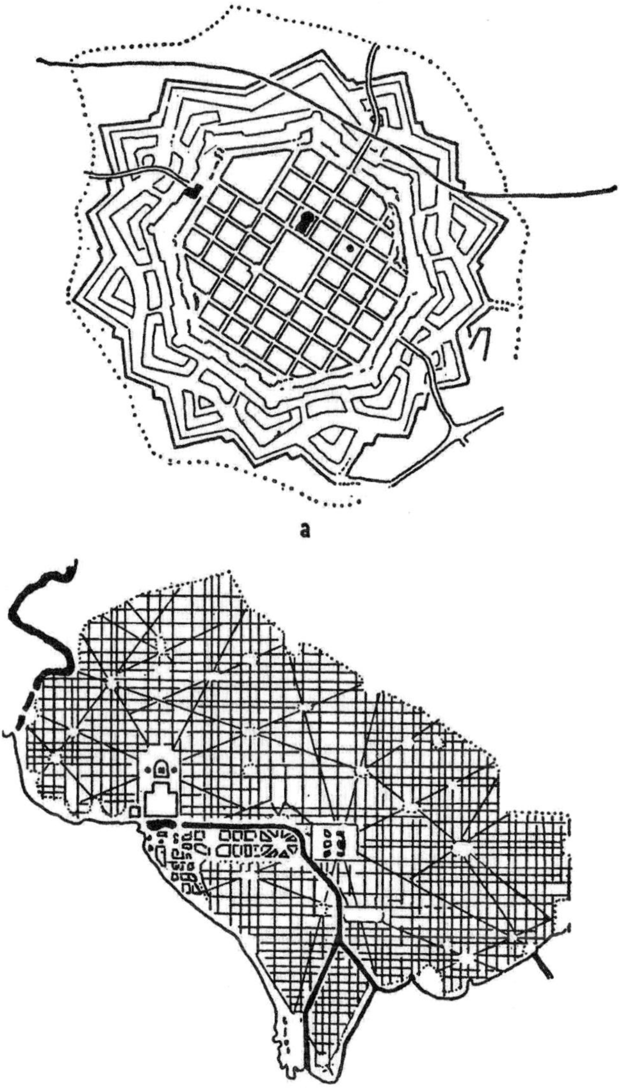

a b 124

그림 124. a)뇌프-브리자슈Neuf-Brisach(오-랜Haut-Rhin)의 평면도. 17세기 요새 도시. 대포에 의한 필요에서 요구된 성벽의 기하학적모양. 마을은 방위를 정하지 않았지만 그 골조는 전통적인 구조를 따른다. b) 18세기에 만들어진 워싱턴의 평면도. 방위와 대각선의 이중 골조. 십자형 배치는 사라짐.

워싱턴이나 상트페테스부르그처럼 18세기 새 수도 건설에서는 도시계획의 정점이 드러나는데, 그것은 분명히 고대에 대한 회상에서 영감을 얻기는 했지만, 틀림없이 건축을 통한 인간화된 공간의 합리적 균형을 탐구하려는 의도로 관철된다. 란판[20]이 만든 워싱턴 평면도에도, 르블롱[21]이 만든 상트페테스부르그 평면도에도 형이상학적 관심은 드러나지 않는다. 방향도 토지와 체계적 인간화만을 고려해서 설정되었고, 결국 이전 것과 완전히 동일하게, 직각으로 교차하는 주요 도로의 기하학적 망을 구축하게 된다. 산업 문명이 시작될 무렵, 공간 통합은 아직 황량한 우주에 대한 반대 명제, 즉 자연의 혼돈 안에 부과해야 할 양보할 수 없는 질서로 생각되고 있었다.

이 질서는 우주생성론 원칙에서 완전히 벗어난 것은 아니다. 18세기는 비교종교론과 자연 형이상학적 연구에 너무 빠져 있어서 일종의 '신 우주생성론'이 태어나지 않을 수 없었다. 건축가 르두[22]는 이러한 새로 생각된 우주생성론을 극한까지 끌고 가서 태양계 도식에 따라 배치된 도시 단지를 꿈꾼다. '대포 공장', (일부 실현한) '쇼Chaux의 제염 공장' 등의 그의 계획은 고대 중국의 황제가 꿈에도 생각지 못했을 상징적인 표현 수단과 함께, 오늘의 산업 도시 계획을 예고한다(그림 125). 이들 계획의 내용은 결국 도시 공간을 교차하는 큰 길로 구획이 나누어진 원형 또는 사각형 주요부로 구성된 기하학적 공간으로 이끌어 나가는 것이다.

도시의 해체

18세기 말엽부터 공간 통합은 혼란스러운 성격을 띤다. 지상 공간은 산업화의 영향 아래 빠른 리듬으로 인간화가 이루어진다. 자연적 우주는 조직을

---

20) Pierre Charles L'Enfant, 1754-1825, 프랑스 태생 미국 건축가.
21) Jean-Baptiste Alexandre Le Blond, 1679-1719, 프랑스 건축가.
22) Claude-Nicolas Ledoux, 1736-1806, 프랑스 건축가.

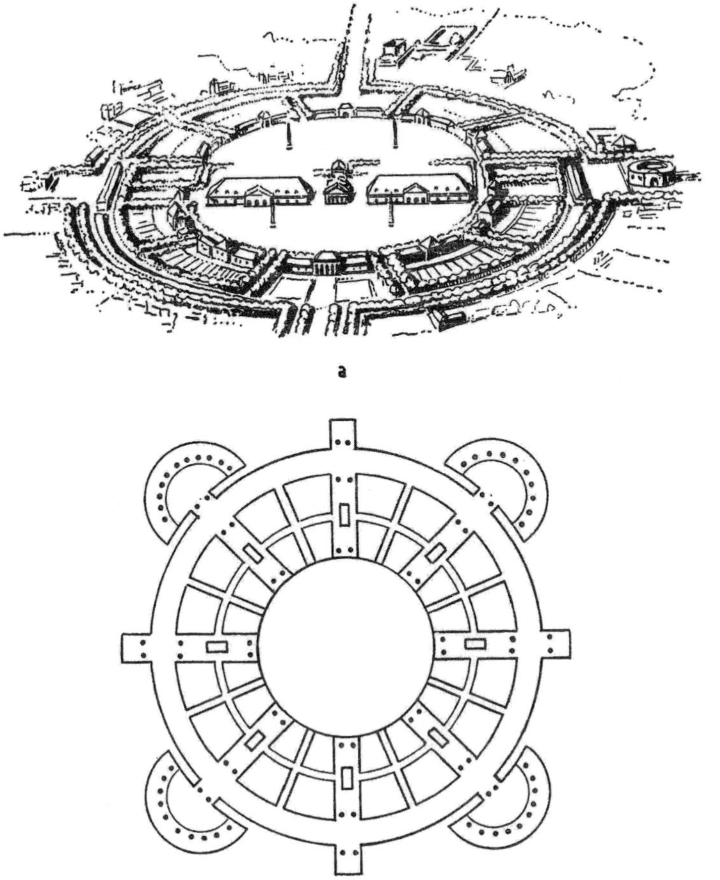

b 125

그림 125. a) 르두가 만든 18세기 쇼Chaux의 제염공장 조감도. b) 르두가 만든 우주적 상징주의에서 영감을 얻은 쇼의 묘지 계획.

침투하는 미생물 망처럼, 특별하게 증식하는 방법을 결정 해주는 철도, 도로망으로 졸라매어진다(그림 80). 도시는 실용 건축의 '밀집 지역'이 되고, 그 안에 필요에 따라 간선도로가 그어진다. 이렇게 거대한 인간화된 공간이 비인간적인 방법으로 실현되고, 그 안에서 개개인은 기술적, 공간적으로 이중적 해체의 영향을 받는다. 창조적 활동 측면에서도 또 사회 공간에 편입 측면에서도 편안함이 있어야 한다는 두 가지 기본적인 지상 명령은 사회 위기가 정점에 달하는 한 세기 동안 완전히 지켜지지 않은 것처럼 보인다. 이러한 무질서한 진화는 수많은 도심에서 아직도 진행되고, 그 영향은 지금도 느껴진다.

아마도 역사의 어떤 순간에서도 지난 한 세기 반 동안 만큼 공간 획득과 통합의 관계가 더 잘 드러난 적은 없었다. 세계를 알기 위해서 은신처에서 나온다는 것은 소비할 수 있거나 단순히 파괴할 수 있는 타자를 지배하고 승리로 쟁취하고 소멸시키는 것과 생물학적으로 연결된다. 왜냐하면 공간적 삶과 생존을 위한 소비는 같은 것이기 때문이다. 이런 이유로 선사 예술이 우리에게 전해 주는 생각 안에서 생식 상징과 죽음 상징을 구분하는 것이 이미 어려운 것이다. 여기서 투창은 남성의 생식 능력의 상징과 혼동되고, 치명적 부상은 여성성과 혼동된다. 미국 혹은 동양에서 전-농경 신화의 영웅은 세상을 만드는 여정 중에 강이나 산에 단지 이름을 부여하는 것에 머무르지 않는다. 강과 산들인 괴물을 죽여서 그곳에 고정시킨다. 원사시대protohistorique와 고대 지중해의 이상적인 우주생성론적 도시는 단지 우주의 이미지일 뿐만 아니라 지배를 위한 탐색의 출발점이며, 청동과 귀금속 제조 장소이기도 했다. 미국의 발견으로부터 마지막 미지의 지역이 사라질 때까지, 서구의 공간 의식은 금과 모피 획득이라는 주제를 통한, 인간과 동물의 원시 세계에 대한 죽음의 선고였다. 이러한 연관성에서 보면, 형태의 균형과 부분의 기능을 지배하는 공간 통합 법칙을 도시 건축에서 완전하게 분리할 수만 있다면, 여러 미적 가치는 언뜻 보기에 아주 보잘 것 없게 느껴질 수 있을 것이다.

19세기까지 도시라는 단위는 크건 작건 균형 잡힌 형태가 느껴졌다. 비록 성장으로 인해 구조가 아주 복잡하게 되었다고 해도 그렇다. 균형을 유지하는 것은 도시의 탄생 이래로 인간의 발걸음에 알맞은 거리적 가치에 의해 대부분 조건화되어 있었다. 18세기의 도시는 아직 개개인이 공간적, 시간적으로 자신의 치수에 맞는 소우주를 구성하고 있었다. 수도도 역시 교구별 소우주의 집합체로서, 보행자의 발걸음 혹은 말 탄 사람의 리듬으로 도시 전체를 지각할 수 있었다. 벽과 큰길로 둘러싸인 도시는 여전히 주민이 몸으로 직접 느낄 수

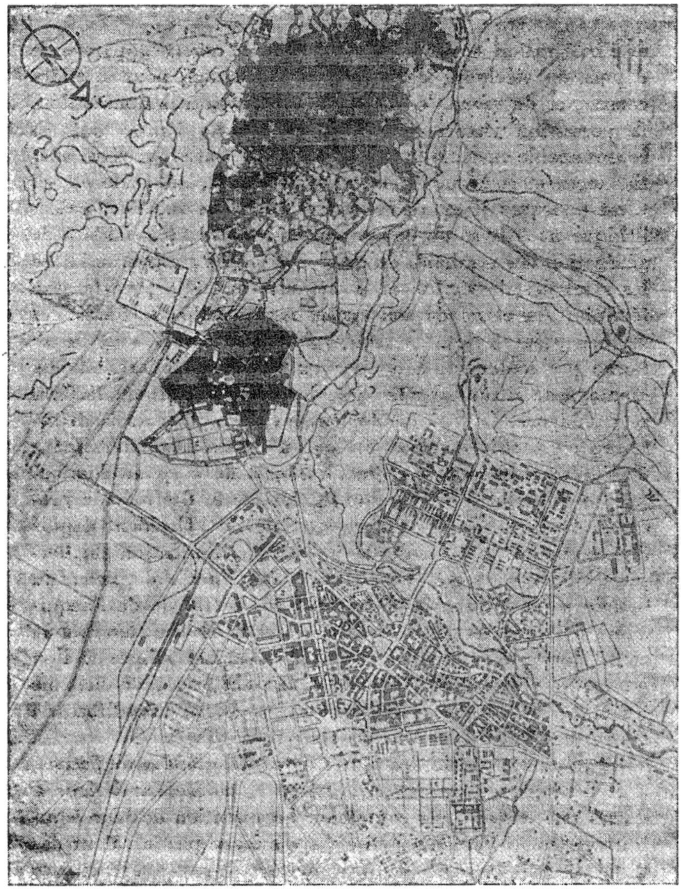

126

그림 126. 페즈(모로코) 밀집지역. 여기서는 아랍, 이스라엘, 유럽 도시들이 일관성없게 군집하는 과정과 비교적 기하학적인 평면도로 향하는 시기에서의 진화를 볼 수 있다.

있는 것이었다.

19세기 밀집 지역이나 인구의 폭발적 증가의 영향으로 태어나 여전히 살아남아 있는 도시라고 하는 괴물은(그림 80, 81, 126) 하나의 위기에 해당하는데, 그 위기는 틀림없이 사회 경제적 가치의 완전한 개혁에서 비롯된다고 해도, 직접적 요인은 수송의 차원에 있는 것이다. 한 세기 가까이 동안 대중은 걷는 리듬으로 머무르는 반면에, 전통적인 도심부나 새로운 산업 지구는 신속하게 철도망으로 연결된다. 인간 모험의 가장 중요한 격변, 인간을 한 사람씩 지구적인 공간 통합의 틀로 옮겨 주는 격변이 대여섯 세대에 걸쳐서 이어져 왔지만, 그 규모가 너무 커서 대부분의 개인은 아직도 피상적으로 밖에는 느끼지 못하고 있는 것이다.

19세기 중반 이래로 기술적 측면에서의 사회적 배치는 인간이 항상 자신의 기능상의 균형을 찾아온 궤도와는 비교도 되지 않는 거리 규모에 있었다. 막달레니안의 수렵 반경, 경작자의 밭의 산개 범위, 시골 빵집 주인이나 집배원의 순회, 도시 상인의 배달 등은 걸어가거나 말 타고 가는 시간 리듬에 맞는 개인적 행동반경을 보여준다. 이것은 19세기 중반부터 20세기 3분의 2에 이르기까지, 철도, 전신, 전화의 세계적 규모로 확장되면서 점점 뚜렷하게 조화를 이루지 못하게 된다. 개인은 넓어지는 도시 환경 속에서 지형적 바탕 위에 자신의 개인적 궤적을 그리는 것에 점점 단련되지만, 그 지형적 바탕의 확산력은 새로운 수단으로는 일관성 있지만, 동물적 인간의 시공간적 행동에 비하면 혼란스러운 것이다.

인간이 살 수 있는 공간이라는 것은 일상의 작업의 순환과 양립할 수 있는 시간 안에서, 그 끝까지 도달할 수 있는 질서 정연한 공간이다. 또한 그것은 기본적인 미의 요구에 부응하는 공간으로서, 하늘과 자연의 충분한 균형 속에서 인간화된 평면에 편입되는 것에 부응하는 공간이다. 자신의 영토 중심에 최초의 은신처를 만든 이래로 인간은 자신의 인공적이고 상징적인 세계와 물질적 자연의 물적, 심적 에너지원 사이의 균형 안에서 살아왔다. 전원도시처럼, 건축된 것 속에 자연적인 것을 도입하는 것을 전환적으로 생각해볼 수는 있지만, 유독 물질로 가득 찬 하늘 아래 있는 공업지대와 실용적 도로망이 있는 무정형의 통일성 없는 도시는 병적인 불균형의 결과로 볼 수밖에 없다. 사회 기관의 능률을 올리는 효율적 도구였던 19세기 도시는 아직 도처에 남아 있기는 하지만, 인간적 특질이 기초를 두고 있는 것으로 보이는 생물학적 조화 법칙과는 걱정스러운 간극이 벌어져 있다.

현재의 도시

오늘의 도시라는 소우주로 적절하게 투입되는 것에 해당하는 이상적인 양식은 간단하고, 도시 계획자에 의해서 경험적으로 아주 많이 발견되어 왔다. 즉 각각의 가족 단위마다 독자적 피난처가 있는데, 잘 정리된 혹은 그대로의 자연 일부로 구성된 개인 영토 한가운데에 있다. 그리고 교통 혁명 이전과 같은 이동 시간 안에 사냥터 즉 직장에 충분히 도달할 수 있는 빠른 개인 교통수단이 있다는 것이다. 이 양식은 어느 정도의 인구 수준까지는 가능했지만, 특혜 받은 가족을 제외하고는, 전 세계적으로 적용하는 것은 불가능하게 되었고, 버스 정류장에 가까운 잔디밭 가운데 세워진 건물 안에 다닥다닥 붙은 방을 만드는 간단한 대안에 의존해야만 했다.

오늘날 도시 계획이 균형 잡힌 우주를 복원하기에 적합한 재료를 가지고 있는 것은 틀림없다. 기하급수적으로 늘어나는 인간 집단에게 주거를 부여하는 해결하기 어려운 문제가 별로 날카롭게 제기되지 않는 곳에서는, 도시 계획자가 시공간적으로 인간을 편입하는 생물학적 요구에 부합하는 양식을 개선된 방식으로 찾아낸다. 어느 단계까지는, 도시는 중심 기념물, 박물관, 공원, 동물원 등으로 우주를 반영한다. 정복 국가나 피 정복 국가가 아니더라도 동맹국의 이름이나 여러 지방을 떠올리게 하는 간판을 내걸었던 호텔이나 거리 이름 등에서도 이러한 반영이 보인다. 그곳에서 출발하는 도로는 북쪽 혹은 남쪽으로 향하고, 역은 도달 가능한 세계를 감싸는 망의 시작점이 된다.

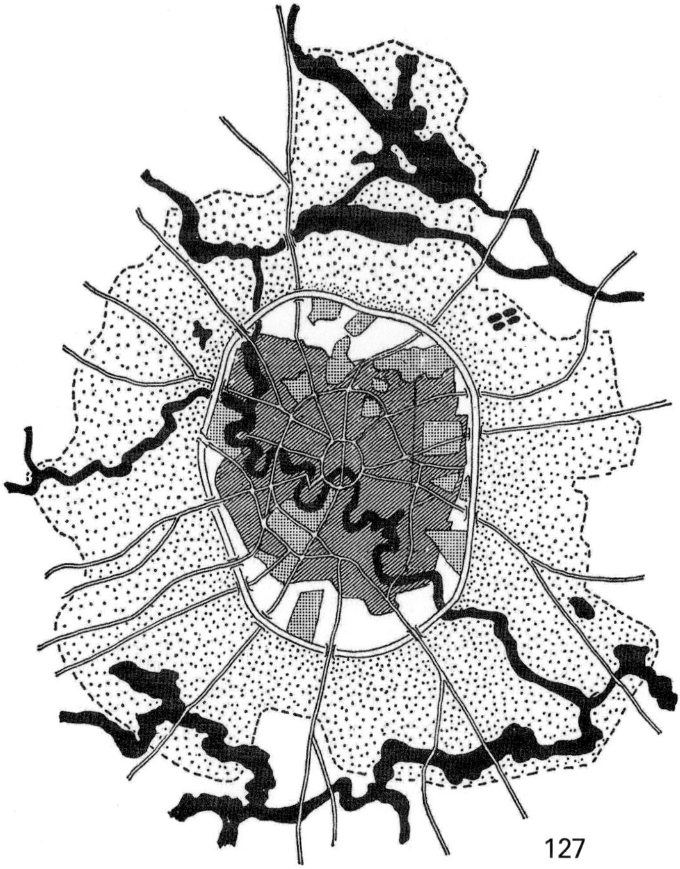

127

그림 127. 현재 모스크바의 도식적 평면도. 유원지 녹지대 안에 크레믈린을 중심으로 연속된 원환에 의한 방사형 체계를 추구한다.

바빌론 도시와 근대 수도 사이에는 아무런 본질적인 차이가 없다. 왜냐하면 도시가 세계의 이미지가 되는 것은 일종의 근거 없는 지적 꾸밈새에 의해서가 아니기 때문이다(그림 127).

미래 지구Terre의 수도에서는 아르헨티나나 시베리아나 폴리네시아와 같은 교외 지역을 화성 거리, 시리우스Sirius 거리, 알파상토르Alpha du Centaure 거리가 통과하고 있을 것이라는 것은 의심의 여지가 없다. 그 고고학 박물관에는 각

시대별로 도식화된 인간 우주의 상이 보존될 것도 분명하다. 피테칸트로푸스부터 20세기의 텔레비전에 이르기까지 과거의 여러 세대를 시간 속에 넣은 그 경건한 파편이 중요한 장소를 차지할 것이다. 마찬가지로 여러 동물원은 코끼리, 악어, 노르망디산 소의 새로 태어난 새끼를 서로 교환할 것이다. 그들 동물은 지상에 고르게 퍼져 있는 인간 집단으로부터 그들을 보호 해주는 철창 안에서만 존재하게 될 것이다.

이 단계에서도 시공간에 편입된다는 기본적인 여건은 변함이 없을 것이고, 비율은 다를 수 있지만, 동물, 식물, 인간의 집합체가 틀림없이 계속 개인과 우주의 연관성을 유지할 것이다. 편입은 그 총체성을 유지할 텐데, 그 이유는 진정한 자연의 가장 작은 부분으로부터도 수십 킬로미터나 떨어진 곳에서 팔걸이의자에 앉은 수백만의 인간이 천연색, 소리, 굴곡, 냄새 등을 모아 스크린에 상영된 열대의 숲 속으로 동일한 도피를 수동적으로 동시에 체험할 수 있게 될 것이기 때문이다. 최종적으로, 초인간화된 공간에서는 이제 실제로 체험한 현실 자체와는 무관한 시청각 기술에 의해서, 인간 단층 안에 인간과 행위 세계와의 연관성을 계속 지각하기 위해 필요한 자연 표본 밖에는 더 이상 없을 것이다. 그 행위 세계는 아득한 인간 조상들이 그 속에서 그들의 존재와 행동의 이유를 찾았던 바로 그 세계였던 것이다.

사회의 상징

인간이 자연 우주를 그 안에 감금한 시공간 체계는, 앞서 본 것처럼, 생물 존재의 가장 기본적인 사실 즉 그것을 체험하고 그 안에서 생존해야 할 환경에 통합되어 있다는 사실과 직접 연결되어 있다. 기술-경제 차원에서 인간이 통합되는 것은 동물이 영역 구조나 은신처에 통합되는 것과 성질이 다른 것은 아니다. 그렇지만 미학 차원에서는 사정이 전혀 다른데, 그 이유는 미적 통합은 인공적 망 안에서의 날짜, 거리를 포괄하는 리듬적 규약에 의해 사회가 받아들인 순수하게 상징적인 것이기 때문이다. 도시 배치의 유효성이 완전히 인간화된 틀에 의해서 항상 보장되었던 도시 환경을 제외하면, 자유로운 시간, 공간과 순화된 시간 공간 사이에는 극히 최근까지 상당히 넓은 간극이 있었다. 도시적 시간이 배어드는 데는 수십 년이 걸렸다. 처음에는 긴 간격을 두고, 수송에 규칙적인 주기를 줌으로써 이루어졌지만 이제는 라디오나 텔레비전 방송 리듬에 의해 시간은 하루하루의 세부가 규격화되기에 이르렀다. 초인간화된 시간, 공간은 각각의 역할과 공간 안에서 특화된 모든 개인이 이상적으로 동시에 작동하는 것에 해당할 것이다. 인간 사회는 시간, 공간 상징성을 수단으로 해서, 개체가 단순한 세포로 밖에는 존재하지 않는 가장 완전한 동물 사회 조직을 되찾게 될 것이다. 인간 종의 신체와 두뇌의 진화를 통해 도구와 기억을 외부화한 것은 인간에게 폴립군체polypier나 개미의 운명을 면하게 해주는 듯했다. 그렇지만 개인의 자유는 한 단계에 불과한 것이고, 시간, 공간을 순화하는 것은 초개체적인 조직체의 모든 분자를 완전히 예속시키는 것을 초래한다고 생각할 수도 있는 것이다.

공간-시간의 골조는 사회 조직의 요소 중 하나에 불과하다. 그것에서 개인을 식별하는 관계가 포함되지 않았기 때문이다. 모든 살아 있는 사회의 기능이 어느 정도로 복잡해지기 시작하면, 개인 간의 탐지 체계는 집단의 응집력을 보장한다. 이 체계는 포유류나 조류에서 많이 발달했는데, 신체, 시각, 후각 등에 의한 신호, 복종이나 우월의 태도, 음성 신호 등을 포함한다. 이 세 형태 혹은 그중 두드러진 하나의 형태를 통해 외부 관계 기관은 암수 상호간의 관계, 성인과 아이의 관계, 경쟁 속에서의 수컷들 관계, 군집 행동 속에서의 무리들 관계 등을 제어한다. 군집 행동은 영토 통합과 결합되어 종 내부 생활의 대부분을 조직하며, 직접적인 먹이 획득이 아닌 거의 모든 행동들을 포괄한다. 새가 보여주는 가장 경이로운 활동은 결혼 치장, 혼례 행진과 춤, 노래 등인데, 여기에는 짝짓기, 영역 만들기, 방어하기, 같은 종 개체 사이의 관계 맺기 등이 동시에 결합된다. 포유류에서는 자세, 몸짓, 꼬리 움직임, 음성 신호가 상당히 풍부하고 유연하며, 육식 동물이나 영장류 같은 고등 종에서는 종 내부 관계를 정상화 할 뿐만 아니라, 다른 종과의 의사소통에 쓰이는 매우 효율적인 코드를 만들어 주는 표현 방식이 갖추어져 있다. 이러한 방어, 복종, 공감을 표현하는 코드는 종의 내부 혹은 다른 종 사이의 다양한 사회적 상황의 여러 구성 요소 안에서 서열을 형성한다.

인간 종 안에서도 문제가 아주 다르게 제기되지 않는데, 기초적인 표현 방식은 동일하며, 그 표현 방식은 민족 내부에서 성이 다르거나 물질적 혹은 정신적 역량이 다른 개인 사이의 관계를 정상화하는 역할을 하는 것에는 변함이 없다. 만족, 불만, 지배, 복종 등의 단순한 감정을 표현하는 움직임이나 몸짓은 인간 조직의 경우 변이가 더 커지지만, 인간이 동물계 일부와 공유하는 코드에 속한다. 그러나 인간적으로 당연한 일이지만, 이 코드는 아주 조밀한 상징적 상부 구조 아래에 숨겨져 있다. 그것은 종이 아닌 민족 탐지 체계 안에서 도구로서 외부화되며, 장신구, 자세, 언어활동, 사회적인 장식 등으로 표현된다.

장신구

동물의 모피와 깃털이 몸을 보호한다는 가치는 종의 생존에 있어서 모피와 깃털의 시각 후각적 특징보다 더 중요한 것은 아니다. 인간에게서 의복의 보호적 가치는 그 형태보다 더 중요한 것은 아니다. 사회적으로 인정받는 첫 단계는 바로 의복과 그것에 딸린 장식 엑세서리 에 의해서 만들어진다. 우리 코드로는 샌들에 박차를 달거나, 승복을 입고 꽃으로 장식한 밀짚모자를 쓴 사람을 상상하기는 쉽다. 그것이 사회의 유통망에서 빠르게 사라지는 것은 우리의 탐지 체계의 엄격성을 가장 잘 증명해 준다. 남녀를 불문하고 각 개인은, 정장 한 벌 혹은 원피스를 입더라도, 넥타이 색상, 신발 모양, 단추 구멍의 장식, 옷감 재질, 이용하는 향수 등에 의해서 개인을 매우 정확하게 사회 구조 속에 위치시켜 주는 몇 가지 표지를 지니고 있다. 우리 사회에서 진실인 것은 멜라네시아, 에스키모, 중국에서도 마찬가지로 진실이다.

장신구는 무엇보다도 민족적 가치를 갖는다. 집단에 소속되는 것은 우선 의복 장식에 의해 인정되는 것이다. 유럽 의복을 입는 것은 한 세기 전부터 문명으로 향해 가는 것을 표시했고, 이상적인 인간 사회적 개성에 동화되는 상징이기도 했다. 그렇지만 반면에 한 집단에 긴밀하게 소속한다는 느낌의 마지막 잔재에 의해서 민속적 의상에 집착하는 것이다. 그 의상은 동일한 영토를 차지하고 있는 사람이 입는 독특한 복장의 유물인 것이다.

옷과 장신구의 기능은 사회 조직의 다양한 측면에 관련된다. 새의 경우와 같이 그 기능은 '민족적 종'을 구분하는 동시에 성별을 구분해 주는 것이다. 동시적으로 식별한다는 것에 의해서 여러 관계가 설정되는 위상이 결정된다. 모르는 사람끼리 만나면, 지배-피지배 관계, 친척이나 남녀 관계 등이 나타나고, 민족 내의 관계의 규범에 합당한 정서적 반응을 유발한다. 그것이 파푸아 뉴기니인의 여행이건 혹은 두 현대적 군대가 서로 마주한 것이든, 옷 혹은 무기를 식별하는 것이 관계의 출발점이 된다. 모든 인간에 대해서 이러한 보통 삶의 모습에 주의를 기울이는 것은 무의미한 것으로 보일지 모르지만, 의복과 장신구의 미학은, 완전히 인공적인 성질의 것이면서도, 동물 세계와 가장 깊이 결합된 인간의 생물학적 특징 중의 하나인 것이다. 윤리적 장치에도 불구하고, 공격 행동이나 생식 행동에 관련된 것은 너무 당연하게도 동물적 근원에 가까운 것이다. 만약 동물과의 단절을 찾는다면, 공포나 유혹의 상징을 축적하거나, '역사'의 주축을 이루는 살인 기술 혹은 사랑 기술에 인류에 고유한 지성적 세련됨을 추가하는 인간적인 가능성에서만 단절을 찾을 수 있을 것이다.

전쟁, 계급 위치, 사랑 등은 모든 민족의 의복 장식을 결정한다. 이 기본 골격을 삶의 다양한 나이에 따른 변별적 표식과 대조해 보면, 의복이 갖는 사회적 기능의 본질적인 면을 이해하기에 충분한 분류망을 얻을 수 있다. 연령층은 일정한 방식으로 설정되지 않는다. 몇몇 사회에서는 각 연령층의 옷에 대한 암묵적 혹은 명시적인 코드화가 실제로 존재한다. 예를 들어, 일본에서는 여성 의상의 소매 길이, 꽃무늬 크기, 색조 흐려짐 등이 엄밀한 방식으로 변화한다. 유럽 전통 사회에서도 역시 아주 유사한 관습이 존재한다. 이러한 변화는 유행의 영향에 따른 형태의 변화에 의해 강조된다. 노인들의 장식은 상징적으로 노화를 말하는 동시에 형태적으로도 복고풍이 될 수 있다. 사회와 개인에 따라 둘 중 어느 하나가 우세해 진다.

성별과 나이에 사회적 상황을 표시하는 상징이 덧붙여진다. 이것은 우선 생존의 중요 단계와 관련된다. 성인 장식, 혼례 장신구, 과부 표식 등은 원시인뿐만 아니라 모든 문명 단계에서 나타난다. 다음에 이것은 기술-경제적 위치와도 관련되는데, 집단마다 여러 계급의 전사, 우두머리, 상인, 장인 등 집단의 물질적 생활을 지탱하는 기능적 모자이크의 모든 대표자의 의복, 장신구에 무수한 다양성을 제공한다.

한 세기 전 유럽 사회의 상태에서는 또 더 최근의 다른 농경 목축 경제 사회에서는, 남녀를 불문하고 개인은 사람과의 접촉에 충분한 만큼의 식별을 가능하게 하는 모든 표식을 몸에 지니고 있었고, 자세나 말의 적절한 사용법은 집단 내의 다양한 부류 사이의 관계에 상응했다. 이 전통적인 상징 체제는 산업적 기술-경제적 진화에 의해서 상당히 변화한다. 보편적 의사소통 수단에 의해 이루어진 이데올로기적 진화에 힘입어 사회적으로 서로 쉽게 영향을 받게 되면서, 사회적 모델의 숫자가 줄어들게 되었고, 유럽적 상징체계가 지역적 의복 장식을 대체해 갔다. 민족의상이나 직업 의상이 사라지는 것은 민족 해체의 가장 두드러지는 신호가 된다. 이것은 새로운 조건에 적응하는 주요 과정 중에 생기는 미미한 사건이 아니라, 적응의 가장 주된 조건 중에 하나이며, 실제 적응에 한 세대 이상 선행하는 것이다. 아프리카에서 지식인의 안경은 모델의 과학적 수준이 도달하기 훨씬 전에 먼저 진화의 상징이었었다. 세계 곳곳에서 넥타이를 매는 것은 종종 셔츠를 입는 것에 선행했다.

인간의 속성을 실제로 상징하는 것으로서의 의복 장식은 민족적, 사회적 조직의 정도를 정확하게 보여주며, 현재의 만들어진 모습은 주의 깊게 고려할 필요가 있다. 유럽과 미국에서 획일화는 많이 진행되었으며, 남성 여성의 구분, 계급에 따른 구분은 거의 이루어지지 않고, 얼마나 금전적 가치가 다른가, 얼마나 유행을 잘 따르는 가에 따른 구분 밖에 이루어지지 않는다. 이것은 전반적인 생활 향상, 사회 장벽의 소멸, 문화와 정보의 수준 상승 등의 표시일 수도 있지만, 동시에 개인이 개성을 가진 인간으로서 그 안에 통합되는 집단의 틀과의 유대가 소멸한 것을 나타내고 있다. 자신의 고향이나 계급의 의상을 입고 사는 것은 자신이 나름대로 하나의 역할을 맡고 있는 집단의 일원으로서 존재한다는 기분, 및 다른 집단과 대립하고 있다는 기분을 동시에 확실하게 해준다. 표준화된 인간의 제복을 입고 사는 것은 보편적 거대 조직체 속의 부품으로서의 개인의 교체 가능성이 큰 것을 미리 알려준다. 의복 상징이 획일화하는 것은 지구적 규모의 의식을 갖는 동시에 민족적 자아의 상대적 독립이 상실되는 것이다. 카니발의 가장복déguisement이 사라진 것은 동일한 진화의 하나의 다른 징후이다. 각각의 입장에 따라, 개인이 나름의 방식으로 한 사회의 구성원이란 현실의 표식을 잃는 것을 불안하게 생각할 수도 있고, 혹은 인류가 오직 생산 세포의 기능에 이상적으로 맞는 유일한 인간 유형으로 환원되는 것을 축하할 수도 있다. 어쨌든 의복 상징체계의 진화가 지금 살고 있는 세대의 추억에 아직 남아 있는 인류와는 다른 인류로 이행하는 것을 드러내고 있다는 사실은 변함이 없다.

의복 모델은 허구 세계로 피난한다. 신문, 텔레비전, 영화가 일시적으로 관객에게 주인공의 옷을 입힘으로서 개인적 결핍감을 보완한다. 다른 모든 상상력의 분야와 마찬가지로 모델의 수는 제한되고 단조롭다. 수우족Sioux, 카우보이, 총사, 연대 불명 고대 전사, 최근 전쟁한 군인, 우주 비행사 등 간단한 목록이 공격성의 상징 목록을 이룬다. 안경 쓴 셔츠 차림의 학자, 은행가, 강도, 운명의 여인, 몇몇 티베트인, 유니폼을 입은 아시아인, 형사, 깃털 장식 '야만인' 등이 잡동사니 의복 주제를 풍부하게 한다. 애정 문학은 약간 다른 층위에서 작용한다. 물론 앞서 말한 여러 상징을 사용하기도 하지만, 그 단골 의상은 최근세기 귀족, 고위 재계 인사, 지배 가문, 동양의 공주, 영화 스타 등에게서 빌려온다. 여기서도 다른 영역과 마찬가지로 끊임없이 외부화한다는 과정이 작용하고 있는 것 같다. 인간은 이제 자신의 고유한 민족적 모험의 주인공 역할을 더 이상 능동적으로 수행하지 못하고, 자신의 자연스런 귀속의 욕구를 채우기 위해 몇몇 관례적인 대리자가 연기하는 것을 볼 것이다.

이렇게 식별의 상징은 더 이상 생물학적 외피가 아니라 상호 교환 가능하고 엄밀하게 지적 성격을 가진 도구가 되는 것이다. 그 상징은 제한된 환경과 예외적 상황에서만 그렇게 존재할 수 있는데, 예를 들면 정부, 법정 의례, 아카데미 혹은 대학 축제, 경마 대회, 스포츠 등이다. 결혼 장식은 어느 정도의 생존감을 유지하지만, 첫 영성체 의상과 같은 입문 상징이나 장례 상징 등은 빠르게 퇴조한다. 대다수 개인에게 획일적으로 대패질하면서 남는 것은 기계공이나 잠수부의 경제적 효율성을 위해 필수적인 직업 유니폼과 혼례 장식의 끈질긴 유물뿐이다.

종교 의복 장식에 대해서는 언급하지 않았는데, 그것은 두 가지 대립된 측면을 포함한다. 첫째는 사회적 상황의 통상적 상징에 상응한다. 모든 종교에서, 제사장 역할의 종교적인 장식은 가능한 한 엄숙한 이미지로 만든다. 시베리아 샤먼 의상 혹은 아프리카 무용수의 의상, 불교 승려 혹은 가톨릭 신부 의상은 사회적 미학만큼이나 형상화에도 관련된다. 민간 혹은 군대 수장의 의상과 마찬가지로, 그것은 장식의 한 요소가 되며, 고립되면 불완전한 의미 밖에 갖지 못한다. 둘째 측면은 종교와 개인을 구별하는 개인적 식별의 상징과 관계한다.

속세 인의 평소 의상은 끊임없이 세부적으로 수정되었으며, 이는 모든 문명에서 세대에서 세대로 이동하며 유행을 만든다. 종종 이 진화는 의복의 아주 일반적인 구조에는 아주 천천히 밖에 영향을 미치지 않지만(우리 의복의 주요한 부분은 한 세기 사이에 거의 변하지 않는다), 상대를 유혹하는 것과 직접 연관되어 있어서, 진정한 경쟁의 장이되었고, 새로운 세대 계층이 성적으로 성숙해 가면서 끊임없이 새로워져서 무수한 변종을 만들어 왔다. 동물 세계에서처럼, 유행하는 장신구를 과시하는 것이 기상학적 날씨와 연결되며, 1년 단위로 갱신된다는 점은 당연하게 확인된다.

직업 의복은 전혀 다른 진화 리듬을 따르고 있다. 그것은 엄격하지 않은 일반적 유행을 따르는데, 그 기능이 달라지지 않는다면 몇 세기에 걸쳐서 유지되기도 한다. 전사의 복장은 전쟁의 리듬에 따라 진화하고, 전쟁과 전쟁 사이에는 어떤 위엄을 나타내는 전통을 통해 그것을 풍부하게 만들어 주는 보수성을 나타낸다. 이 보수성은 제도적 복장에 더욱 분명히 드러난다. 정치, 외교, 사법, 아카데미 혹은 대학 등 권위의 대표자의 장식은 최소한 충분히 한 세기 정도의 시차를 두고 변한다. 정치적인 대변동이 일어나면, 종종 몇몇 분야의 공식적 의상이 바뀌고, 아주 자주 새로운 장식이 만들어진다. 그 장식은 이전과 상이하지만, 권위를 만드는데 필수적인 어떤 과거의 어렴풋한 추억에서 비롯된 것이다.

종교적 의복에서의 전통은 아주 강력하다. 왜냐하면 종교는 시간을 제어하는 것과 상응하기 때문이다. 이상적으로는 종교 의복은 바뀔 수 없으며, 형태의 장엄성과 시간의 영원성을 떠오르게 해야만 한다. 실제로는 개인 식별을 위한 종교 의복은 속세 의복 유행의 영향을 뒤늦게 받는데, 세부적 수정이 이루어지기도 하고 긴 수명 뒤에 갑작스럽게 변환이 일어나기도 한다. 의식용 의복은 훨씬 보수적이며, 예를 들어 가톨릭, 불교, 신도shintoïsme 등은 수세기 동안의 모습을 유지하고 있다.

종교적 장신구의 가장 흥미로운 측면은 부정적인 것이다. 앞서 보았던 것처럼, 개인이 해방되거나 사회적 작업의 고리를 끊는 것은 리듬을 제어하는 기술, 금욕에서 생리적 리듬을 제어하고, 엄격하고 변함없는 시각표에 따른 규칙적인 실천을 통해 정상적인 동작 리듬을 제어하는 것이었다. 사회적 식별을 제어하는 것은 성별, 지위를 인지하게 하는 표식을 거부한다는 데 있다. 고행자는 알몸이거나 거의 알몸에 가깝다. 혹은 그는 옷감, 모양, 색채에서, 기술-경제상의 동일화 코드를 거스르면서, 보통 인정된 규약과는 반대의 옷을 입는다. 고행자는 단식하고 자지 않고 시간을 거스르며 살고, 사막, 독방 혹은 네거리 먼지 안에서 공간을 거스르며 살고, 사회적으로 조직된 인류의 귀속 코드와 관련해서는, 표지를 거스르며 산다. 종교적 윤리는, 극한까지 가면, 집단적 약속에 근거한 사회 윤리에 대한 개인적 해방의 윤리이기 때문에, 그 표지는 일반적으로 사회의 표지와는 반대가 된다. 정도는 서로 다르고, 변화 가능하지만, 획일화된 장치 안에서의 약속을 단절하려는 모든 시도는 특별한 표지가 나타나게 하는데, 이는 예술가가 비정상적인 복장을 하는 것처럼 개인적이 될 수 있고, 검은 잠바처럼 집단적이 되기도 한다.

태도와 언어활동

의복 장식은 식별을 확실하게 하거나 후속 행동의 방향을 정해주기에 충분하지만, 보통의 실제 예에서 장식은 식별을 완성하고 외부 관계 행동 방향을 정해주는 태도, 언어활동과 분리될 수 없다. 의복과 함께, 예전 여행자의 주요한 흥미를 끄는 것은 사회적 태도나 예절이라는 점은 주목해야 한다. 최초 민족지학 저서에서는 무엇보다도, 의복, 인사법, 식사 행동 방식, 윗사람 혹은 아랫사람을 대하는 법 등을 중점적으로 서술하고 있다. 18세기 소수민족에 대한 서술 속에는 당시의 자연사 서술에서와 마찬가지로 동일한 구별이 재발견되는데, 그 구별은 극히 외적인 식별에 근거하고 외부 관계 행동의 아주 일반적인 윤곽에 근거한다. 그것은 일반적으로 지식은 집단의 진정한 생활을 감싸는 표층 껍질에 멈춘다는 사실에서 근거하지만, 축치족[23]이나 투피남바족[24]의 예의범절이 밖에서도 안에서도 의복 다음 첫째 식별 표식이 된다는 것은 분명하다.

태도와 외부 관계 언어활동은 상형의 영역의 경계에 있다. 사회적 리듬과 공간, 태도와 표지는 집단 구성원으로 하여금 그들 자신의 민족극을 지속적으로 공연하게 한다. 민족적 생활은 완전한 상형인데, 그 이유는 개인이 집단에 포함되는 것은 그의 호모 사피엔스적 성질을 특정 문화에 동화시켜 주는 몸짓, 양식, 의복 특징 등의 유니폼을 입고 있는 한에서만 가능하기 때문이다. 상형적 의식은 초보적 기계적 관습에서 예외적인 관습까지, 기술적 생활에서

---

23) Tchouktchi. 시베리아 북동부의 축치 반도에 사는 민족.
24) Tupinamba. 포르투갈 정복 이전 오늘날 브라질에 살던 민족.

사회-종교적 생활까지 고조되고 결국 의례 동작에 까지 이르지만, 여기서 사회적 행위와 상형적 행위 사이의 한계는 극히 모호하다.

현대 사회에서는 실제 체험과 상형 사이에 구분이 서서히 이루어지고 있다. 무도회와 발레를, 노트르담 사원 미사와 성령의 신비극[25]을 더 이상 같은 범주 안에서 혼동하지 않는다. 중국 혹은 일본의 궁궐의 전통적인 큰 축연에서는 속세 의식과 종교 의식을 구분하거나, 연극과 경쟁을 구분하는 것이 쉬운 일이 아니다. 하물며, 의례나 공연의 장소, 집행자 등이 계급적 체계로 구분되지 않는 사회에서 표출되는 대다수에서 사회적 측면과 상형적 측면을 명료하게 구분하는 것은 불가능하다. 배우를 다수의 고관 중에서 고를 때에는 신전 혹은 궁전과 무대가 혼동되고, 고관들과 배우들이 서로 구별되지 않는다. 의례에서, 어떤 수준에 있더라도, 진정으로 구경거리를 보는 수동적인 집단이 수적으로 전체로부터 분리되는 시점에 이르기까지, 참가자는 모두 번갈아 가며 배우와 관객이 된다. '관객'의 협력이 없다면 구경거리는 사라지지 않을까?

따라서 처음 단계에서는, 상형성은 민족의 불변성을 지탱하는 사회적 표출과 분리할 수 없는 것으로 보인다. 이런 측면에서 상형적 참가의 정도는 집단의 기술-경제적 성격과 일관성이 있다. 상형적 전문화, 배우와 관객의 구분이 정점에 달하는 것은 현대 집단에서 볼 수 있는데, 여기서 대다수 개인은 사회적 단역배우의 역할을 더 이상 하지 않고, 텔레비전 채널을 통해 이루어지는 모든 호화롭게 표출되는 것을 보는 순수한 구경꾼으로 축소된다. 반대로 카니발이 살아 있는 곳에서는 참가자 모두가 동시에 두 역할을 체험하는 것이 아직 가능하다.

원시 사회 혹은 전통 사회에서는, 사회-종교적 성격의 상형적 행동은 군중 앞에서 환자의 영혼을 찾아 떠나는 여정을 형상화하는 샤먼처럼 고립된 개인의 역할과 정교한 춤 공연을 보여주는 전문가 집단 혹은 자신의 신화를 전부 공연하는 호주 부족과의 사이에 가능한 모든 변천 상태를 보여준다.

상형적 행동은 인간의 속성에 너무나도 깊게 연결되어 있어서 현실을 사라

---

25) Mystère de la Passion, A. Gréban의 1450년경 종교적 극작품.

지게 하지 않고, 체계적인 모습을 만드는 것이 어렵다. 어려움이 분명히 존재하는 것은 사회적 상형이 가장 굳건한 동물학적 기반에 삽입되어 있다는 사실에서 기인한다. 태도와 표지의 인간적 가치를 만드는 것은 민족적 종의 특성과의 관련성이지, 그 자체 성질에 의한 것이 아니다. 뷔퐁[26]이 누미디아 Numidie 두루미 춤을 서술하던 시절부터, 개체의 서열과 암수 대표 사이의 관계라는 두 가지 측면에서, 태도와 표지가 새와 포유류의 외부 관계 행동을 지배하고 있음을 보여주는 수많은 사실이 동물학적 연구에서 밝혀졌다. 사회관계의 핵심은 생물학적 행동의 이 상보적인 두 측면과 결부된다. 지배-피지배 관계, 구애 행동 혹은 위세 관계와 교태 관계 등은 또 다시 동일한 현상의 종의 형태이며 민족 형태가 된다. 인간에서는 상징적 상부 구조가 개입하지만, 전적으로 상부 구조로서 개입한다. 다시 말해 닭 볏과 모자 깃털 장식, 며느리발톱과 칼, 휘파람새 소리나 비둘기 인사와 전원 무도회 사이에 아무런 근본적인 차이가 없기 때문이다. 그러나 변조도 아주 다양해서, 세계에는 여러 민족이 있고, 한 민족에는 연속적인 세대가 있으며, 집단 내부에서는 사회적 단절이 있는 것이다.

사회적 행동의 다양한 요소 즉 시간 공간의 틀, 장신구, 태도, 양식 등은 하나의 묶음을 형성하고, 그 묶음의 모든 부분이 범주별로 민족 생존과 양립할 수 있는 리듬으로 진화한다. 그 진화가 진행되는 가운데 개인으로부터 집단 전체에 이르는 다양한 층위를 이어주는 기능적 균형을 다시 찾을 수 있다. 종교적 혹은 법률적 안정성을 유지하는 집합체는 존속성의 상징을 가능한 한 많이 보유한다. 공식적인 큰 종교, 최소한 수천 년 이상 오래된 건물, 의상, 전례 용어 등은 문명과 그것에 부여된 신적 질서가 이중적으로 영속하고 있는 증거이다. 이삼백년에 걸친 법정 용어는 준엄한 균형을 표현하는 상형적 상징으로 들어찬 장소 안에서, 법을 말하는 사람의 전통적 장신구를 한 공식화된 사람에 의해서 말해진다면, 법률적 사실에 대해 재판 대상자에게 사회적 생명성이 요구하는 안전성을 유지하기 위해 불가피한 기간의 부담을 부과하기에

26) Georges Louis Leclere Buffon, 1707-1788, 프랑스의 박물학자.

적절할 것이다. 반대로 생식 혹은 더 넓게 개인적인 생활처럼, 집단적 생존이 갱신에 근거하는 경우, 각자는, 각 연령층이 자신의 통일성을 인식할 수 있을 만큼 충분히 유연한 상징체계 안에서 자신의 자리를 차지하고 있다는 느낌을 가지는 것이다.

이렇게 인간 고유의 상형적 망에 씌워져 있지만, 생물의 일반성을 특징짓는 동일한 생물학적 혈통이 재발견된다. 현대 진화에서 주목할 만한 것은 사회의 상징 대부분이 상실된 것이다. 민족 혹은 직업의 의상과 상징물이 사라진 것도 흔하고, 외부 관계 언어가 감소하고 사회적으로 획일화된 것을 언급하는 것도 역시 흔하다. 그렇지만 우리는 진화의 기준을 너무 많이 갖고 있는 것이 아니며, 사회적 인간을 가장 잘 정의해 준 것 같은 과거 전통과 절연한 이 기준은 무시할 수 있는 것이 아니다. 여러 언어에 대해서는 아니더라도 적어도 의복, 구어, 몸짓 등의 상징물에서의 보편적인 유형, 유럽의 부유한 계층에 원래 고유한 성질에 근거한 유형의 실현이 단순한 하나의 단계에 해당되는지를 아는 것은 중요하다. 그 단계를 넘어서면 또 다른 다양화가 형성되는가 혹은 반대로 한편으로는 남성적 요소 다른 편으로는 여성적 요소가 이상적으로 각각 동일하고, 이상적으로 서로를 즉시 알아보거나, 생산성의 단계 안에서 즉시 교체되는 것에 적절한지를 아는 것도 아주 중요할 것이다. 획일적 요소를 가진 지구적인 초대형 민족 집단méga-ethnie의 실현은 생각 못할 일이 아니고, 비록 부분적이고 대립하는 거대 민족 집단macro-ethnie이 형성되는 데에도 분명히 몇 세대가 지나야 하겠지만, 그것은 오히려 고대 이후 명시적이든 암시적이든 수많은 철학자, 사회학자의 이상이었다. 서구 세계, 러시아 세계, 중국, 아랍은 이미 확실하게 이 거대 민족 집단의 이상을 표명하고 있다. 인류라는 생각이 우주를 지배한다는 생각을 대신한다고 상상하지 않는 한, 어떤 경로로 작은 민족 집단의 개성이 회복될지 알 수 없다. 이러한 엄밀한 각도에서 보면, 미와 기술 수단의 모든 범위를 자신의 방식대로 이용하는 사회적 소우주의 원동력으로서의 개인과 완전히 사회화된 사회의 무한히 완전화 할 수 있는 체제의 부품으로서의 원소적 개인 사이에 딜레마가 있는 것이다.

인간이 걸어온 길이 원자탄의 위력을 표현하기 위해 만든 "초대형-죽음"이라는 말처럼, 지구적 규모의 계층 단위인 초대형 민족 집단을 향해 가는 것은 분명하다. 따라서 동물학적 흐름이 계속 나아갈 길을 찾는 것만이 궁금하게 된다. 왜냐하면 결국 사회적 장치의 효율성에 해롭게 될 비인간화를 피하기 위해서는 인간을 충분히 '사피엔스'적인 상태로 유지하는 것이 중요하기 때문이다. 다시 말하면, 사회적 상징체계의 외부화라고 하는 새로운 외부화가 진행되고 있지 않은지 자문해 볼 수 있다. 사실 이 과정은 이미 충분히 진척되어서, 그것이 어느 방향으로 가는지를 분명히 볼 수 있다. 장인의 방식은 직업이나 전쟁 속에서처럼 사회생활 안에서 멸종했고, 점점 더 한정된 수의 거점에서 다량을 간접적으로 처리하는 것에서 나타나는 것과 같은 정도로 외부화의 경향이 느껴진다. 몇몇 제철소에서 완전히 자동적인 방식으로 모든 철을 생산하게 될 때가 다가오고 있음을 분명히 느낀다. 석유의 경우는 이미 실현되었는데, 생산물이 아주 다양하다는 제약성도 진화를 막지는 못했다. 국가는 포병의 불확실한 임무 수행에 더 이상 의존할 필요가 없어지고, 무수한 초대형-죽음이 전자 명령 기판을 통해서 간접적으로 처리될 수 있는 시기를 상상하기 쉽다. 그 가능성은 이미 나타나고 있다. 사회적인 것에 대해서는 시청각 기술이 오늘날의 불완전함을 유지한 채로 이미 아주 효율적으로 중계 역할을 해주고 있다. 우리는 아직 충분히 생존하고 있으며, 도시 노동자는 자신의 생활의 현장에서 벗어나 경기를 보거나 낚시를 하거나 분열 행진을 본다. 그는 한정되기는 하지만 사회 활동에 가담하기까지 이를 수 있는 외부 관계 생활을 아직 유지하지만, 생명적 회로 이외에서는 그의 점점 더 많은 직접적 외부 관계 활동은 청소년기나 결혼 전 시기에 국한된다. 이 두 시기에는 직접 참여가 집단적 생존에 필수적이기 때문이다. 인공수정에 의해서 번식에 가장 잘 적응하게 된 가축이 도달한 단계에 까지 치닫지 않는 한, 지금으로서는 최소한의 사회적 미학이 성적 성숙기를 계속 감싸고 있는 것으로 보인다. 곤충의 사회에서도 이 시기는 생식에 관련된 소수의 개체에 행동의 독립성 같은 것이 나타나는 유일한 시기인 것이다.

사회적 미학과 상형적 삶

결국 인류가 꿀벌과 개미의 완전성이 보여주는 위험성, 즉 실질적으로 전체적인 사회 조건화를 완전히 벗어났는지 여부를 자문해 볼 수 있다. 그동안의 장에서 본 것처럼, 우리의 지질학적 운명은 여러 기능에 대한 독립성 위에 작용했고, 우리는 완성되어 가지만 계속 열려 있는 체제 안에서 현재 지점에 도달했다. 현재 인류가 위치한 지점을 판단하기 어렵다. 인류의 많은 대표자는 장인, 농부, 시골 혼례, 유랑 극단 등의 시대와 겨우 한 세대를 사이에 두고 떨어져 있는 것이다. 이 모든 것은 아직 지구의 많은 부분에 흔적이 남아 있는 모든 사회적 체제이다. 그렇지만 해가 갈수록 외부화는 가속되고, 민족학자들에게 무언가 새로운 것을 보여주는 인간이 이미 아주 많다. 이들 인간은 일상의 흐름을 유지하기 위한 최소한의 필요한 사회적 관습을 갖고 있는데, 유급휴가, 도로, 호텔 혹은 야영장, 그가 '길이 정해진 자유'의 상태에 있는 연간 몇 주의 시간 등에서 미리 조건화된 도피의 하부구조를 갖는 것이다. 가벼운 상부구조 덕분에 그들은 통과 의례, 출생 축하연, 결혼식, 장례식 등을 최소한 필요한 감동 혹은 장식을 가지고 넘어갈 수 있다. 그들이 개인적으로 창조하는 부분은 19세기 세탁소 여주인보다 적고, 그 생산적 기능은 자명종, 이동, 시간이 정해진 노동의 정확한 톱니바퀴 장치 속에 있다. 이런 상태로 이들은 미래 세대에게는 거의 안심스러운 것으로 보일 수도 있다. 유전적 충동은 비인간화에 저항하기에 충분히 강할 것이기 때문이다. 그러나 가는 길은 실제로 진화의 길인 것 같다. 사실 이들은 조상들과 동일한 사회적 참여를 하며, 더구나 훨씬 더 개선된 방식으로 참여하는 것이다. 텔레비전 창문과 트랜지스터 입술을 통해 그들은 마을 의례가 아니라 세계 거물의 리셉션을 구경하며, 빵집 딸 결혼식이 아니라 공주의 결혼식에 참가하기 때문이다. 대륙 최강의 축구팀 경기도 가장 좋은 각도에서 볼 수 있다. 캐나다의 눈, 사막 모래, 파푸아 춤, 최고의 재즈 밴드가 마술 상자를 통해 그들에게 퍼부어진다.

6장에서 우리는 언어활동과 시청각 기술과의 관계를 다루었다. 여기서는 하나의 다른 국면, 다른 결과가 사회적 동작 연쇄의 외부화에 나타난다. 이미 지나간 시절과 지금부터 시작되려는 시절 사이에서, 진정으로 창조적인 개인과 대중의 비율이 그다지 변화하지는 않았다. 자신의 목소리로 노래하는 인간, 중요 의례에 스스로 참여하는 인간, 진짜 공을 자신의 발로 차는 인간, 나무줄기에서 자기 의자를 재단하는 인간이 앞으로도 계속될 것을 단언한다. 그러나 이들은 사회적 체제의 외부화된 요소인 것이다. 그들의 기능은 사회 참여의 필수 배당 몫을 다수에게 배급하는데 있다. 다수는 더 이상 혼례에서 노래하지 않고, 야간 횃불 행렬을 더 이상 뒤쫓지도 않을 것이다. 잠깐 산책하면서도 트랜지스터의 음량을 올리면서 새의 지저귐과 직접 접촉하는 것을 이미 피할 수 있는 것이다.

작은 민족 집단이 고립된 경우에는 집단 구성원이 직접 그럭저럭 자신의 셔츠와 사회적 아름다움을 제작해야 했는데, 이것은 집단 조직에는 보잘것없는 이윤밖에 남기지 않는 시간 소비라는 대가를 치러야 하는 것이었다. 분명한 것은 생산 주체가 자신의 삶을 생산 활동과 수동적 수용의 두 부분으로 양분하는 시스템 안에서 상당한 경제가 실현되고 있다는 것이다. 여기서 수동적 수용이란, 남에 의해서 선택되어 조절되고 미리 생각되며, 체험된 집단생활에서 자신의 몫을 가져오는 것이다. 통조림으로 요리법이 해방된 것처럼 텔레비전에 의해서 사회적인 작업이 풀려난 것은 집단의 이득이다. 다만 반대 면에서 보면 그 이득은 이전 시대보다 아마도 더 두드러진 사회 계급화의 위험을 안고 있다. 합리적 선택으로 사회적 계층화를 하는 것은 다수로부터 우수한 인간을 분리하고 그에게 원격 조작된 탈주를 가능하게 하는 제작자의 지위를 부여하는 것이다. 점점 더 한정된 소수집단이 생존, 정치, 행정, 기술 등의 프로그램을 만드는 것뿐만 아니라, 하루 분량 감동, 서사적 탈주, 완전히 상형적으로 된 삶의 이미지 등도 만드는 것이다. 왜냐하면 별 문제 없이 실제 사회생활에 순수히 상형적인 사회생활이 대체될 수 있기 때문이다. 이런 경로는 팔레안트로프의 첫 수렵 이야기 때부터, 또 처음 소설, 처음 여행기 때부터 존재해 왔다. 오늘 벌써 하루 분량 감동은 사라진 여러 존재에게서 합성된 민족적 몽타주로 구성된다. 시우족Sioux, 식인종, 해적 등이 빈약하고 자의적인 외부 관계 체계의 골격을 만들어 낸다. 허구적 세상과의 시청각 접촉을 통해서 원격 조작된 부모가 네 세대가 이어진 뒤 나오게 될 제작자의 시대에는 조잡하게 박제된 이러한 이미지가 어떤 수준의 현실성을 갖게 될지 자문 해볼 수 있다. 상상력이라는 것은 체험한 것으로부터 새로운 것을 제작하는 가능성에 불과하지만, 두드러지게 낮아지는 위험성이 있다. 대중적 읽을거리, 만화, 라디오, 텔레비전의 저급한 수준은 흥미로운 지표가 된다. 이는 제작자와 다루어지는 주제의 자연 도태와 상응하며, 대다수의 소비자는 자신의 요구와 동화 가능성에 알맞은 감동의 자양분을 받는다. 그러나 우리 세계는 생존자의 자산에 의해서 살고 있으며, 그 생존자는 체험된 현실을 어느 정도 다시 파악하게 해준다. 열 세대가 지나면, 사회 소설 작가는 아마도 도태되어 공원에서 '다시 자연 만들기' 강습을 받게 될 것이다. 그는 박물관에서 본뜬 쟁기를 우리에서 끌어온 말에 달고 땅 한 구석을 파헤칠 것이다. 그는 집에서 스프를 먹고, 이웃을 방문하고, 혼례에 참가해 즐기고, 작은 시장에 가서 다른 연수생에게 자신의 배추를 팔고, 빈약하게 재구성된 현실과 아주 오래된 플로베르의 글을 비교 대조하는 법을 배우게 될 것이다. 그 다음에야 비로소 텔레비전 제작 시스템에 다시 새롭게 만든 감동의 비축품을 공급하게 될 수 있을 것이다.

이러한 전망이 도를 넘은 것이고 과도하게 비관적이라고 보일지도 모른다. 그렇지만 그것이 지금까지 많은 관심을 끌지 못한 것으로 보이는 진화의 측면인 것은 변함이 없다. 가장 낙관적인 전망으로도 몇 세대 지나지 않아 손을 사용하는 생활의 문제는 청산될 것이고, 전쟁이나 정치적 분열은 사라지게 될 것이다. 즉 소박한 신체적 모험이나 서사적 이념을 유지해야 할 이유가 소멸될 것이다. 세계는 자신의 한계에서 완전히 안정화된 다수를 생존하게 하는데 적극적으로 사용되는 고결하고, 잘 길러진 사람으로 빈틈없이 감싸질 것이다. 바다, 숲, 산이 모험에 제공하는 것은 더 이상 사고accident 밖에 없을 것이다. 이미 대중잡지가 왕자나 스타의 연애 모험 혹은 재해라는 두 방향으로 가고 있다는 것이 그 사실을 잘 암시하고 있다. 현재 상황을 생활 방식이나 취미가 동일한 사람이 사는 평화로운 세계로 이전해 보면, 호모 사피엔스에 고유한 속성 중 하나가 공허해진다는 느낌이 남는다. 즉 몸이나 손, 두뇌를 가지고 물질적 상징적인 창조를 한다는 개인적인 특권을 보장하는 부분이다. 테야르 드 샤르댕의 묵시록과 원자탄 묵시록은 해결책을 제공하지 못하는데, 그 이유는 둘 다 지질시대의 종국을 잘 말해 주지만, 반대로 인류는 아주 가까운 장래에 인구 균형의 문제와 마찬가지로 재인간화réhumanisation의 문제에 직면해야 할 수 있을 것이기 때문이다.

제14장
언어와 형태

상형적 행동은 언어활동과 분리될 수 없다. 현실을 말, 몸짓 등의 상징 속에 비추어 보는 것과 형상에 의해서 물질화된 상징 속에 비추어 보는 것은 인간의 동일한 능력에 속하는 것이다. 만약 언어활동이 손 도구의 출현과 연결되어 있다면, 인간이 손으로 만드는 것과 상형하는 것은 공통의 근원을 이루는 것이며, 상형화도 그것과 분리될 수 없다. 또한 고생물학적인 발전 과정에는 밀접한 평행 현상을 발견하는 것을 기대할 수 있고, 특히 팔레안트로프 마지막 단계에서 호모 사피엔스에 이르는 시기에 깊고 빠른 변이가 자료에 기록되는 기대도 가질 수 있다.

상형 행동에 대해서 명료한 정의를 부여하는 것은 쉽지 않다. 그것은 우리가 연극과 회화 혹은 이젤 위의 그림과 벽지는 확실하게 구분해도, 상이한 민족의 시간이나 형태나 속에 빠져들면 여러 차원이 교차하기 때문이다. 앞서 보았듯이, 사회 미학은 극도로 상형적이다. 의례와 연극은 분명하게 구분되지 않고 극장 배경과 신전의 프레스코는 마찬가지로 신화적 혹은 역사적 사건을 상형화할 수 있는 것이다.

체험 의례에서 연극 공연으로 넘어가는 시기 혹은 본질적으로 받아들여진 상형에서 단순한 장식으로 넘어가는 시기에 대한 가설을 너무 상세하게 규정하는 것은 미묘한 일일 것이다. 호주 '코로보레'[27]에서는 무용수가 신화적 동물의 행동을 흉내 내는 장면 혹은 의상과 장식 등에서 의례와 연극을 구분하지 않는다. 후기 구석기 시대 예술은 수많은 사례를 통해 알려졌는데, 장식적인 겉모습의 실용품만큼 훌륭한 증거를 벽이나 판 위의 상형을 통해서 보여준다. 호모 사피엔스 시대의 양극점에서 원시인들도 마찬가지로 구분이 안 되는 모습을 보여준다. 따라서 종교, 사회적인 것과 연극이 분리되는 시점을 찾아내려면, 시간의 흐름과 기술 경제적 계층의 단계를 뒤따라가는 것으로 충분한 것일까? 이것은 허구이다. 왜냐하면 모든 사회에서 형태는 공존하며, 지각할 수 없을 만큼 점진적이기 때문이다. 제물이건, 정치 연설이건, 코미디이건, 상형화하는 개인과 상형될 것과의 관계는 상형화하는 사람과 관객 사이의 공통 가치보다 덜 중요한데, 그 공통 가치에 의해서, 종교적 혹은 사회적 성격의 동작 연쇄에 미적 체제가 거기에 걸맞은 감동과 더불어 덧붙여지는 것이다. 이 감동의 언어가 이른바 구상 예술을 이루는데, 그 가치의 일부는 아주 일반적인 생물적 기원에서 비롯되지만, 상징 코드는 반대로 강하게 특수화된다.

이 사실에서 보면, 실용적인 예술 밖에 없다. 왕권의 상징인 장식봉, 주교의 상징인 지팡이, 사랑 노래, 애국심을 고취하는 국가, 신의 힘을 구체화하는 조각상, 지옥의 공포를 상기시키는 프레스코화 등은 논의의 여지없이 실용적 필요에 부응하는 것이다. 무상성은 행동의 동기 안에는 없고, 형태의 언어가 피어나는 곳에 존재한다. 19세기말 선사시대 학자들이 선사시대 작품을 앞에 두고 범한 놀라운 착오는 근본적인 "예술을 위한 예술"을 발명한 것이다. 그런데 16세기 로마의 시스틴 대성당과 마찬가지로, 라스코도 그것을 그린 화가의 동시대인의 사회-종교적 생활 속에 깊숙이 편입되고 있었던 것이다. 단어를 이용하는 언어처럼 형태를 이용하는 언어도 다소간 풍부하고 웅변적이다. 그것은 근본부터 무언가를 의미하도록 정해져 있고, 대상을 상실한 예술은 반대 명제가 된다. 다만 이 반대 명제도 반대-상상을 도와줄 해결책으로서는 정

27) Corroboree, 호주 아보리젠Aborigène의 추모 의례.

당화될 수 있다. 이 명제가 여러 의미적 측면의 원초적 성격을 배제하지는 않는 것이다. 현대의 창작자가 성당을 치장하면서 회귀를 갈망하는 것은 우연이 아니다.

단어, 형태, 리듬, 빈도 혹은 강도의 대칭적 혹은 비대칭적 대립 등으로 이루어진 언어는 인간 자유의 영역이다. 그 언어는 생물학적 기반에 연결되어 있고, 실용적, 사회적 의미 작용 위에 세워진다. 말과 상형은 민족적 세포의 요소를 연결하는 시멘트이기 때문이다. 그러나 반대로 전적으로 인간적인 방식으로, 언어는, 집단적 사상 속에 완전하게 삽입되는 편안함 속에서 혹은 모순과 꿈속에서, 예술가나 소비자에게 개별적으로 자유를 향한 탈주를 하게도 해준다.

집단적이고 개인적이라는 예술의 이중성은 '유상'과 '무상', 뭔가를 위한 예술과 예술을 위한 예술을 완전히 구별하지 못하게 한다. 극단적인 경우를 제외하면 이것은 상형적인 것과 장식적인 것을 분리하지 못하는 것과 같다.

상형적 행동의 기원과 초기 전개

이 책의 앞부분에서 본 것처럼, 기술적 증거는 오스트랄란트로프에서 오늘날까지 자료가 끊어지지 않고 연속된다. 이 재료와 뇌 발달에 관련된 자료를 이용해서 우리는 언어활동의 고생물학 초안을 시도했었는데, 최초 문자 이전 증거는 아무 것도 찾을 수 없었다. 상형적 행동의 고생물학을 시도하더라도 기원에서부터 후기 구석기 시대까지는 어떤 재료도 없는 것이다. 그러나 문자가 불과 5천년의 언어활동을 거슬러 올라가게 해준 것에 비교하면, 상형의 증거는 3만년의 진화를 추적하게 해준다. 또한 도식적인 상형이 호모 사피엔스의 최초 발달과 함께 태어난 것으로 보이며 이것은 귀중한 지표가 된다. 문제는 더 오래된 안트로피엔의 행동에 관한 가설이 어떤 경로로 흘러가는지를 아는 것이다. 첫째 경로는 모든 상형 활동(운동, 음성, 도구)이 도식적인 상형과 동일시 될 수 있는지를 알아보는 것이다. 이 경우 마지막 네안데르탈인 이전에 기대할 것은 아무 것도 없게 된다. 둘째 경로는 상형과 언어활동의 관계를 풀어 줄 것인데, 이는 뇌의 발달에 근거한 위험하지만 흥미로운 단서를 제공한다.

이미 보았듯이, 상형 행동은 기능적 미학에도 적용되지 않고, 또 후각, 미각, 촉각 같은 상징적 자각의 가능성이 없는 감각에도 적용되지 않는다. 그래서 그 가능성이 있는 기관은 청각, 시각, 몸짓하는 신체 밖에 없는 것이다. 고등 포유류와 인간의 체제에 대한 지식을 전제로 하면, 상형은 주요 탐지 감각(시각과 청각)및 운동 기능에 의해서 외부 관계 체계 속에 직접 흘러들어 간다. 다시 말하면 상형은 기술 및 언어활동과 동일한 경로를 이용하는 것이다. 즉 몸과 손, 눈과 귀를 이용한다. 우리가 춤, 마임, 연극, 음악, 그래픽 예술, 조형 예술로 구분하는 것은 모두 여러 다른 표출과 동일한 근원을 갖게 된다. 기술, 언어활동, 상형화 사이에 이러한 기초적인 공동체가 만들어지기는 했지만, 의식적인 운동 기능에 관련된 피질 영역의 발달과 기술 연쇄와 언어 연쇄가 통합되는 영역의 인접성이 밝혀 주는 고생물학적 경로를 동일하게 따라가기는 어려운 것 같다. 그것보다는 언어활동과 상형이 모두 현실의 상징적 이미지를 재구성하는 요소를 그 현실에서 추출하는 동일한 능력에 속한다는 것을 다시 발견하는 것이 중요하다. 단어와 문장에서, 말의 형상은 도구나 손짓과 동등하며, 물질이나 외부 관계 세계에 관한 효율적인 단서를 확보 해주는 반면에, 상형화는 다른 생물학적 영역에 근거하는 데, 그것은 모든 생명체에게 공통된, 리듬과 가치의 지각이라고 하는 영역이다. 결국 도구, 언어활동, 리듬 창조는 동일한 과정의 인접된 세 측면이다.

호모 사피엔스 이전의 안트로피엔에게 이러한 인접성의 자료를 적용하는 것은 아주 간접적으로 밖에 할 수 없다. 앞서 보았지만, 기술적인 특성을 가진 타격의 리듬성은 오스트랄란트로프로부터, 즉 알려진 가장 오래된 안트로피엔으로서의 증인으로부터 확인된다. 처음 만들어진 도구는 일련의 충격에 의해서 제작된 것이고, 그것을 이용하는 것도 반복된 타격에 의해서만 이루어질 수 있었다. 상형적이 아니라 기술적인 소리의 리듬을 창조한 것은 처음부터 있었던 것이다. 한편 리듬적 왕복 운동, 반복된 소리 신호는 고등 포유류에서도 충분히 증명되며, 오래된 안트로피엔에게도 있었다고 봐도 좋다. 상형의 운동이나 소리에 관련된 형태는 최초의 안트로피엔이 출현했을 때부터 잠재적으로 존재했다고 말할 수 있다. 그것은 바로 염료로서 이미 알려진 광석이나 용매, 그리고 고온의 도자기 온도가 융합해서 금속이 출현하게 된 순간부터 야금술이 있었다고 하는 것과 같다. 야금술에 대해서도 운동의 상형에 대해서도 정확한 출현 시점을 정할 수는 없다. 그 요소들이 개별적 현상에 앞서 미리 존재하기 때문이다. 소리와 몸짓의 상형 리듬은, 언어가 기술의 발전과 공시적이었던 것처럼, 아마 지질시대가 전개되면서 출현했을 것이다.

오스트랄란트로프와 아르칸트로프 단계에서는 기술에 관련되지 않은 차원의 표출은 거의 기대할 수 없다. 첫 찍개chopper로부터 마지막 양면석기에 이르기까지는 수십만 년의 간극이 있으며, 앞에서도 보았지만(4장, 12장) 형태는 아주 천천히 기능적 균형이 잡힌 대칭적인 모습으로 진화 해가고, 결국 우리가 보기에 일정한 곡선, 완벽한 마무리 손질을 진정으로 추구했다고 보이는 도구에 이르게 된다. 아직 피테칸트로푸스에 불과한 제작자에게 의식적인 시도는 없었다고 해도, 이 형태의 균형을 단순히 동물적인 특징으로 보아야 한다고 해도, 재료를 통해 형태를 예견하고, 이를 미적으로 완성시키는 것까지 이끌고 가는 수단을 보유하고 있었다는 점은 네안데르탈인 이전의 인간에게 상형적 표출에 해당하는 수준을 인정하기에 충분하다. 우리는 그것이 새겨지거나 그려진 표현의 수준에 도달하지 못했다는 사실을 확실히 알고 있다. 왜냐하면 네안데르탈인조차 자신의 경력 말기가 되더라도, 전조 징후를 겨우 보일 뿐이기 때문이다. 그렇지만 춤, 노래, 타격의 조악한 형태는 합리적으로 상상할 수 있는데, 왜냐하면 기술의 뿌리가 오스트랄란트로프에까지 닿고 있다면, 언어활동이나 리듬의 뿌리도 거기까지 내려가게 하지 않을 과학적 근거는 없기 때문이다.

이미지의 여명

상형 행동을 복원하는 것은 운동 기능이나 소리의 영역에서는 영구적인 추측에 지나지 않을 것이다. 팔레안트로프도 노래를 했을 것으로 거의 확신하지만, 그들이 목소리를 내는데 어떤 상형이 기반이 되었을까? 복잡한 관념을 나타내기 보다는 감정을 표현하는 쪽으로 추정해 볼 수 있다. 또 사냥 노래라는 가설을 도입할 수도 있겠지만, 그것은 장례의 노래라는 가설만큼이나 근거가 없는 것이다. 우리가 아는 것은 단지, 그들이 사냥을 했으며 사망자를 염려하고 있었다는 것이다. 반대로 화석화할 수 있는 상형의 경우 최초의 징후도 우리의 눈을 벗어나지 않는다. 왜냐하면 아르칸트로프 인과 팔레안트로프 인의 거주 상황은 우리가 잘 모르지만, 네안데르탈인은 열 개 가량의 거주 유적을 남기고 있기 때문이다. 이들 유적과 후기 구석기 유적 사이에 긁고, 그리고, 새기는 예술이 실제로 태어난 것이다. 그것이 아주 점진적인 방식으로 태어났기 때문에 그것이 시작되는 성격에 대한 우리의 주장은 문제될 것이 없다.

무스테리안 말기, 대략 5만 년 전, 적황토석ocre rouge 파편이 발견되기 시작하는데, 다만 이 염료의 사용은 제작물로 증명되지 않는다. 인간의 몸을 치장하거나, 물체나 표면에 칠하는 데 사용되었다고 상상할 수는 있지만, 아무런 긍정적 사실도 드러나지 않는다. 다만 적어도 2만 년 전 알려진 최초의 명확한 형상이 발견된다. 같은 시기에 또한 우리는 돌덩이나 돌의 찻잔 모양 구멍에 새겨진 여러 선 무늬도 알고 있고, 튀니지와 프랑스에서는 구상체를 이루는 둥근 돌 더미도 알고 있다. 이렇게 호모 사피엔스 약간 이전에 서광이 보이는 것이다. 아르시-쉬르-퀴르Arcy-sur-Cure에 있는 아주 앞선 무스테리안 시기 주거지에서, 네안데르탈인에 의해 동굴 안으로 옮겨진 몇몇 물체가 발견되면서 이 서광의 특색이 명확해진다. 그것은 꺼칠꺼칠한 구체를 붙인 형태의 황철광 두 덩어리, 화석화된 달팽이류gastropode의 큰 조개껍질의 내부 주형, 중생대 구상 폴립군체이다(그림 128). 원형과 나선형으로 된 유물은 어떠한 서술적 의미도 부여될 수 없지만, 이것은 형태를 인정하게 만드는 증명된 최초의

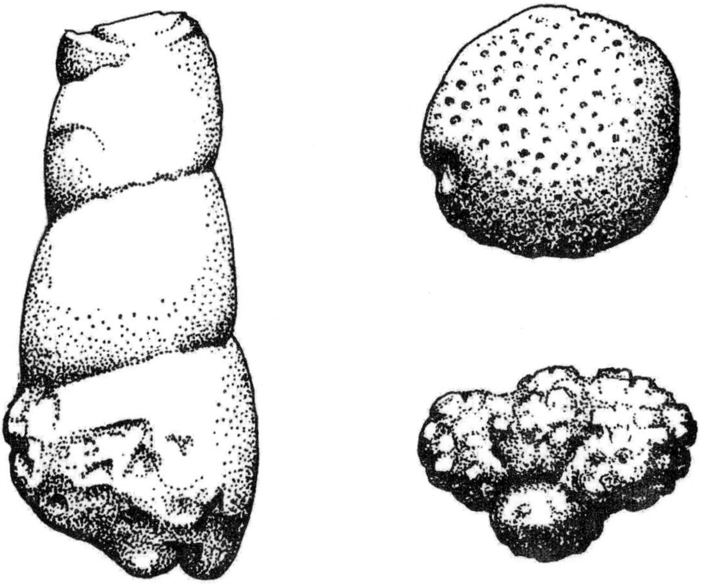

128

그림 128. 무스테리안들에 의해서 수집된 신비한 자연 물체. 복족류의 주형(왼쪽), 구상 폴립 군체(오른쪽 위), 황철광 덩어리(오른쪽 아래). 아르시-쉬르-퀴르(욘 Yonne지역).

증거물이다. 이것은 또한 자연의 불가사의를 탐색하는 것을 보여주는 아주 중요한 최초의 표식이기도 하다. 조개껍질, 돌, 이빨 혹은 어금니, 화석 흔적 등 기묘한 형태가 가진 신비감으로 향하는 미적 감정은 분명히 인간 행동의 아주 깊은 지층에 속하는 것이다. 그것은 연대기적 순서로 증명된 최초의 것일 뿐만 아니라, 자연 과학의 소년기 형태이기도 하다. 모든 문명에서 과학적 여명은 '호기심을 끄는 것curios'이 있는 골동품점에서 시작되기 때문이다. 이러한 탐색과 주술과의 연관성을 주장하는 것은 쉽지만, 현재로서는 드러난 사실로도 이미 충분히 의미가 있다. 즉 상형 예술은 그 이전에 형태를 숙고하며 바라보는 것에 상응하는 더 모호하고 더 일반적인 무언가가 선행한다는 것이다. 형태의 기이함은 상형적 흥미를 유발하는 강력한 충동이 되지만, 이는 주체가 자신의 지각 영역에 들어오는 물체를 자신의 외부 관계 우주의 조직된 이미지에 대조하는 순간에 비로소 존재하기 시작하는 것이다. 최고로 기이한 물체란 직접 살아 있는 세계에 속하지는 않지만, 그것의 특성이나 혹은 특성이 반영된 것을 드러내 주는 것이다. 동물, 식물, 별, 불 등의 살아 있는 세계는 돌 속에 박혀 있어도 아직 오늘날의 인간에게는 고생물학, 선사학, 지질학에 대한 흥미의 좀 희미한 원천이 되는 것이다. 광체를 내는 응결물, 수정은 직접 인간의 자각적 사고의 근원에 직접 접촉한다. 단어나 사고처럼, 그것들은 자연 속에서 형태나 움직임의 상징인 것이다. 자연 속에서 일종의 사고의 굳어진 반영을 발견할 때 느끼는 신비로움 혹은 걱정스러움이 기이함의 원인이 되는 것이다.

미의 최초 움직임은 본능적으로 상형적인 것으로, 그것과 동일한 것이 이후 개인이나 문화에서도 인간 경험을 통해서 같은 것이 계속 이어진다는 점을 확인하는 것은 상당히 흥미롭다. 금, 다이아몬드, 귀금속은 무스테리안의 기이한 돌과 동일한 원천에서 비롯된 것이다. 우리가 물질에 대해 가진 흥미의 정점이 이미 네안데르탈인에 의해 달성되었기 때문이다. 그들이 이미 호기심을 주술과 연결했을까? 그것을 단언하기는 어렵지만, 수천 년 뒤가 되면 그것을 확신할 수 있게 된다.

실제로 처음 '호기심을 끄는 것curios'이 출현하면서부터 그 흔적이 끊임없이 이어져서 골동품점 진열장에 까지 다다른다. 후기 구석기 시대의 시작은 선사학자들에 따르면 서방 세계에서는 기원전 3만 5천 년 경, 샤텔페로니안 혹은 오리냐시안 시기로 정해진다. 이렇게 정한 것은 우연이 아니라, 앞에서 이미 보았듯이, 우리의 우주가 구성되는 만년 동안 수많은 주요 사실들이 나타나는 것이다. 즉 이마앞지역의 빗장이 벗겨지면서 호모 사피엔스로 진화하고, 기술에 의한 제품이 극히 다양해지고, 주거지의 구조가 복잡하고, 최초 상형의 증거가 출현하는 것 등이다. 이미 살펴본 것처럼, 그것은 근본적인 변혁이 아니라 이 상황은 팔레안트로프 인에서부터 오랫동안 준비되었고, 어떤 성숙도에 이르러 혁신적 조합 가능성이 증식되면서 인간 사회가 빠르게 변화한 것이다.

샤텔페로니안, 오리냐시안 시기에서 더 뒤에 막달레니안 시기에 이르기까지 기원전 3만5천년부터 1만년 사이에, 인간에 의해 모아진 화석(암모나이트, 벨렘나이트, 삼엽충, 석영, 방연광, 황철광)은 수가 많고, 구석기 이후 세계와 직접 맞물리는데, 원시인 뿐만 아니라 문명인이 수집한 이상한 돌, 기이한 물체의 셀 수 없이 많은 사례와 함께 연결되는 것이다. 구석기 이후 세계에서는 이들 잡다한 자료가 역사상 혹은 현존의 증거를 통하여 어떤 가치를 띠고 있다는 것이 우리에게 알려졌다. 그 가치에서는 경계를 긋는 것이 무의미한 지적인 복합체 속에서 미학이 주술, 약물 처방과 가치를 서로 공유하고 있는 것이다. 더구나 왜 자연의 예술이 인간의 예술보다 더 '무상gratuit'해야 할 이유는 없다. 그것은 같은 관심 영역에 들어가는 것이다. 귀중한 지표가 되는 것은 자연 형태의 미학이 위대한 문명 속에서 취하는 방향이다. 이 점에서, 중국, 일본인은 유럽인과 똑 같은 길을 걸어왔다. 즉 진열실cabinet de curiosité[28]의 길이다. 중세에서 19세기까지 유럽에서는 희귀하고 자연적인 형태를 미적으로 즐기는 것으로부터 뿌리 깊은 수집의 조류가 생기는데, 그것은 주술적인 것만이 아니라, 연금술을 거쳐서 마술 지식의 진화된 모습, 약물 처방, 자연 과학 등에 까지 도달한다. 진열실을 물려받은 '박물관'은, 아직 완전히 지나가지 않은 지금까지, 기이한 것, 기괴하고 예외적인 형태, '잘 알려진 것'에 비해 돌출된 것 등을 모아 놓은 장소임에는 어떤 의심도 가질 수 없다.

오늘날 예술은, 수세기 동안 극동의 예술이 그랬듯이 예술의 현대적 단계의 특징이 되는 외부화, 자유화의 과정 속에서 자연적 형태를 단순히 미적 각도에서만 파악하고 있다. '가공하지 않은' 예술, 경이로운 돌, 복잡하게 얽힌 뿌리, 수정, 두 장의 편암 사이에 박힌 물고기 등은 중국 정원이 몇 세기 전에 도달했던 미적 국면과 이어지는데, 이들은 또, 인류적 일관성으로 보아도 안심스럽게, 마지막 팔레안트로프 인이 기이한 형태를 찾던 것에도 이어지고 있다.

28) 온갖 희귀하고 이상한 물건을 모아 진열한 곳. 유럽 르네상스 시대에 출현하였고, 오늘날 박물관의 원조가 됨.

형상화된 리듬

규칙적으로 벤 자국이 있는 막대 혹은 뼛조각 같은 신비로운 '수렵의 표지'에 대해서는 앞에서 말한 바 있다(그림 82). 그것들은 아마도 무스테리안 말기에 출현했고, 어쨌든 차텔페로니엔 시기에는 빈번하다. 그것은 막달레니안 말기까지 지속된다. 돌 판이나 굵은 뼈에서도 발견되는 이 평행 줄무늬의 의미는 알려지지 않았다. 사냥감 셈법, 달력으로 보기도 하지만, 현재의 지식으로는 거의 의미가 없다. 어쨌든 분명한 것은 그것이 반복의 시도, 결국 리듬을 형상화한다는 것이다. 가장 오래된 형상에서 이미, 일련의 선과 나란히 정렬된 찻잔 모양 구멍cupule이 여성의 상징과 연결되지만, 그것은 리듬 상형화에만 국한되는 것은 아니다. 일련의 선이 무엇을 의미하든, 그것은 기원전 3만5천년 경 진정한 상형화를 처음 증명해 준다.

규칙적인 간격으로 구멍이 난 뼈의 관이 나타나는 것은 솔루트레안 시기 바로 이전이다. 이 표본은 드문데, 그들 중 가장 좋은 것은 바스피레네Basses-Pyrénées의 이스투리츠Isturitz 동굴에서 나온 것이다. 소련 몰로도보 V의 막달레니안 유적에서도 유사한 물체가 있다. 이는 약 2만 년 전 것으로, 알려진 가장 오래된 악기를 우리 앞에 두고 있다고 생각한다. 그렇지만 그것이 시작에 해당된다는 말은 아니고, 단지 뼈에 새겨진 몇몇 증거가 보존될 수 있었다는 것이다. 나무, 갈대, 매머드 털로 만들어진 모든 종류의 피리, 플룻 혹은 하프를 상상할 수 있지만 아마도 알려지지 않은 채로 남을 것이다. 따라서 자료는 극히 미미하지만 명백하다. 3만5천에서 2만 년 전 사이에 인간은 분명히 리듬의 형상화를 이미 이용하고 있었다.

도식, 조형의 상형 방법

선사시대 인간의 음악, 춤 모습, 시 등은 아마 영원히 알려지지 않을 것이다. 가정해 볼 수 있는 것은 기껏해야 그 평균 수준이 회화 예술이나 조각 예술에 뒤지지 않았을 것이라고 생각하는 정도이며, 그래서 그것을 잃어버린 것을 아주 유감스러워 할 수 밖에 없다. 그렇지만 반대로 회화나 조각은 자료가 풍부하고 정확하며, 그 자료는 예술에서 알려진 가장 긴 진화의 궤적을 설정하게 해준다. 왜냐하면 그것은 대략 기원전 3만년에서 8천년까지 진행되기 때문이다.

구석기 시대의 예술은 오늘날까지 유럽 온대 지역에서는 (바이칼 호수 옆 시베리아의 한 지점을 제외하면) 우랄 산맥과 대서양 사이에 한정되어 있다. 공간과 시간에서의 그 상형적 통일성은 주목할 만한데, 그것에는 남자, 여자, 동물의 모습이 등장하며, 동물은 주로 말과 들소가 되기 때문이다. 상징에 숨어 있는 일견 매우 복잡한 체계를 분석하는 것이 이 책의 목적은 아니지만 판에 새겨진 모습처럼 동굴의 형상도 일관성 있는 종교적 사고를 표현하며, 여러 잡다한 형상을 우연적으로 모아 놓은 것이 아니라는 점을 강조해야 한다. 수천 년 동안의 동굴 그림이나 예술 작품을 통계적으로 조사 해보면 중심 주제가 있었음을 알 수 있다. 즉 남성-여성 그리고 (혹은) 말-들소 등은 신화의 내용을 표현하려고 시도된 표현의 조건을 충족시킨다. 시대와 지역에 따라 두드러지게 변화하지만, 이 내용이 우랄Oural에서 도르도뉴Dordogne와 스페인에서까지 한결같이 지배하고 있다. 그래서 기독교 초상 연구의 흐름을 따라서 2세기에서 20세기까지 상형적 행동의 진화를 연구하는 것만큼 좋은 조건에 결국 놓이게 되는 것이다.

주목해야 할 아주 중요한 점은 기술적인 제약이 시간의 흐름과 독립적이라는 것이다. 예술은 인류를 측정하기에 기술보다 더 좋은 도구이다. 왜냐하면 오리그나시엔이 전자 공학에서 그들의 지성을 보일 수 있게 되려면 3만년이 필요하지만, 그들이 갈아 놓은 황토 염료와 망간은 좋은 색깔을 지녔으며, 그들의 먹이 털은 좋은 붓이며, 그들의 규석 끌burins de silex은 쇠에도 줄을 그릴 수 있었을 것이다. 그들의 예술가로서의 장비는 표현 수단이라는 측면에서는 현대인들과 같은 수준에 있었다. 이 장비는 무스테리안 말기에 존재하기 시작하는데, 5만 년전에서 3만년전까지 그것은 아직 자연주의적 상형에 사용되지 않았다. 끌은 뼈를 작업하는데 사용되었고, 염료는 틀림없이 장식에 사용되었겠지만, 우리는 알지 못한다.

최초의 표출은 '전-상형시기préfiguratif'에 속한다. '호기심을 끄는 것curios'의 수집, 평행으로 새겨진 선 무늬, 찻잔 모양 구멍 줄, 널리 쓰인 염료 등이 그것이지만 상형의 증거는 없다. 이 시기는 차텔페로니엔 시기에 천천히 전개되고 오리그나시엔 시기로 이어진다. 바로 이 시기, 기원전 3만년에서 2만5천년 사이에 첫 번째 형상figure이 출현하는 것이다.

최초의 발전은 프랑스, 스페인에서 발견된, 분명히 연대가 지정된 몇몇 선사 시대 유적으로 증명된다. 하나(도르도뉴Dordogne 세리에Cellier의 은신처)는 연대적으로 잘 구별된 오리그나시엔 시기의 일련의 작품이고, 다른 둘(페라시Ferrassie, 이스투리츠Isturitz)은 오리그나시엔(3만년 전후) 시기부터 그라비티엔 중기(2만3천년 전후)까지 시기에 층을 이루는 여러 작품이 출토되었다. 기초가 되는 이 세 개의 층 이외에 또한 여섯 개 정도가 있는데, 모두 일치하는 자료, 내가 다른 연구에서 '유형 I' 혹은 '원시기période primitive'라는 이름으로 분류한 자료를 제공한다.

그려진 것을 보면 이들 첫 작품은 시작이라고 생각할 수 있는 것과 맞아 떨어진다. 이것들은 석회암 판인데, 그 위에 평행하게 벤 자국 혹은 찻잔 모양 구멍cupule 줄, 엉클어진 선 다발, 동물 머리와 여성 상징으로 서투르게 그려진 곡선 등이 발견된다(그림 84, 85). 샤텔페로니안 시기에서 그라베티안 중기까지 형상은 무르익고, 뚜렷해지고, 동물들은 동물학적으로 알아볼 수 있게 된다.

최초의 사실은(이라는 것은) 꽤 인상적이다. 리듬의 표지는 뚜렷한 형상보다 선행하지만, 시각 상징에 의해 점차 드러나게 되는 맥락이 단 하나밖에 없는 것처럼, 덧붙여지면서 형상들이 통합된다. 뚜렷한 형태는 우선 여성의 타원형(그림 129)(완전하게 표현되는 여성은 뒤에 나타난다), 불분명한 동물의 머리 혹은 상반신이다. 보존이 잘 된 유적에서는 모두, 특히 세리에Cellier 은신

129

그림 129. 그림이 새겨진 덩어리, 도르도뉴의 오리그나시엔시기. 여성의 상징과 리듬적으로 벤 자국이 그려져 있다.

처에서는 형상이 체계적으로 분류되고 있다. 즉 리듬적 기호 - 음문vulve - 동물이다. 1만년 후의 라스코에서도, 1만5천년 후 시칠리아에서도 동일한 요소가 사실성이나 기교에서 알아보기 힘들지만 계속 존재하게 되는데, 초기 기독교 그라피티, 라벤나[29]의 모자이크, 20세기 성당의 프레스코화 등으로 이어지는 관계 속에서 존재한다.

알려진 최초의 예술적 표출은 '원시적'이란 말보다 더 적절한 호칭은 가능하지 않을 것이다. 원시 예술은 결국 추상에서 또한 전-상형préfiguratif적인 것에서 시작되는 것이다. 다시 말하지만 작품은 사냥꾼의 정열이 저절로 폭발해서, 영감 혹은 선호에 따라, 나체 여신, 매머드, 순록의 형태를 그려 나간 것이 아니다. 실제로 벌어진 일을 보자면, 이미 사용되던 말의 내용을 손으로 표현하려는 노력이 아주 천천히(1만년 이상) 발전한 것이다. 구석기 인류가 상징을 조합한 것은 그들에게 뭔가 표현할 것이 있었기 때문이다. 나는 이미 6장에서 최초의 도식적인 표출을 언어활동 속에 통합하려 했다. 예술은 출발 당시 추상이고, 기원에서는 다른 것이 될 수 없다는 점을 여기서 아마도 더 분명하게 드러난다.

29) Ravenne, 이탈리아의 도시.

'추상 예술' : 추상은 가장 어원적인 의미에서 "사고에서 분리한다, 한 부분을 전체에서 분리시켜서 고려한다"는 것이다. 이것은 선사 예술의 처음 형태에 정확하게 들어맞는데, 처음에 표현할 요점(음경, 음문, 들소나 말 머리)을 선택하고, 그것을 조합해서 신화 전체를 상징으로 번역하거나, 신화그림mythogramme[30]을 구성하는 것이다. 모든 예술의 역사에서 추상에 의지하는 것은 혹은 처음에도, 혹은 회귀하면서도, 혹은 문자, 문장blason, 광고 등에서처럼 필요에 의해서 언제 어떤 경우에도 생긴다. 상형을 기술과 다르게 하는 것은 바로 그 진화가 적어도 상대적으로는 자유롭다는 것이다.

여러 사실에 의해 최초로 확실하게 되는 것은 상형 예술이 일관성 있게, 마치 아주 점진적으로 발현하듯이 태어난다는 것이다. 상징화할 수 있는 사고의 요점은 형상이 사실적으로 구체화되기 아주 오래 전에 먼저 나타난다. 그것에 이어 수천 년에 걸쳐서 사실주의가 느리게 융기하는 것이다.

'사실주의와 도식화' : 완전히 만족스러운 의미로 이 용어를 사용하는 것은 어렵다. 나는 '사실주의'의 의미를 형태, 움직임, 세부 등에서 동시에 '정확한' 형상화로 진행하는 경향으로 국한하도록 힘쓰겠다. 막달레니안 후기의 몇몇 순록 혹은 말 부조는 같은 움직임을 하고 있을 때 찍은 사진을 모사한 것을 중첩시킨 것 같으며, 따라서 사실주의라고 말할 수 있는 것이다. 그렇지만 이 용어는 어떤 의미에서는 항상 남용되고 있다. 예를 들어 모피의 세부는 기록되지 않아서 항상 어느 정도의 '도식화schématisation'가 형태, 움직임 혹은 세부 안에 개입한다. 또 바구니 혹은 천 위의 형상에서 종종 볼 수 있는 특수한 현상도 개입할 수 있는데, 그것은 '기하학화géométrisation'로서, 제작자가 종종 원래 의미를 생각나지 않을 만큼, 삼각형 혹은 다양한 기하학적 형상으로 이미지를 환원하는 것이다. '양식화stylisation'라는 단어에 대해 보면, 이것은 아주 모호한 의미로 사용되지만 않는다면 매우 귀중한 단어가 되었을 것이다. 이 단어는 일반적으로 '도식화'와 동의어로 쓰이는데, 그것보다는 각각의 장소, 각각의 시대에 특유한 흔적이라고 이해해야 할 필요가 있다. 중국 한나라 시대

---

30) 앙드레 르루와-그루앙이 새로 만든 용어로서, 구석기 신화를 형태적으로 표현한 것이다.

의 말은 형태, 움직임, 세부의 사실주의가 한나라 말에게만 고유한 방식으로 어느 정도 도식적으로 왜곡된다고 하는 의미에서 '양식화'된다. 양식화라는 단어는 정확한 과정을 표현하지 않는다면 거의 쓰이지 않고, '양식style'이란 말로 대체된다.

또 다른 하나의 의미 가치도 고려해야 하는데, 그것은 '장식화décoration'이라고 하는 말이다. 이는 모든 예술(조형, 음악, 몸짓)에 공통된 절차로서, 구도에서 빈 곳에 적절한 장식적 쐐기를 박는 기술이다. 사실주의, 도식화, 기하학화, 장식화는 일반적으로 이용되는 말인데, 이것들에 주어진 의미가 애매해지는 경우를 제외하고는 정의가 이루어지지 않는다. 이들 요소는 모두 구석기 예술의 진화 과정에서 개입하며, 결국 유도선 역할을 맡게 된다.

다른 영역에서는, '공간적인 내접inscription'을 고려해야 한다. 이것은 '구도'와 '원근법'에 동시에 개입한다. 마지막으로 상형적 표현은 적어도 의미로 분석되는 모습으로는 현실 세계와의 관계 속에 있다. 상형화는 그 수단에서 벗어나서 상식적 현실에 머무를 수 있다. 이 경우 완전한 사실주의를 지향한다. 혹은 '환상적인 것'을 통해 초현실ultra-réel에 도달할 수 있으며 이 경우 초현실주의로 이어진다. 혹은 '비-형상적인 것'을 통해 내-현실infra-réel에 도달할 수도 있다.

이 모든 용어들은 다양한 빈도로 조합이 이루어진다. 모든 예술에서 사실주의는 어느 정도는 도식화로 연결되지만, 기하학화는 그것이 구도의 차원으로 옮겨지고 공간을 통합하는 주된 요소가 되지 않는 한 배제된다. 장식은 종종 사실주의를 배제하지 않으면서 환상적인 것을 초래하기도 하고, 요소나 구도에서 기하학화로 향하기도 한다. 형태에 관한 고생물학은 짧다. 초기 호모 사피엔스를 넘어가지 않기 때문이다. 그렇지만 보유한 자료는 진정한 시작 시기를 잘 보여주는 것처럼 보인다. 그리스 예술이 처음 뿌리를 내리기 시작할 때 보다 이미 7천 년 전부터 화석이 된 이 예술에 대해서 역사 시대의 공통 가치가 어디까지 적용되는지를 알아보는 것은 흥미로운 일이다.

구석기 시대 사실주의

형태, 움직임, 세부 등 세 국면으로 진행되는 사실주의는 아주 천천히 획득된 것으로서, 좀 더 정확히 말하자면, 예술의 삶 속에서 불안하게 성숙 해가는 모습을 보인다. 고전적인 그리스 입상, 고전 시대 입상, 헬레니즘 시대 입상, 정원 입상이나 전사자 기념비 입상 등을 생각해보면 충분하다. 이집트 예술 혹은 중국 예술에서도 같은 느낌을 어렵지 않게 받을 수 있다. 예술 진화의 모든 국면에서 걸작을 낳는 개인적 재능을 제외하면, 시간이 흐르면서 모든 양식은 이미지와 현실이 합치되는 한 지점으로 향하는 것 같다. 다시 말하면 기술에서 기능적 근사치 현상과 유사한 현상이 예술에도 존재하는 것이다(12장 참조). 시간의 흐름에 의해서 눈에 보이지 않는 수정이 이루어지고, 작품은 이제 모델과 구별이 되지 않는 이상적인 지점으로 인도되거나, 혹은 너무나 기적적이어서 후속 작품이 나오지 못하고 반복 혹은 쇠퇴가 될 뿐인 정도의 가치들이 균형을 이루는 쪽으로 향한다. 그 뒤에 표현 조건의 변화와 더불어 다른 주기가 시작될 것이다. 그렇지만 두 현상 사이의 평행 상태는 완전한 것이 아니다. 기술에서는 실제로 처음 재료를 새롭게 하는 것의 중계 덕분에 물체는 기능적으로 완성되어 가는데, 이미 든 사례에서 보면 그 진화는 끊임없이 상승하는 단 하나의 곡선에 맞춰진 궤적의 부분들로 이루어진다. 예술 분야에서는 사정이 다르다. 물질적 수단이 개입하는 것은 무시해도 되는 정도이다. 붉은 황토는 아직도 화가들이 사용하며, 오리그나시안 인의 그것보다 더 좋은 것도 아니다. 중계는 생기지 않고, 최근 수세기 동안의 중국 예술처럼 예술은 오랫동안 제자리를 맴돌 수 있다. 이 경우 출구는 전면적인 방향 전환이 되기도 하고, 때로는 새로운 궤도로 진정하게 출발하는 것이 되기도 한다. 예술은 거의 항상 사회-경제적인 성격의 대혼란에 의해 영향을 받았는데, 예술은 집단 내부 환경이 바뀌면 그렇게 오래 살아남지 않기 때문이다. 이러한 견해는 역사에서 얻는 것이며, 만약 우연히 구석기 예술의 궤적에서 확인된 것이라면 물론 더 설득력이 더해지겠는데, 그렇게 확인 될 것으로 보인다.

앞서 보았듯이 양식 I의 형상은 추상과 도식화로의 출발을 증명해 주는데, 열쇠가 있는 사람만이 모양을 겨우 식별할 정도이다. 양식 II는 그라베티안 말기와 솔루트레안 초기에 이르는 시기를 포함하며, 기원전 2만년이 중간 시점이 된다. 양식 I과의 구분은 자의적인 것이다. 그 이유는 여러 상이한 양식들 사이에 어떠한 두드러진 단절도 없기 때문인데, 단지 연속된 시기의 여러 작품을 고려하면 상당한 진화가 집단적으로 나타나는 것이 관찰된다. 양식 II는 지롱드Gironde의 패농페르Pair-non-Pair(그림 130, 131) 혹은 피레네Pyrénées의 가르가스Gargas 같은 몇몇 동굴, 소련(그림 132), 체코슬로바키아, 오스트리아, 프랑스의 아주 많은 조각상에서 보인다. 이러한 작품들에서 끌burin은 완벽하게 다루어지고, 코스티안키Kostienki, 빌렌도르프Willendorf, 레스퓌그Lespugue의 '비너스' 작자들에게서 어떠한 서투름도 찾아볼 수 없다. 더구나 다수의 사례와 지리적 확산을 통해, 러시아에서 도르도뉴에 이르기 까지 상형적 '규범'이 동일하다는 아주 인상적인 사실이 확인되며, 이는 그 성격을 판단하는데 귀중하다.

형태, 움직임, 세부에서의 정확성을 추구하는 것이 사실주의라고 한다면, 양식 II에는 사실주의가 거의 없다. 여성, 들소, 멸종한 오로크[31], 말은 동일한 규약을 따른다. 중앙 핵심부인 몸통에 식별용 특징이 덧붙여져 있다. 그 결과 몸통에 비해 머리나 사지는 종종 단순하게 그려지며, 가장 나은 경우에도 몸통과 크기가 맞지 않는다. 동물 형상의 경우, 등의 윤곽이 모든 종에서 거의 동일하다. 들소에서는 뿔과 턱수염, 말에서는 갈기, 더 홀쭉한 주둥이 등이 애매하지 않게 그렇지만 최대한 경제적으로 종을 규정해 준다. 여성 형상은 '오리그나시엔 비너스' 혹은 '둔부 비대 형상'이라고 명명된 이상한 조각상인데, 그것에서 사람들은 구석기 시대 사람의 초상을 찾는다. 비대한 몸에 거대한 유방이 매달려 있고, 머리는 세부 표현이 없고, 팔은 대충 달려 있고, 짧고 도식적인 다리는 허벅지에서 갑자기 가늘어지면서 끝난다. 유럽의 양극단

31) auroch, 야생 들소의 종류. 멸종했으며, 현재 소의 조상으로 추정됨.

130 131

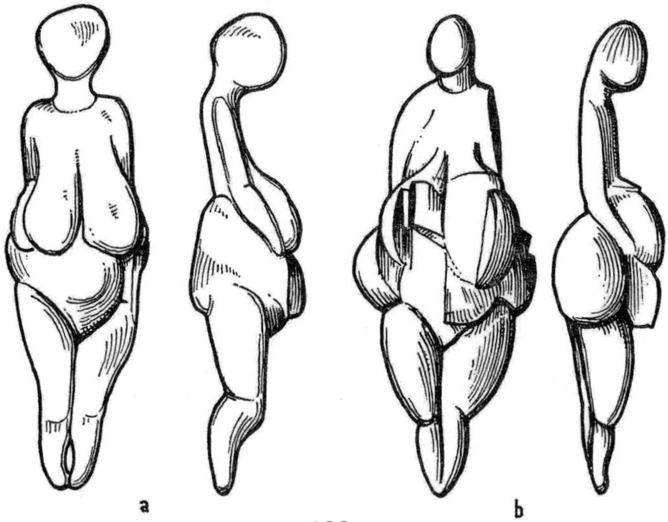

a b

132

그림 130-131. 말과 들소, 양식 II. 지롱드 패농페르 동굴 부조.
그림 132. 조각상, 양식 II 말기. a) 소련, 코스티안키 I ; b) 오트-가론, 레스퓌그.

의 두 형상을 나란히 두고 보면 이것보다 더 규범적이고, 더 상투적인 예술을 찾기 힘들다. 게다가 후기 구석기 시대에는 문화의 세분화가 아직 거의 진행되지 않았다고 앞서 말한 것과도 부합한다. 동물이나 인간 형상에서 어떠한 움직임도 찾을 수 없고, 단지 아라베스크 형상에서는 종종 감탄스러운 강인함이 보인다. 세부 묘사는 사실상 없거나 겨우 묘사된다. 이러한 규범적 틀을 고려하고 그 정확성에 대한 편견이 없이 보면 몇몇 작품은 감탄할 만하다. 가장 규범적인 '비너스'인 레스퓌그Lespugue의 비너스는 모든 시대를 아우르는 위대한 조형 작품에 속한다.

양식 III은 자료가 더 풍부하고, 샤랑트Charente의 록드세르Roc de Sers처럼 저부조와, 르도르도뉴Dordogne의 르가비유Le Gabillou 혹은 라스코Lascaux처럼 풍부한 장식의 동굴이 동시에 꼽힌다. 이 시기의 중간 시점은 기원전 1만5천년이며 솔루트레안 후기와 막달레니안 초기에 해당한다. 이 시기는 고전적 궤적의 정점이다. 단계로 보면 중국 한나라 예술, 이집트 4왕조 예술, 고대 그리스 예술, 로마 비잔틴 예술과 마찬가지이다. 이 대응 관계는 단순한 인상에 근거하는 것이 아니고, 아주 인상적인 내면적 성격에서 비롯된 것이다. 살아 있는 존재를 표상하는 것은 센티미터 단위 비율에 맞춰 옮겨 놓는 것이 아니라 해부학적 특징을 순수하게 감정적으로 번역한 것이다. 비율은 원시적인 채로 남아 있다. 라스코의 황소와 말(그림 133, 134)은 윤곽선이 유연하지만 가죽 부대처럼 부풀었고, 사지는 쐐기처럼 박혀 있어서 종종 아주 간략하게만 통합된다. 또한 배치도 순수하게 규범적이다. 각각의 형상은 제멋대로 살아 있고, 형상의 각 부분은 전체에 최소한의 적당한 결합을 유지하며 자신의 임무를 다한다. 형상은 채색과 끌burin을 완전히 이용해서 실현되었다. 비교를 위해 인용한 작품에서처럼, 양식 III의 작품에서는 그 뒤에는 다시 볼 수 없는 강인함과 젊음의 느낌이 표출된다(그림 135). 이러한 느낌은 사실주의가 복사가 아니라 환기에 그치는 것이라는 사실과 잘 연결된다. 원시 형상의 신비로운 생명은 기이한 돌이나 뿌리의 생명처럼, 자유로움의 여지, 어떤 욕구를 남기며, 암시적인 길을 열어 준다. 그것은 중국, 일본의 도자기에서 곡선을 아주 미미하게 부자연스럽게 만들든지, 더 나아가 의도적으로 불완전하게 만드는 것과 같은 성격의 것이다. 분명한 것은 뛰어가는 말의 고대 표상이 차갑도록 정확한 스냅 사진보다 더 현실적이다. 왜냐하면 움직이지 않는 것에 움직임을 불어넣기 위해서는 상이한 시간을 중첩시키거나 혹은 어떤 운동적 비일관성을 넣을 수밖에 없기 때문이다. 라스코의 동물이 정확하게 어떤 움직임을 원했

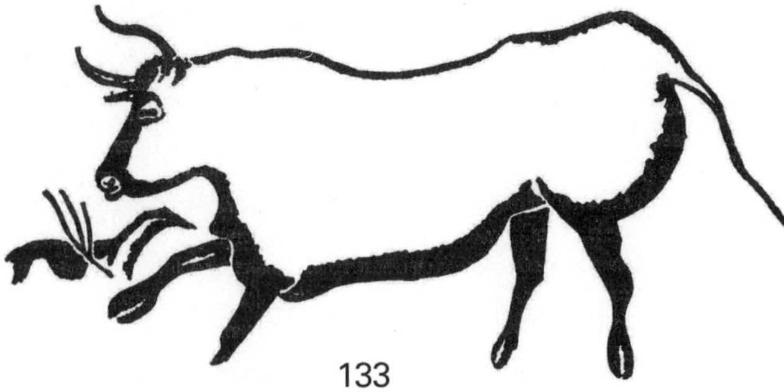

133

134

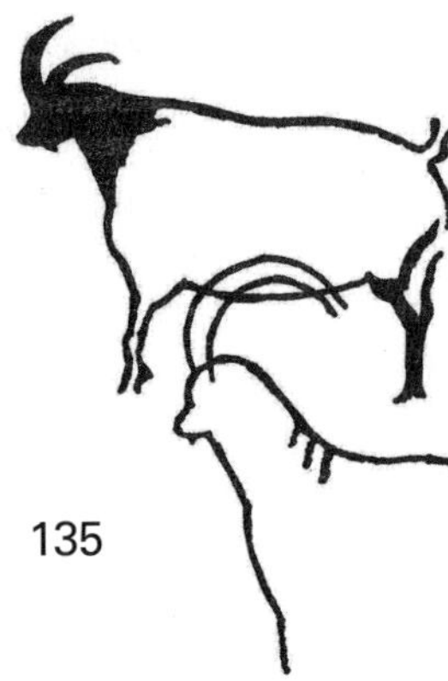

135

136

그림 133-134. 오로크와 말, 양식 III. 그림. 도르도뉴 라스코 동굴.
그림 135. 쿠냑Cougnac, 로Lot 동굴에 그려진 한 쌍의 야생염소. 양식 III. 비율, 목-등 곡선, 암컷뿔 각도 등이 아주 특징적임.
그림 136. 새겨진 말 머리, 라스코. 양식 III의 다른 두 시기에 귀와 눈을 고쳤다.

는지 아무도 알 수 없다. 그것은 모순된 소용돌이 속에서 이상하게 움직이고 있다.

그렇지만 움직임의 사실주의가 이미 표출된다. 몇몇 사지는 이동을 표현하기 위해 비틀어졌고, 말은 실제로 뒷다리로 서 있다. 다른 말은 정말 그럴듯하게 속보로 걷고 있다. 더구나 이것들은 양식 III 중에서도 아주 늦은 시기의 작품이다. 세부에서도 사실주의가 나타난다. 라스코 동굴의 역사를 통해서 몇몇 말은 귀가 두세 번 다시 그려졌고, 점점 정확한 위치에 있게 된다(그림 136). 몇몇 사슴은 낡은 뿔이 지워지고 배치를 수정한 뿔이 대신한다. 사실주의가 점진적으로 지배해 가는 것이 느껴지는데, 형상들이 채워지고, 수정된다. 갈기의 세부 모습, 눈과 콧등이 조심스럽게 다루어진다.

구석기 예술은 양식 IV에 들어가는 아카데미즘에 도달하기까지 아직 먼 길을 가야 한다. 양식 IV는 막달레니안 중기(양식 IV(구))와 후기(양식 IV(신)), 즉 대략 기원전 1만3천~1만1천년과 1만년~8천년 시기를 포함한다. 스페인 알타미라Altamira, 프랑스 니요Niaux 등을 비롯한 그림이 그려지거나 새겨진 수십 개의 동굴이 정점을 기록하는데, 수천 개 장식품이 아주 굳건한 자료 토대를 이루고, 지역에 따른 변화는 있지만 놀라운 전통의 통일성을 보여준다. 그것은 고전적으로 빛나는 시기이다. 형상화와 단조로운 현실 사이에는 그림의 맛이 느껴질 정도로 충분한 비대칭이 남아 있고, 이미 일화적인 생동감이 스치는 유연함이 제작 단계에 배어 있다. 예술은 이미 아주 높은 숙련도를 지니고 있게 되었고, 사실주의는 모든 국면에서 두드러진다. 행동의 사실주의는 아직 거의 찾아볼 수 없다. 양식 IV(신)에 이르기까지, 장식의 구성 요소는 서로 간에 독립적으로, 틀에서도 독립적으로 존속한다. 서너 개의 '장면'의 예 밖에는 남아 있지 않는데, 그것은 모두 들소나 곰에게 공격당하는 인간이라는 유일한 주제에서 가져온 것이다. 형태, 움직임, 세부의 사실주의는 점점 명료하게 드러나기 시작한다. 알타미라Altamira 들소(그림 137)는 아직 비현실적 공간에 매달려 있지만, 초보적인 성적 세부 묘사가 없음에도 불구하고 황소나 암소는 정확하게 표현되고, 먼지 속을 달리는 들소도 이미 상당한 현실성이 있다. 니요Niaux에서는 동물의 발이 이미 땅을 딛고 있고, 자태는 많이 진전된 서술성을 띠고 있다(그림 138). 모발의 세부 묘사, 털 위에 비친 빛의 작용 등에서 진화가 두드러지게 느껴진다. 프랑스에서 스페인 칸타브리아산맥에 이르는 모든 지방에서, 벽에 그린 예술이나 가구에 새긴 예술에도 똑같은 진정한 코드가 만들어지는 것을 볼 수 있다. 그것은 조각의 일부만 보더라도 동물을 식별할 수 있을 정도로 정확한 코드로서, 야생 염소, 들소, 말(그림 139), 순록의 털을 충실히 재현한다.

이 시점까지 이르면, 구석기 예술에는 2, 3천년밖에 남지 않으며, 최고점은 이미 넘었다. 막달레니안 후기에는 아직 아름다운 작품이 남아 있지만, 큰 작품은 없다. 동굴의 커다란 작품 모음은 사라지고, 조각은 소멸한다. 돌 판이나 순록 뿔에 새겨진 부조는 동물을 나타내는데, 그중 가장 훌륭한 것은 사진적 사실주의에 도달하는데 그친다(그림 140-141). 구석기 예술은 기원전 8천년 경 생존 조건의 변화와 함께 사라진다. 그 유산은 아마도 지중해 지역에 나타나기 시작한 초기 농경문화로 이어졌을 테지만, 그것은 알기 힘들고, 다른 예술이 다른 주기를 향해 재출발하게 된다.

구석기 예술에서의 사실주의의 진화는 이상적인 조건 아래에서 말 그대로 속도가 늦춰지는 모습을 보인다. 그 이유는 문화의 간섭이 약하거나 없기 때문이며, 상형화가 성숙된 단계가 기술의 발명이라는 이웃 현상과 결부되기 때문이기도 하다. 도식적 혹은 조형적 혁신이 쌓이게 되면, 물리적으로 정확한 묘사에 점차 가까워지는 근사치를 향한다. 정확성이 높아지면, 걸작을 제외하고, 작품이 전달하는 느낌은 냉각된다. 능숙함이 점점 더 넓은 자리를 차지하게 되면 돌이킬 수 없이 예술은 아카데미즘과 무미건조함으로 향해 가게 된다. 이 궤적의 절정 부분은 기술이 성숙한 순간, 그렇지만 시각적 통합이 형상화된 사물의 물리적 현실에 아직 긴밀하게 예속되지 않은 순간에 위치한다.

'기하학화' : 이것은 역사의 분야에서 분명히 확인되는 현상이다. 직물이나 바구니 재료의 제약과 같은 물질적인 이유로 상형적 요소가 각진 윤곽을 갖게 되고, 의미가 상실된 기하학적 형상으로 점차 귀착된다. 도자기는 다른 형태를 보여주는데, 항아리 주위를 둘러싼 장식이 칠해지거나 붓으로 빨리 그린 주제가 칠해지기 때문이다. 이 형태도 결국 쇠퇴하고 마침내는 기하학주의géométrisme에 도달한다. 이 진화는 보통 장식적 과정procédé에 밖에 미치지 않는데, 여기서 리듬은 주제보다 더 중요하다. 신석기 시대 이후 모든 예술은 기하학화가 개입하는 분야를 제공한다고 말할 수 있다.

137

138

139

141

140

그림 137. 알타미라(Santander). 양식 IV(구)의 들소. 부조 2도 그림.
그림 138. 니요(Ariège), 들소, 검은색그림. 양식 IV(구) 줄무늬로 부조됨.
그림 139. 르포르트텔(Ariège), 말 검은색그림. 윤곽선으로 부조됨. 양식 IV(구).
그림 140. 내벽에 새겨진 황소와 암소. Teyjat, Dordogne. 양식 IV(신). 움직임과 형태의 사실주의(H. Breuil에 의거함).
그림 141. 뼈에 새겨진 말. 슈비츠빌트Schwitzerbild(스위스). 양식 IV(신). 움직임과 형태의 사실주의.

구석기 시대 예술에 대해서는 극히 다른 두 과정이 나타난다. 하나는 공통의 경로인데, 일반 법칙을 확인하기만 해준다. 오리그나시엔 시기에서 막달레니안 후기까지 장식된 물체는 세 범주로 나뉜다. 하나는 그 자체로 모든 의미를 갖는 인형들이고, 다른 둘은 기술적 용도를 가진 것으로서, 구멍 뚫린 막대bâton percé처럼 장기간 사용된 것도 있고, 창끝처럼 단기간 쓰인 것도 있다. 장기간 사용된 물체는 정교하게 새겨지거나 조각된 장식을 갖고 있고, 당대에 상응하는 사실주의 정도를 보여준다. 단기간 사용된 물체는 아주 단순화된 조각으로 경제적으로 장식되는데, 그것은 가장 자주 잘린 원, 십자, 마름모 등과 같은 기하학적 형태를 띤다. 결국 후대 문화에서와 마찬가지로 장식의 기하학화를 유발하는 것은 기술상의 제약이다. 그 제약은 문자의 진화와 비교할 수 있는 진화를 발생시키는데, 즉 형상화되는 주제가 점차 사라지고, 일련의 기호가 형성되는 것이다(그림 142). 따라서 기하학화는 극단적인 도식화의 양상으로 나타난다.

구석기 시대는 또 다른 경로를 통해, 아주 특수한 조건하에서 기하학화에 이른다. 앞서 말한 것처럼, 유럽의 모든 구석기 예술이 우리 눈에는 불분명한 신화문자 주제가 기초를 이루는데, 이 주제는 남자, 여자, 들소, 말을 동일 집단 안에 개입시킨다. 양식 I에서는 사실적으로 형상화된 성적 상징으로 국한된 남자, 여자 표상이 있다(그림 84, 85). 전-상형기부터는 아닐지라도, 아주 일찍부터 남자의 상징은 늘어선 막대나 일련의 점과 혼동되고 있다. 다만 막달레니안 시기까지 때때로 사실주의가 재현되기도 한다. 여성의 상징은 항상 타원형이나 삼각형으로 나타냈고 중앙에 선을 가르거나 그렇지 않거나 했다. 그렇지만 양식 II부터는 이 형상이 겹쳐진 타원 혹은 원으로 대체된다. 양식 III에서는 이것이 사변형이 되고, 라스코의 '문장blason'처럼 바둑판 형태로 잘려질 수 있다(그림 143). 비록 구석기 시대 예술이 생식으로 향한 관심에 의해 지탱되는 것은 당연하지만, 또한 때때로 발기한 남성의 형상이나 초보적인 성적 부속물을 가진 수컷이 등장하지만, 그림의 대부분은 이러한 표식이 없다. 모피, 뿔, 체형 등을 제외하면, 종종 한 쌍으로 모여진 남자와 여자를 구

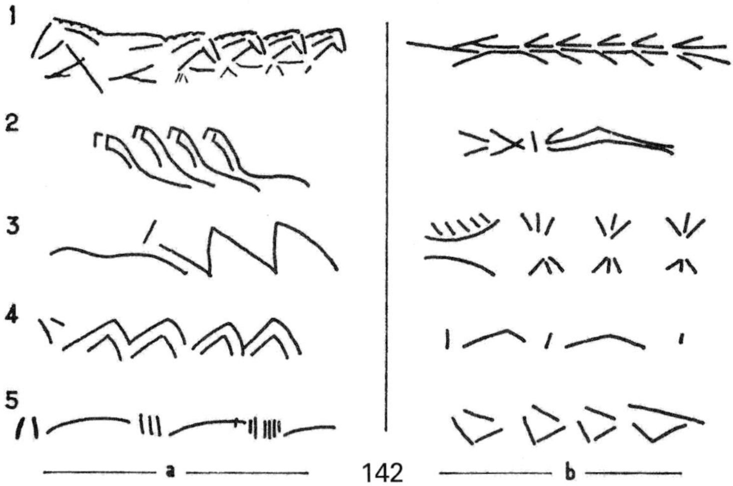

142

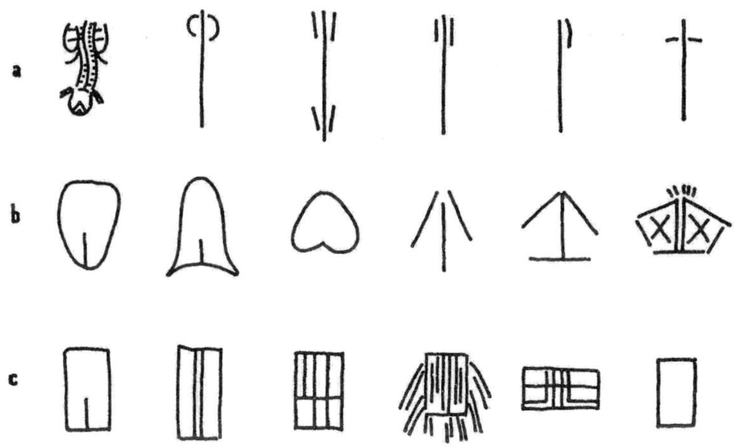

143

그림 142. 막달레니안 중기, 후기 뼈나 순록뿔에 새겨진 장식(창, 막대). a) 말 행렬 주제의 기하학화. 4, 5단계는 그럴듯하지만 직접 식별이 불가능하다. b) 식별할 수 없는 기하학적 주제. 3, 4 주제는 자주 보이고, 4, 5는 아마도 말 행렬과 관계가 있다.

그림 143. 주제의 변화. a)남성, b),c)여성. 후기구석기시대 대부분동안의 성적 표상의 추상성을 보여준다.

별 해주는 것은 아무 것도 없다. 틀림없이 인간이나 동물의 성교 장면은 전혀 없다. 이 부분에서는 윤리적 혹은 주술적 제약이 강하게 작용한 것으로 보이며, 특히 양식 III, IV(구) 동안에 성적인 상징이 거의 알아볼 수 없는 기하학적 형태로 매몰되는 것을 설명해 준다. 상형적 난해성은 사실상 예술 자체의 탄생과 시기를 같이한다. 그것은 나중에 나타나는 현상이 아니며, 상형이 복제가 아니라 상징이라는 사실과 직접 연결된다. 구석기시대 예술 역사가의 오류 중 하나는 표출이 원시적이어서 단순한 것이고, 예술적이어서 근거 없는 것이라고 현대식으로 억측하는 것이다. 단순하다는 것은 잊지 않도록 매머드 꼬리털을 세는 것이 아니라 단어의 언어와 형태의 언어를 연결하는 방법이 그렇다는 것이다. (만일 아직 그럴 필요가 있다면) 후기 구석기 시대에 언어활동이 있었음을 증명하기 위해 제시할 수 있는 가장 최선의 것은, 형상을 이해하기 위해서는 단어의 도움을 받지 않으면 안 되었다는 사실이다. 따라서 기원전 2만년 경부터 이미 형상이 아주 상대적인 사실주의에서 멀어져서 문자와 같은 정도로 규약적인 기호의 형태를 취하고 있었다는 것을 확인하는 것은 매우 중요한 일이다.

'장식화' : '장식화'란 용어의 의미는 아주 유동적이며, 자주 그 요소 자체보다는 거기에 주어지는 의도 속에 존재한다. 과거 신전 구성의 중심을 차지했던 고대 대리석이 공원 장식 요소에 불과해질 수도 있다. 장식의 의도 자체가 사라진 것이다. 왜냐하면 지성소 안의 교훈적인 거대한 프레스코화는 나뭇잎 장식처럼 장식의 요소이기 때문이다. 공통 가치는 장식이 구도와 공간적 통합의 개념을 도입한다는 것인데, 일종의 가치의 계층성을 도입해서 상형 예술의 주요 형태와 부수적 형태를 구분하게 해준다. 구석기 시대부터 장식의 개념이, 부수적인 성격 혹은 상황의 형상을 통해서 표면을 조직하는 동시에 입체를 조직한다는 상호 보완적인 두 측면 아래 존재했던 것인지를 자문 해볼 필요가 있다. 구도의 측면에서 나중에 다시 언급하겠지만, 벽에 그려진 예술에서는 장식적인 장식 요소가 전혀 없고, 동굴은 조각상이나 프레스코를 제외하고는 쓸데없는 요소들이 모두 배제되어서, 상부 장식, 부자재, 금박 등이 모두

144

그림 144. 차탈후육의 신석기 프레스코의 기하학적 장식(Mellaart에 의거).

배제된 교회 같이 되는 것이다. 그러나 기하학적 주제로 표면을 채우는 예는 우리 시대에서 가장 가까운 시기의 작품, 막달레니안 시기에서 약 2천년 떨어진 아나톨리아Anatolie 차탈후육Catal Hüyük(그림 144)에 있는 신석기 시대 건축물에서 보인다. 그리고 구석기 시대에도 가구 예술에서 수많은 장식적 쐐기가 존재한다. 오리그나시엔 시기부터 이미 송곳poinçon, 구멍 뚫린 막대 등과 같은 몇몇 물체가 언뜻 보아 사실적이거나 기하학적인 장식 형상 외피로 둘러싸여 있다. 더 뒤에, 솔루트레안 시기 이후, 위의 물체와 더불어 투창기propulseur, 투창sagaie, 갈고리harpon에도 장식이 가해진다. 그리고 최근까지 우리나라에서도 또 세계 전역에서도 그런 것처럼, 막달레니안 인도 그들의 무기와 도구를 장식했다고 상상할 수 있다. 이러한 추정의 미적 측면에 대해서는 분명히 어떠한 의심도 없다. 물체 장식은 도구의 형태와 균형 있게 조합되고 작품 대부분의 놀라운 성공은 장식의 통합이라는 요구를 완전히 충족시킨다. 그러나 우리가 장식에 부여하는 다른 측면, 즉 무상성gratuit의 면에서 보면 분명히 잘못되고 있다. 왜냐하면 장식은 의미를 가질 뿐만 아니라 하나의 역할을 하며,

하찮은 투창의 상형적인 표면도 동굴 장식과 구별되지 않기 때문이다. 만약 구멍 뚫린 막대의 구멍이 들소에 둘러싸이거나, 자루가 말로 장식된다면, 그것은 만족스러울 텐데, 그 이유는 물체가 구멍에 의해 들소 암컷 상징이 되고, 자루에 의해 말 수컷 상징이 되기 때문이다. 따라서 수많은 구멍 뚫린 막대가 동물암 수가 아닌, 인간 남녀의 상징을 지닌다는 것은 점점 확실해진다. 투창은 남성 기관처럼 상처 안으로 돌입하지만, 단순한 기하학적 요소까지 되도록 도식화한 말 행렬로 장식되고, 갈고리 장식에는 물고기가 그려졌는데, 이것도 수컷의 상징이다. 이렇게 검증된 사실은 언어활동과 상형의 관계에 대해서 알고 있는 것과 일관성을 유지한다. 물체는 오리그나시엔 시기부터 벌써 '말'을 하고 있으며, 의미와 상형을 구분하지 않는 대다수의 문화에서 계속 말하고 있는 것이다. 이것은 어느 정도는 큰 문명에서도 사실이다. 일본에서는 봄에 국화 그림을 보여주는 것은 생각할 수 없을 것이고, 주교의 지팡이를 박쿠스 신으로 장식하거나, 학사원 수학자의 칼을 만돌린으로 장식하지는 않을 것이다. 그렇지만 중국이나 지중해에서도, 우의적인 주제와 장식적인 쐐기 사이의 분리는 고대부터 이미 이루어지고 있었다.

'구도' : 구도는 형상의 의미와 공간 안에서의 형태들의 균형에 동시에 연결되어 있다. 구석기 시대인이 이미지를 신화문자로 이용한 것을 앞에서 보았는데, 이에 따라 결국 의미와 연결된 구도는 상형적 배치의 기원부터 존재했다고 가정할 수 있다. 상형적 통사 구조는 단어의 통사 구조와 분리할 수 없다. 사실 알려진 가장 오래된 형상, 라페라시La Ferrassie 혹은 세리에Cellier 은신처의 오리그나시엔 시기의 판에는 이미 동물, 일련의 줄, 점, 여성적 타원 등이 모여 있는데, 여러 사례가 반복되고 있고 동굴을 따라 늘어서 있다. 결국 이 조합은 구도를 요구하는 첫 번째 부분에 해당될 것이다. 그렇지만 알려진 수백 개의 예에서 놀라운 점은 요소들이 자유롭게 조합된다는 것이고, 이러한 자유로움 때문에 그것들의 배치에 어떠한 질서도 없다고 오랫동안 믿어 왔던 것이다. 구름 같은 들소 떼, 우연적으로 흩어진 말, 불쑥 튀어나오는 사슴 등은 현대적 시선으로 볼 때 어리둥절한 것이다. 형태들의 공간적인 균형은, 그것이

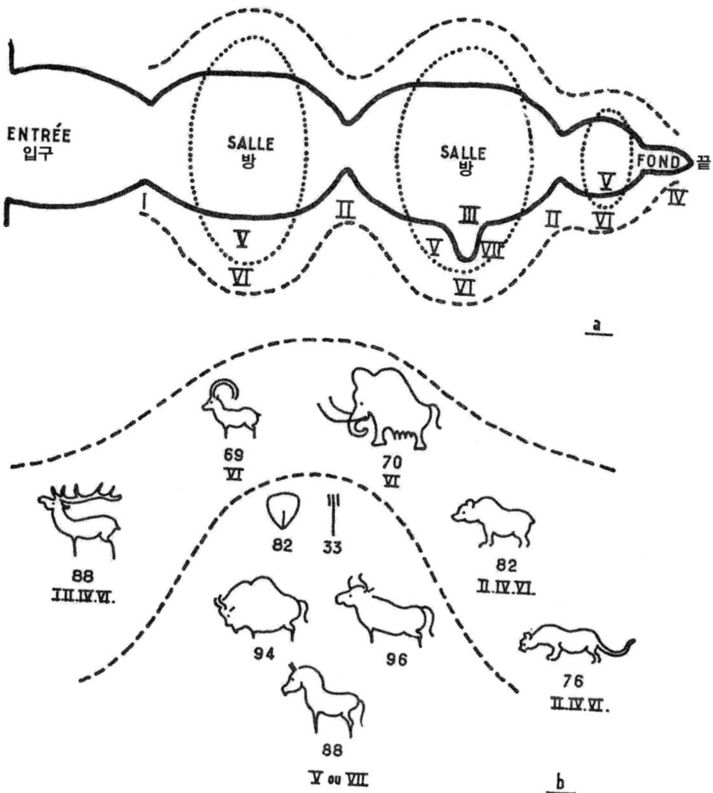

그림 145. 동굴 장식의 통계도 a) 평면도; b) 전체표면. I : 장식시작 ; II : 좁아진 통로 ; III : 중앙 구석 입구 ; IV : 끝부분 혹은 장식끝 ; V : 방 혹은 통로의 중앙 표면 ; VI : 중앙 표면 주변 ; VII : 중앙 구석 내부. 숫자는 언급된 위치의 그림 퍼센트에 해당; 여성, 남성의 상징과 동물은 엄밀하게 관습적이다.

존재한다면, 신석기 시대 이후 지배하는 것과 같은 성질이 아니며, 그것은 다시 한 번 말하지만, 완전히 정상적인 것이다. 왜냐하면, 앞서 본 것처럼, 농경에 의한 정착이 세계상을 재 주조했기 때문이다. 다른 책에서 나는 벽에 그려진 그림의 위치에 의한 통계를 통해서, 라스코나 알타미라의 조밀한 조합을 이끈 원리를 밝히려 했다. 이러한 공간 조합 원리는 상당히 특이한 차원에 속하지만, 그러나 상형 예술의 출발점 자체와는 완전히 일치한다. '통계적' 동굴

(그림 145)은 실제 80개 동굴 이미지를 중첩한 것인데, 암수의 상징체계부터 그 장소가 주는 영감을 따라서 물체와 같은 방식으로 장식된 것으로 보인다. 좁아진 부분과 막다른 부분에는 수컷 상징과 동수의 암컷 상징이 보완되고, 일련의 점, 말, 야생 염소, 사슴 등이 있다. 마지막 골목 속에서는 가장 강한 수컷 상징, 인간 자신, 사자, 코뿔소 등을 만날 수 있다. 중간 방 중 가장 넓은 곳에는 소-말, 남성과 여성 상징의 완전한 신화문자가 있고, 그 둘레에는 매머드 혹은 야생 염소 수컷 상징이 보충되고 있다(그림 146). 이 구성에서 공간 조직은 의미와 연관되는 것이지, 몇 세기의 긴 문명 뒤에 태어난 균형의 탐구와 관련되는 것은 아니다. 배분은 무질서하지 않고, 획일적이지 않고 드물게 시의 적절하게 표면에 윤곽이 잡혀간다. 라스코에서와 마찬가지로 여러 차례에 걸쳐서 말이 보충된 황소가 수많은 작은 말이 보충된 암소 무리와 대면하고, 고립된 남성 기호가 황소에 더해지고, 작은 막대가 보충된 여성 기호가 암소에 더해진 것을 이해하게 되면, 그 통사 구조가 환하게 드러난다. 결국 공간의 지적 통합은 완전하지만, 사실주의처럼 공간 균형은 더 후에 이루어지며, 막달레니안 후기에 겨우 모습을 드러낸다.

실제로 형상 집단, 벽면, 배치 등의 대칭 혹은 비대칭의 미묘한 작용은, 전체적으로 지각된 사지의 비대칭 작용을 가정하는 움직임의 사실주의를 따라가는 것 같다. 그러나 앞서 보았듯이 막달레니안 시기가 넘어가기 이전에는 움직임의 사실주의를 보유하는 것 즉 고립된 형상을 구성하는 것은 드물고 불완전하다. 가장 좋은 경우에도 강한 움직임은 사지 하나마다 따로 표현되었다. 형태의 사실주의와 마찬가지로, 숙련된 구도와 움직임은 성숙기 예술에서 아주 힘들게 획득된 것이다. 사실 구석기 시대 예술이 단번에 아시리아 예술의 수준에 도달하기 위해서는 나무 몇 그루 혹은 마을을 소묘하거나 단순한 바닥 선을 어렴풋하게 그려 넣는 것으로 충분할 것이다. 그렇지만 신화문자 주제와 무관한 요소가 완전히 배제되는 것이 바로 특징적인 것이다.

구석기 예술은 어떠한 서술적 주제도 제공하지 않는다. 그것은 (들소에 의해 넘어진 사람의 경우를 제외하면)(그림 147) 어떤 행동도 표현하지 않는다.

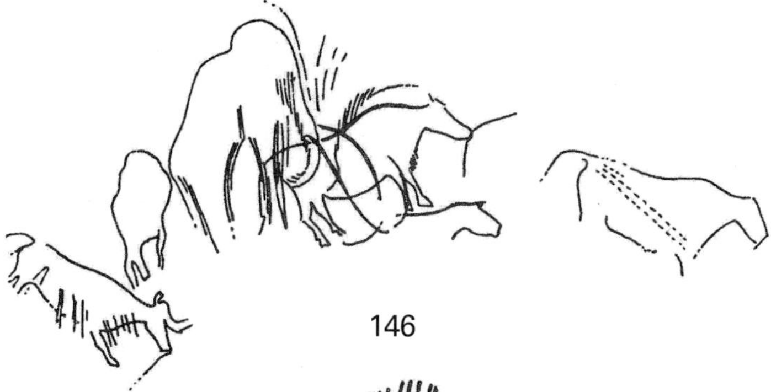

146

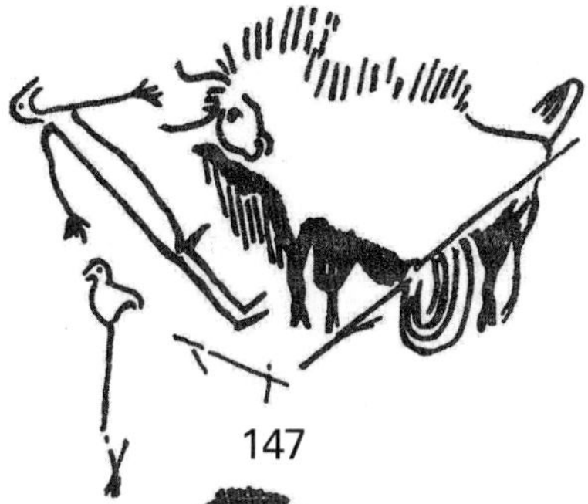

147

148

그림 146. 페쉬-메를Pech-Merle (로Lot). 돌소-말 + 매머드 주제로한 검은색 그림 구성. 들소 네 마리가 그려져 있다. 하나는 중앙에 도식적인 말과 매머드에 둘러쌓이고, 둘째는 수직으로 떨어지는 것처럼 보인다. 아래 것은 여성 기호에 해당되는 상처가 그려졌고, 오른쪽 것은 남성상징을 갖고 있다(점선으로 된 갈고리모양 막대).
그림 147. 라스코. 들소에 쓰러진 사람 장면. 여러 예가 있는 주제. 체험된 이야기라기 보다 신화문자적 조합이라고 볼 수 있다.
그림 148. 영역표시를 하기 위해 뒹구는 수컷 들소. '도약하는 들소'라고 불린다. 알타미라.

다만 알타미라의 '도약하는' 들소처럼 동물의 속성이기도 한 자세의 경우는 별개다. 그것은 실제로 소변이 뿌려진 먼 지속을 뒹군 뒤 나무에 문질러 영역을 표시하는 수컷을 나타내고 있는 것으로 보인다(그림 148). 후대의 예술은 최근 미개인의 것조차도 구석기 시대의 상형 체계와 실제로 비교할 수 있는 것은 아무 것도 제공하지 않는다. 아직 많이 연구되지는 않았지만 조합되어 있는 동물을 그린 아프리카 벽화 같은 것이 아마도 그것에 가까울 것이다. 그러나 그것에는 행동하는 사람, 전쟁, 채집, 가족 장면 등 신화문자적 성격을 가지면서도 식별 가능한 서술적 내용도 포함된 집합을 볼 수 있다. 남부 이탈리아 동굴 부조는 우리 것과 분명히 같은 발상을 따르는데, 가장 마지막 구석기 시대의 것이고 상형 체계의 전환점을 증명하고 있다(그림 149). 여기서는 동일한 뚜렷한 무질서 속에서, 오로크, 말, 사슴daim 등의 쌍이 보이는데, 그것들의 형태와 움직임의 사실주의는 아주 진전되고, 상상의 땅 위에 집단으로 놓여진다. 이와 더불어 남자와 여자가 다시 등장하는데, 이번에는 무장하거나 혹은 춤추거나, 걷거나, 앉거나, 땅에 누워 있다.

다른 의미에서 보면, 원시 예술에도 그리거나 새기거나 조각한 신화문자가 넘친다. 그렇지만 영국령 콜롬비아의 토템 깃대나 혹은 아프리카 입상에서처럼, 형상이 이미 깊숙이 종교화되거나, 호주나 도곤Dogon 벽화에서처럼, 상투적인 요소가 누적되면서 반복되거나, 혹은 에스키모 그림문자 혹은 포-루즈Peaux-Rouge[32] 그림에서처럼, 구도가 서술적 장면으로 조직되거나 한다. 구석기 시대 예술의 가장 흥미로운 점 하나는 상형의 기원에 가깝다는 것에 있다. 추상적인 조합이라고 하는 이미지의 제로 지점에서 출발하고, 구도에서 형상이 확고하게 나타나는 단계를 벗어난 다음 단계에 도달하지 않는 채, 형상이 사진적 사실주의를 향해 개별적으로 진화 해가는 것을 볼 수 있다. 다음 단계 즉 구도가 서술적으로 조립되는 단계는 구석기 예술이 소멸할 무렵 겨우 시작되는 것이다.

'원근법' : 구도의 단계가, 형태나 움직임의 사실주의를 낳은 것과 같은 진

32) 아메리카 인디언, 아파치.

화에 의해서 단편적인 방법으로 밖에는 도달할 수 없다면, 원근법도 동일한 길을 따라간다. 왜냐하면 형태의 사실주의, 구도, 원근법은 사실 서로 밀접하게 결합되기 때문이다. 고립된 이미지의 원근법은 양식 III에서 이미 달성되었으며, 라스코가 수많은 사례를 제공한다. 원근법은 뿔 그림, 귀를 그려 넣는 것, 몸통과 사지를 모사하는 것 등에서 멀어지게 보이는 방법으로 나타나고 있다. 이 원근법은 틀림없이 양식 III, 기원전 1만5천년 경에 얻어진 것이다. 왜냐하면 앞서 언급한 것처럼, 라스코의 몇몇 형상은 시각적 진실에 더 부합하는 원근법을 갖도록 수정되었기 때문이다. 양식 IV에서는, 뿔과 귀가 큰 문명의 원근법에 아주 근접한 원근법을 따라 그려졌으며, 신체 모사는 완전히 관습적이 되었다(그림 150). 구석기 시대 예술에서 아주 이상한 점은 양식 I, II를 제외하면, 형상이 지중해와 아시아의 큰 농경 문명에서도 나중에야 달성되는 시각 표현에 도달한 것에 비해서, 형상을 모아 조직하는 것은 놀라울 정도로 초보적 수준에 그치고 있다는 것이다. 동물이나 기호를 배열하는 것은 우선 신화문자의 필요에 부응하고 다음에 무더기의 미적 균형에 부응하는 것이지만, 장면의 배분에 대한 어떠한 배려도 느끼지 못하고, 호주 추링가 Churinga에 비교할 만한 수준의 배경 화법조차도 없다. 하물며 아프리카 벽화에서 보이는 것처럼, 연속 장면이나 평면도로 표상하는 것이나, 내장 기관이 몸을 통과해 보이는 것 같은 투명 효과도 없으며, 축척 효과도 없다. 형상에서 보면 구도는 시각적이지만 형상 사이의 관계에서는 구도는 모든 배경 화법적 조직과 무관하다. 남부 이탈리아 아다우라Addaura 동굴의 부조는 내용으로 보면 구석기 시대적이지만, 춤추는 사람이 원형을 이룬 것과 걷는 사람이 사선을 이룬 것을 보여주는 여러 형상의 위치에 따르면 이미 다른 세계에 있는 것이다.

각 요소의 완성도와 그 연결이 초보적 성격을 갖는 것이 언어활동의 진화와 관계가 없는 것인지 질문 해볼 수 있다. 또한 아주 적합한 기술 어휘를 가진 말cheval 사냥꾼이 아주 기본적인 수준의 통사법도 갖추지 못한 것은 아닌지도 질문해 볼 수 있다. 이러한 방향의 구석기 예술 연구가 언어학 차원에서

149

150

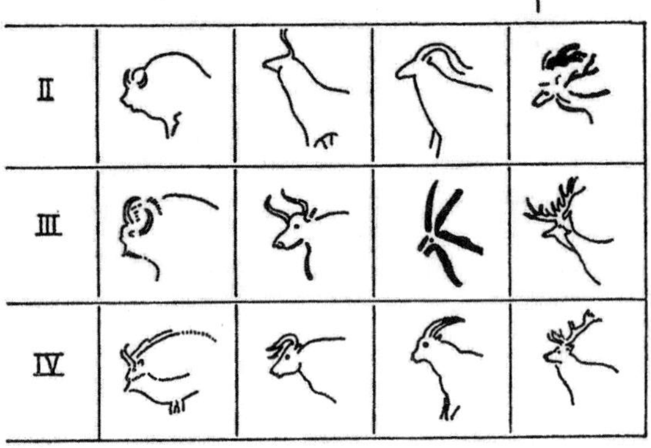

그림 149. 아다우라Addaura동굴, 시칠리아Sicile. 다양한 행위를 하는 형상. 행위의 사실주의에 해당한다. 이 단편이 추출된 집합은 오로크-말 + 사슴cervidé이라는 구석기 주제로 방향을 잡지만 인물이 개입된 것은 새로운 사실이다.

그림 150. 후기구석기시대를 통한 소뿔과 사슴뿔 원근법(방법과 각도)의 진화.

예상 밖의 사실을 가져다 줄 수 있다고 생각하는 것이 불가능한 것은 아니다.

앞서 보았듯이 최초의 상형 예술은 상당히 역설적인 조건에서 태어났으며, 이들 조건이 다시 만들어지는 것은 아주 예외적인 것이다. 이후에는 고립된 예술이 더 이상 없기 때문이다. 주기는 전개되지만, 아마 절대로 무에서 출발하지는 않을 것이다. 호주 원주민조차 멜라네시아 이념과 상징을 접촉했던 것이다. 이 책의 범위 안에서, 역사상 '원시'예술의 여러 측면의 모든 파급 효과를 살펴보는 것은 불가능하지만, 고전 예술과 그것의 진정한 대척점을 대조해보는 것은 유익할 것이다. 이러한 대조는 여러 선사 학자를 당황하게 했지만, 절대적 의미의 원시 상형 구조의 본질적인 특징을 아직도 드러내 주고 있다. 아직도 약간 원숭이 같은 인간이 사냥감, 여자, 잉태한 암말, 창 맞은 황소를 구도도 생각하지 않고 주술이나 심심풀이로 그린 것쯤으로 생각하고 있었던 것이다. 왜냐하면 형상이 엉클어진 다발을 이루며 동굴 안에 되는대로 놓여 있기 때문이다. 이러한 생각은 너무 강하게 남아 있었는데, 라밍-앙프레르[33] 부인의 작업 덕분에 라스코의 뒤죽박죽이 실제로는 의도적으로 구성된 것이라는 사실이 알려지게 되었다. 8천 년간의 농업과 정확성을 추구하는 과학을 갖고도, 우리는 원시인을 인식할 준비가 아주 잘못되어 있는 것이다. 1장에서 본 것처럼, 화석 인류의 이미지는 자신 스스로 어릴 때 독서에 종종 영향을 받은 학자들에게 의존했던 것이다. 20년전부터 나이지리아에서 놀랍게 발견된 사실은 고대 이페[34] 예술이 현대 흑인 예술보다 더 '진화'되었다는 것이다. 19세기에 발견된 구석기 예술은 우선 동물에 대한 놀라운 해부학적 정확성으로 사람들을 놀라게 했다. 이것은 막달레니안 중기부터의 실제적 정확성이 있는데, 그 이전에는 예를 들어 앗시리아 예술에서와 마찬가지로 상대적 정확성이 있었을 뿐이다. 가장 간과된 점은 이것이 병치된 요소들의 상징적 조합이라는 것이다. 형상화된 여러 요소는, 인간이나 동물이나, 특징적인 해부학적 요소들의 조합으로 이루어졌고, 그것들이 완전히 통합되려면 수천

---

33) Annette Laming-Emperaire, 1917-1977, 프랑스 고고학자.
34) Ifé. 나이지리아 남서부 도시.

년에 걸친 무의식적인 다듬기와 개개인의 여러 작은 발견이 필요했다. 기술적 장애는 아주 일찍 극복되었지만, 반대로 상형적 통사법이 지능의 일반적인 자본의 수준에 해당하는 차원에 머물렀다.

'환상적인 것' : 구석기 예술은 상상적 구성에 결부시킬 수 있는 사례를 거의 제공하지 않는다. 괴물은 몇몇 단위만 발견된다(그림 151, 152). 더 최근의 예술에서 괴물의 창조는 거의 전적으로 두 가지 과정과 연관된다. 하나는 보통의 주제가 장식적 요소가 첨가되거나 혹은 연속적으로 도식화되고 반복되는 것에 의해 변모되는 것이다. 남아메리카 예술의 재규어 주제, 멜라네시아 Mélanésie의 누보-멕클렘부르그Nouveau-Mecklembourg의 조각이 좋은 예에 해당한다. 또 다른 절차는 어울리지 않는 상징적 형상을 합성하는 것이다. 이 진화에는 보통 두 가지 경로가 있다. 첫째는 인간 형상에 동물 속성을 첨가하는 것으로, 예를 들어 사자의 이빨, 황소의 뿔, 독수리 날개 등이다. 둘째는 환상적인 것의 근원으로 널리 확산된 매우 중요한 것인데, 신화적 집합을 구성하는 여러 동물 형상이 합착coalescence되는 것이다. 30년전 서로 다른 두 작업을 통해서, 나는 중국 예술과 북방 유라시아 예술에서 어떻게 띠 모양으로 배치된 대칭적 형상이 포개져서 괴물을 구성하는지에 대해, 그리고 어떻게 맹금류, 고양잇과, 초식 동물 등 널리 알려진 신화적 주제가 연쇄적으로 서로 공격하면서 합쳐져서 키메라chimère, 그리핀griffon, 날개 달린 황소 등을 낳았는지에 대해, 어떻게 독수리와 뱀이 용에 이르게 되었는지에 대해 연구한 바 있다.

이러한 여러 절차가 선사 예술의 오랜 전개 과정 안에 자리를 차지했었는지를 연구하는 것은 흥미롭다. 우리가 아는 몇몇 경우는, 루피냐크Rouffignac의 고양잇과 동물félin의 꼬리를 가진 곰, 혹은 콩바렐Combarelle의 들소의 뿔을 가진 말 등이 있는데 이들은 아마도 합착에 의한 것으로 보인다. 곰과 사자는 동굴 끝에 있는 수컷 상징으로서 이들이 접근한 것은 아주 당연하다. 콩바렐 Combarelle의 뿔을 가진 말이 그려진 판에는 불완전한 신화문자(말+매머드) 밖에 없어서 들소는 겨우 알아볼 수 있었다. 뿔은 조합에 의미를 회복시키기 위

151

152

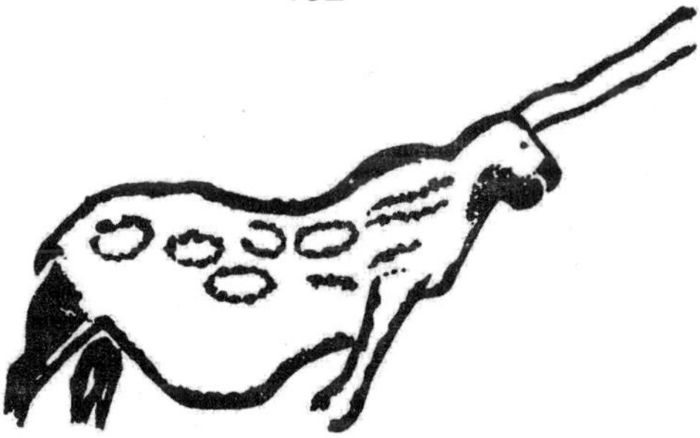

153

그림 151. 페슈-메를르Pech-Merle, 로Lot. '영양'이 그려진 판. 여러 종의 어울리지 않는 부분으로 이루어진 알 수 없는 동물.
그림 152. 르가빌루Le Gabillou, 도르도뉴Dordogne. '기린'. 구석기시대 수천개 동물 형상 중에 여기에 있는 세 가지는 동물학적으로 확인할 수 없는 거의 유일한 것이다. 이 형상은 결정적인 세부 조차도 없다.
그림 153. 라스코Lascaux, 도르도뉴Dordogne. '일각수'.

해서 훨씬 뒤에야 말에 추가된 것 같다. 가장 잘 알려진 괴물은 라스코의 '일각수'(그림 153)이다. 이것의 이름은 잘못 붙여진 것인데, 직선적인 두 개의 뿔이 있는 것 같으며, 더구나 이들 뿔도 그 동물에게 속한 것은 틀림없이 아닌 것이다. 형상의 나머지 부분에 대해서는 어떠한 만족스러운 설명도 없다. 그것은 고양잇과로 볼 수도 있는데, 중세에 기린이나 코뿔소에 대해 했던 것처럼, 구두 전승에 의거해 그린 (당시에 존재하기는 했지만 드물었던) 표범의 형상이라고 하는 것도 불가능한 것은 아니다. 반대로 인간의 형체를 한 몇몇 형상은 분명히 합착에 의한 괴물이다. 가장 유명한 것은 트루아-프레르Trois-Frères 동굴의 '마법사'이다. 이것은 인간의 몸체와 다리에 고양잇과의 팔과 성기를 갖고, 말의 꼬리, 사슴의 귀, 수염, 뿔을 갖고 있다. 또한 눈과 부리는 아마도 올빼미의 것이다. 구석기 시대의 괴물을 그리핀griffon과 히드라hydre와 구별하는 것은 그들의 지적, 언어적 기원이다. 키메라, 용, 사이렌(인어), 켄타우로스 등이 탄생한 것은 일종의 기계적으로 이루어진 것이며, 이차적인 구어적 맥락에 의해 그들이 독자적으로 존재할 때까지 그 기원을 거슬러 올라갈 수 있다. 반대로 트루아-프레르Trois-Frères의 마법사는 하나의 맥락에 속하고, 그것은 그 맥락의 가능성 중 하나의 해석인데, 그 해석은 근본적으로 의미적 조합인 구석기 상형화의 성질 자체와 일치한다. 형상이 발견된 장소에 대해서는, 수컷의 의미를 가진 요소의 조합은 말, 야생 염소, 사슴 혹은 순록 등의 고립된 혹은 집단을 이룬 모습을 통해 수없이 많은 다른 방식으로 해결될 수 있다. 천재적인 해결책은 완벽하게 상징적인 합성적 존재를 창조하는 것이다.

구석기 시대의 생각이 이 정도 지점에 도달했다는 것은 역설적일 수도 있다. 왜냐하면 우리는 우리 안에서 조차도 인간 자체에서 나온 것과 집단적 성숙의 소산인 것을 구분하기 어렵기 때문이다. 종합적인 상징으로 표현하는 것은 그 출발점부터 인간적이며, 오리그나시엔 인이 돌덩이에 음경과 음문을 새길 때 당연히 어떠한 외설적인 의도도 없는 것이다. 왜냐하면 그러한 상형에 도달하기 위해서는 콜럼버스 이전 아메리카, 인도, 중국, 유럽이라는 다소 농익은 문명의 성숙 자체가 필요했기 때문이다. 그들은 아마도 성교 표현조차도 염두에 두지 않았을 것이다(왜냐하면 인간이건 동물이건 성교를 그린 어떠한 증거도 찾을 수 없기 때문이다). 그들이 지향한 것은 좀 더 일반적인 것, 대립 속에서 현상들이 서로 완성되는 우주 개념과 연결되는 것이다. 왜냐하면 모든 탐지 체계는 낮과 밤, 추위와 더위, 물과 불, 남자와 여자 등 서로 반대되는 것의 교체에 근거하고 있기 때문이다. 상징을 등가의 집단 또는 상보적인 한 쌍으로 다루는 것은 구석기 예술에서 찾아낼 수 있는 구도의 작용 그 자체에 해당한다. 환상적인 이미지의 기원에서 두 개의 길이 이어진다. 하나는 트루아-프레르Trois-Frères의 '마법사'에서처럼 등가물 축적의 길이고, 다른 하나는 드물지만 실현되었을 것으로 보이는 양성적 이미지에서처럼 이원적 상보성의 길이다.

비-형상적인 것

구석기 역설은 상당 부분 다음의 사실에서 기인한다. 즉 기술적으로 훌륭하고, 형태적으로 매력적인 이미지가 아무런 일관성 있는 것을 표현하지 않는다고 인정될 수가 있는 것이다. 현대의 눈으로 보면, 동물이나 기호를 축적하는 것을 통해 단편적인 것 말고는 어떠한 행위도 드러나지 않고, 어떠한 이야기도 나타나지 않는다. 그것이 단순히 우리가 읽는 법을 모르기 때문에 그런 것인지 혹은 상형화된 동작이 실제로 없어서 그런 것인지를 질문해 볼 수 있다. 비교 예술에 의하면, 기술적 성격의 행동이 문제인 경우, 전체 구도를 만드는 절차는 모든 인간 집단으로 하여금 명백한 서술 형식을 갖는 쪽으로 향하게 한다는 점을 확인하게 된다. 사냥, 낚시 혹은 채집, 가내 작업 등이 유라시아, 아프리카 동굴 암벽 예술에 넘쳐 난다. 동물 떼에는 사냥꾼이나 목축자가 함께하며, 인간이 행동하고 있다. 종교 활동은 형상화되는 것이 더 드물지만, 형이상학적 개념이 추상적 표상의 대상이 된다. 그러나 현재 예술에서 서술 형태가 없이 서술적 특징만을 갖는 예술의 예는 없다. 장면도 행동도 없는 이러한 배우의 부류를 우리는 알지 못한다. 구석기 시대 프레스코화가 그것이 담고 있는 것을 추상적인 방식으로만 표현한다고 생각되는 이유는 다음을 생각해 보면 더욱 강해진다. 즉 그것에는 오직 하나의 주제를 가진 수많은 사례가 발견되는데 그것은 들소에 의해 쓰러지는 인간의 예이다(그림 147). 적어도 이 경우 다른 어느 곳에도 있는 것과 동일한 형태로 서술의 구도가 존재했었음을 보여준다. 미국, 오세아니아, 아프리카의 많은 예술처럼, 구석기 예술이 종종 극단적인 정도로 도식화된 종교적 형상만을 사용했다면 문제는 더 간단했을 것이고, 예술이 두 가지 방향을 취한다고 주장하게 해 줄 것이다. 즉 실체 혹은 개념에 대한 아주 관습적인 상형의 방향과 행위에 대한 사실적인 상형의 방향이다. 사실 이 질문은 가장 현대적인 예술에서 특히 중요하다. 사실주의는 지중해 문명에서 오랜 역사를 거쳐 왔고, 퓌뷔 드 샤반[35]이나 만화까지 이르렀다. 이와 병행하여, 추상 예술은 종교 기호와 점성술 기호의 상징체제 혹은 문장blason 속에서 오랜 길을 걸어왔고 마침내 의미와 결별한다. 결국 형태의 도식화를 통해 시각적 진실의 오솔길을 벗어나 하나의 의미를 암시하려는 예술 속으로 옮아가기에 이른다. 그것을 넘어서면 모든 상형화를 포기하는 것 이외에 아무 것도 남지 않는다. 초현실주의는 보통 사실적인 요소를 조합해서 전체적으로는 사실주의를 부정하는 것에 이르는 양식에서 유래한다. 작품 중 일부가 의미 작용을 거절한다는 것을 제외하면 이 양식은 구석기 시대 양식과 비교적 가깝다. 핵심 요소에 의미가 깃들어 있고, 그 핵심 요소는 통사법이 배제된 채 초-차원 공간에 놓인다는 점에서 서로 가깝다는 것이다. 분명한 것은 초현실주의와 원시 예술에 대한 열정이 서로 일치하는 것은 우연이 아니다. 시간의 근원 속으로 회귀하고, 출구를 찾으려는 노력은 대칭, 원근법, 가치의 서술적 배열 등을 공들여 만드는 것에 상응하는 모든 궤적의 단편을 포기하는 것과 일치한다. 그렇지만 시작과 끝의 차이는 있다. 구석기인이 새로운 것을 했다면 초현실주의자는 갱신하려고 했다. 즉 오래된 재료 파편을 가지고 아직 건축되지 않은 것을 건축하려 했다. 진정한 시작이라면

35) Pierre Puvis de Chavannes, 1824-1898, 프랑스 화가.

(지금은 지구적 규모가 된) 예술을 잊어야 한다. 지중해 문화 예술도 잊고, 고대 그리스, 중세 이탈리아, 플랑드르 등을 이해하는 것을 거부하고, 수세기 동안 성숙 해온 것에서 영감을 받은 모든 음악과 마찬가지로, 전통에 반역하는 모든 회화조차도 포기해야 할 것이다. 사회의 기억은 존재하며, 그 존재 이유는 미학을 넘어서지만 그것을 둘러싸고 있어서, 현대 문화는 과거를 포기하기는커녕, 선사 시대로부터 아로캉[36]에 이르기 까지 모든 예술을 이해하도록 부추긴다. 새로운 길을 처음 가게 될 예술이 떠오르는 것은 중요한 문제다. 왜냐하면 인간의 긴장은 상승 리듬의 창조로 이어지기 때문이다. 손에 의한 발견이나 장인의 차원에서 인간과 재료의 개별적인 만남이 상실된 것은 개인의 미학을 혁신하는 출구 중 하나를 단절했다. 다른 의미로 보면, 예술의 대중화로 인해 전 세계 사람이 수동적으로 살게 되었지만, 예술도 모험과 마찬가지로서, 중국 화가도 마야 조각가도 카우보이나 줄루족처럼 위축될 것이다. 왜냐하면 느끼기 위해서는 최소한의 참여가 필요하기 때문이다. 예술의 개인적 몫을 할당하는 문제는 호모 사피엔스의 미래에 있어서, 운동 기능의 약화와 마찬가지로 중요하다.

창조적 출구의 필요성은 이미 비-형상이나 구체 음악[37]의 추구에서 이미 나타나고 있다. 문명화된 6천년 예술의 무게로부터 자유로워지는 것이 얼핏 불가능 해보이지만, 출구는 가혹한 반역을 통하는 수밖에는 불가능하다. 그것은 마치 잠을 거부하면서 시간을 거스르고, 사막에서 알몸으로 살면서 사회질서를 거부하는 고행자의 반역과도 같다. 반-예술이라는 것은 사실주의, 형태, 모든 상형의 흔적을 차례대로 거부하고, 결국 리듬과 가치 대비의 원초적 근거만을 남기는 것이다. 극단적인 경우에는, 흰색 혹은 청색 한가지로 이루어진 그림에서 리듬마저도 거부하는 것도 있고, 혹은 리벳총 그림에서 손을 거부하는 것도 있다.

36) Araucans, 칠레 남부와 아르헨티나에 분포한 토착민.

37) musique concrète. 제2차 세계 대전 후에 생긴 전위 음악의 하나. 자연적으로 존재하는 온갖 종류의 소리를 녹음하여, 이것을 기계 또는 전기로 조작·변형시켜 하나의 작품으로 구성함.

물감 발사, 불로 태우기, 뜯어내기 등에 의한 그림은, 압착기에 넣어진 자동차처럼, 호모 사피엔스의 하부 구조 안으로 아주 깊이 들어가는 것을 의미한다. 왜냐하면 그것은 자연석이나 나무뿌리 예술과 마찬가지로 네안데르탈인에 대응하는 수준, 즉 자연력의 작용에서 태어난 형태의 수준에서 미적 상황 설정에 도달하기 때문이다. 거대 유인원이 그린 그림은, 비록 훈련의 결과물일지라도, 미적 행동의 깊은 곳으로 향하는 더 깊은 탐구를 증명하고, 우연과 심리-생리학의 교차점에서 태어난 리듬을 통한 거부를 증명한다. 이들 사실은 아주 흥미로운데, 왜냐하면 자연의 기이함이 깊은 미적 반응을 불러일으킨다는 것은 언제나 있어 왔지만, 반-상형 미학의 토대로서 우연성이 분출하는 것은 그 중요성에서 전형적으로 현대적인 사실이기 때문이다. 과거 극동 지역에서 미의 고행자가 흰 모래 표면에 불과한 정원을 관조하는 일이 있었다, 그런데 그 표면은 검은 바위 하나로 리듬이 깨지고, 유한 우주의 차원을 그에게 회복시킨다. 그것은 완전 제거에 임박한 경지에 이르기까지 정화된 상형 예술인데, 그 예술의 모든 힘은 임박성이 계속 후퇴하는 것에 있다. 검은 바위가 제거되면 눈이 부실 듯한 표면 이외의 것은 아무 것도 볼 수 없고, 그것은 철학적 역설이지만 미학적 사막이다. '공허의 화가'가 현실에 존재하는 것을 탄생의 신호라고 생각할 수 있을까? 확실히 권태의 신호이지만 그것은 또한 창조의 막다른 골목이기도 하다. 유라시아의 너무 낡은 농경 문명의 예술은 완전한 거부에 까지 이를 것이며, 그것을 넘어서면 더 이상 부활은 없고 새로운 주기가 탄생하는 것이다.

상형은 눈에 보이는 형태의 언어이다. 단어로 된 언어처럼, 그것은 인류의 뿌리를 차지한다. 오랜 상승 속에서 창조의 약동을 지탱하는, 그리고 추락 후에 더 새로운 다른 궤적으로 연결되는, 역사적 궤적을 만드는 것 이외의 인간적인 해결책은 없다. 따라서 장래로 볼 때 인간적인 것은 상형적 탐구이다. 사회적인 것과 마찬가지로, 현재의 위기가 불안해지는 것은, 수동적으로 예술을 소비하는 대중과 창조적 엘리트 사이의 관계에 의해서 탐구의 긴장이 쇠약해질 때에 한한다. 18세기 말엽, 처음 경작자 이래 계속 이어져 온 세계에서 다른 세계로 이행하는 것이 기술 안에서 어렴풋이 보였고, 현재의 큰 위기가 시작되었으며, 사회적 형태는 같은 시기에 동요하기 시작하고, 음악은 그로부터 얼마 후 그 기초 위에서 회전하기 시작했다. 영상 예술은 좀 더 느려서, 19세기 말에야 비로소 변화가 느껴졌다. 80년 동안의 상황은 결과적으로 정상적인 것이다. 진화 전반에 상응하는 것이고, 감동적인 우의적 프레스코는 고고학에서 합승 마차를 따라잡기 위해 출발했다. 현재 양식이 넘쳐 나고, 예술의 방향을 정할 수 없으며, 반-상형적 시도가 있는 것은 혁신적 상태를 보여주는 현실적 신호가 되는 것이다. 그럼에도 불구하고 미래는 몇 가지 문제점을 갖고 있다. 시각적 사실주의는 사진과 동영상과 함께 생명이 긴 대부분의 예술 안에서, 그 원동력으로서의 성격을 상실했다. 원시적 상징주의의 단순한 형태는 반세기 이래 여러 위대한 화가나 조각가가 잘 보여주었지만, 과도적인 형태일 뿐이다. 보통 다가올 예술의 시대를 위해서는 의고주의archaïsme에 가까이 다가갈 것이다. 그것은 관계가 아직 확실하게 파악되지 못한 채 구축된 초기의 기념비적인 건축물의 시대인 것이다. 전 세계에서 건축물에 생명을 불어넣는 예술을 보면, 이 단계가 아마도 확립되고 있는 중이라는 느낌이 든다. 세계의 기억 안에 쌓인 박학의 무게가, 어렴풋한 추억의 매력으로, 진화의 정확한 의미를 감추고 있지만, 그 진화는 재조정의 짧은 세기가 지난 뒤에 우리를 라스코 화가에 가까운 선구자들이 있던 곳으로 다시 이끌어 갈 것이다.

제15장
상상적 자유와 호모 사피엔스의 운명

상상적 자유…, 이 제목은 인간 진화의 몇몇 측면이 불러일으키는 비관주의의 표현으로 받아들일 수 있다. '늑대와 개'에서처럼 목걸이라는 표지는 자연 환경에서 해방된 대가였다. '사회 보험'은 개인이 너무 빠르게 쇠약해지는 위험을 줄여 주는 동시에 그 개인적 능력을 통제되지 않게 행사하는 것을 제한하는 경향을 가진다. 자유는 인간이란 건축물의 취약한 부분으로서 상상력에 근거하는데, 그 상상력은 허구적 의미 및 상징을 통한 해방의 의미로 동시에 포착된 것이다. 상상적이라면 오스트랄란트로프의 세계가 이미 그러했는데, 그 세계는 도구라는 유효한 상징이 처음으로 물질화한 것에 기초를 두고 있기 때문이다. 그것은 오늘날 평균적 인간의 세계와 같은데, 그는 모든 지식을 책, 신문, 텔레비전을 통해서 얻으며, 먼 조상들과 동일한 눈과 귀를 통해 우주적 비율로 확대된 세계의 반영을 받아들인다. 그러나 그 세계는 이미 이미지의 세계가 된 것이고, 상상하는 것 이외에는 참가하지 않은 채 그것에 잠겨 있는 세계이다. 인간은 몸과 마음의 모든 부분이 기능하며 살아 있는 것이므로, 1백 번째 세기에 있게 될 인간과 전통적 인간의 동일성의 문제는 정당하게 제기되며, 또한 곧 다가올 인간의 상황이 호모 사피엔스의 경계 안에 있는지 혹은 이미 넘어섰는지의 문제도 제기될 수 있다.

이 책의 여러 장을 통해서 심층적 유대 관계를 탐구했고, 인간의 성질을 동물학적 부분에서 고려했다. 그것에서 드러난 점은 동물학적 인간은 단순히 다른 포유류와 온혈 동물 특유의 조직을 공유하는 것에 그치는 것이 아니고, 그 행동은 인간화되기는 하지만, 사회적, 잡식적 포유류의 행동을 있는 그대로 유지하고 있어서, 영역, 음식 획득, 생식 등의 제약을 동물학적 용어로 고려하고 해석할 수 있다는 것이다. 이 태도는 라팔리스[38]에게 영감을 받은 것 혹은 과도한 '짐승 만들기bestialisme'의 영향을 받은 것으로 무심하게 받아들여질 수 있지만, 두 가지 이유로 정당화될 수 있을 것처럼 보인다. 첫째 이유는, 인간으로 상승하는 과정에서 특히 문자 이래로 비물질화된 이미지가 형성되었는데, 그 이미지는 정신적 발전과 진보에 불가결한 것이지만, 특히 인간 과학에서는, 인간을 모든 살아 있는 영역과의 연결에서 분리해 준다. 조상 원숭이의 예를 통해서, 1장에서 나는 인간 조상의 실제 이미지를 한 세기 만에 도출하기 위해 얼마나 많은 어려움을 거쳐 왔는지를 증명하려 했다. 둘째 이유는 어느 정도 상당한 수를 보유한 지상 유일의 포유류가 되려는 인간과 기타 생명체 사이에 현재 놓인 거리에 의해서, 호모 사피엔스라는 것이 실제로 무엇인지에 대한 자각이 필요하게 된다. 대초원 시대에 야생 말 사냥꾼으로 태어나고 석유가 연소되는 대기 환경 속을 자동차로 이동하는데 점차 적응하는 호모 사피엔스란 무엇일까. 고인류학과 선사학은 과학적 관점과는 많이 다른 이유에 의해서도 호기심을 자극하지만, 다음 사항을 확인하게 될 때 응용과학의 가치를 지니게 된다. 즉 문명의 모든 진보는 매머드를 노리던 인간과 생리적으로도 지적으로도 같은 인간에 의해 이루어졌으며, 겨우 50년 된 우리의 전자 문화는 4만년이나 된 생리적 기관을 지주로 한다는 것이다. 적응 가능성에 대해서 신뢰할 이유가 있더라도 왜곡은 존재한다. 거의 무제한적인 힘을 가진 문명과 순록을 죽이는 것이 생존을 의미했던 시대와 동일한 공격성을 유지한

38) Jacques de La Palice, 1470-1525, 프랑스 귀족, 군인. 그의 시구에서 '자명한 이치'라는 의미가 유래됨.

문명인 사이의 모순은 존재하는 것이다.

첫 척추동물 이래로 모든 정신-운동 진화는 새로운 두뇌 부위가 추가되면서 이루어졌는데, 그 새 부위는 지금까지 있어 왔던 것의 기능적 중요성을 제거하지 않고 그 역할을 유지하면서 점점 더 고등적 기능 속에 파묻히게 하는 것이다. 이 피라미드는 포유류에서 이미 상당한 규모가 되었지만, 거대 유인원에 이르기까지 기하학적 일관성을 잃지 않았다. 신경-운동 통합 피질은 분명히 경이로운 장치의 섬세한 첨단부이지만, 여전히 엄밀하게 동물적이었다. 원시 안트로피엔이 자리 잡는 시점이 되면, 동물 피라미드가 여전히 모든 인간 행동의 기반인 것은 그대로이지만, 그 위에 마치 뒤집힌 (테야르 드 샤르댕의 이미지에 의하면 '숙고된') 다른 피라미드의 첨단부가 나타난 것처럼 말할 수 있는 일이 벌어진다. 이 새로운 피라미드는 문화로 외부화되는 장치 전체로 이루어지고, 점점 더 거대해진다. 우리가 그 위에 놓여 있는 기초는 동물의 최종 단계에서의 뼈-근육 및 신경계 장치이며 또 여전히 그렇게 머물 수밖에 없다. 그런데 그 상부 구조는 창조적 활동의 양극인 얼굴과 손 사이에서, 기술과 언어활동 안에서, 외부적으로 이루어지는 작용에서 태어나는 완전히 인공적이고 상상적인 것이다.

생물학과 민족학의 각도에서 동시에 인간을 연구한 결과 중 하나는 운동에 관련된 활동 (그중 손이 가장 완벽한 동작주이다)과 언어적 활동이 서로 분리될 수 없는 성격을 갖는다는 것을 증명한 것이다. 하나는 기술, 다른 하나는 언어활동이라고 하는 두 가지 전형적인 인간적 사실이 따로 존재하는 것이 아니라 하나의 유일한 정신적 현상으로 존재하는데, 그 현상은 신경학적으로 인접한 뇌 영역에 근거하고, 몸과 소리로 공동으로 표현되는 것이다. 앞이마 영역의 빗장이 풀리면서 놀라울 정도로 진보가 빨라진 것은 기술적 작업에 추론이 투입된 것과 문자에 도달하게 될 도식적 상징체계 속에서 손이 언어활동에 예속된 것에 동시에 연결되어 있다.

이런 이유에서, 생각하는 동물로서 호모 사피엔스가 어디로 가는지를 자문할 필요가 있다. 기술과 언어활동이 동물 진화와 보조를 맞추어 진화의 균형을 유지했던 수십만 년이 흐른 뒤, 호모 사피엔스는 원을 그리는 균형을 구축하고, 그 안에서 말해지는 생각이, 신화문자를 통해 그리고 그 뒤에 문자를 통해 고정된 생각으로 배가된 것이다. 더구나 문자는 20세기까지 통계적으로 아주 소수의 인류에게만 영향을 주었다. 사회적 피라미드는 적은 수의 인간 존재에 의한 지적인 진보를 촉진하는데, 그 적은 수의 인간은, 상상적 활동이 의례에 신체적으로 참가하는 수준, 상형화가 신화문자의 수준에 위치하는 - '인간적으로 정상인' - 존재 양식으로 아직도 균형을 이루는 인간 집단의 위에 앉아 있는 것이다. 문자는 좀 더 많은 소수에게는 원래의 역할을 유지했다. 즉 사변적 사고의 도구가 아니라 실용적 정보 수단으로서, 법률, 회계를 고정하고, 이데올로기 활동 전체의 방향을 정하는 역할을 했다. 모든 문자 문명에서 18세기 초에 이르기까지, 읽고 쓸 줄 아는 집단이 보통 관여한 부분은 경전 읽기, 법전, 숫자 계산 등이었다. 아주 짧은 기간 동안, 아직도 완전히 사라진 것은 아니지만, 지구적인 문맹 퇴치의 가망성이 사회적, 지적 경향과 상응하는 것으로 여겨졌다. 정신적 활동을 문자의 선형적 전개에 완전히 예속시키는 것은, 호모 사피엔스에게는, 특별한 능력을 가진 소수에 의해서만 실현될 수 있는 약속이다. 대부분의 사람에게는 실용적 성격의 짧은 게시 글을 읽는 정도가 보통이며, 비록 구체적인 텍스트라도 그것을 따라 생각을 적용하는 것은 이미지를 복원해야 하는 것인데, 이것은 힘든 일이다. 여러 세대에 걸친 강도 있는 훈련에도 불구하고 고생물학적 균형이 빠르게 다시 시작되고, 문맹 추방이 민중 계급으로 파고들면서 19세기부터 신화문자가 삽화의 형태로 다시 읽히고 있다. 19세기 동안 만화가 판화에 도입되었다. 그것은 우선 큰 구도에서 순수하게 신화문자적이었는데, 뒤에는 텍스트에 붙이는 작은 그림이 되었다. 독서가 대중에게 확산되면서 삽화의 선형화가 이루어졌고, 이것은 현재 대중 독서의 정점에 달한다. 라디오와 텔레비전은 영화와 함께 상상적 형태를 통하지 않는 음성 지식과 시각 정보로 완전히 회귀하게 한다.

아주 이상한 일이지만, 시청각 기술이 정말로 안트로피엔 때부터의 전통적 행동을 실제로 바꿀 것인지를 자문해 볼 수 있다. 또한 다소 먼 장래에 문자의 운명이 어떻게 될지도 역시 자문해 볼 수 있다. 분명히 문자는 집단 기억을 보존하는 자신의 역할과는 별개로, 선형적 차원으로 전개되는 것을 통해, 수천 년 동안 분석의 도구가 되었고, 그것에서 철학, 과학의 사고가 나온 것이다. 사고의 보존은 이제 책과 다른 방식으로 이루어질 수 있게 되었고, 손으로 신속하게 다룰 수 있다는 아직 책에 남아 있는 장점은 얼마 오래가지 않을 것이다. 전자식으로 선택할 수 있는 거대한 '마그네틱 도서관'이 가까운 장래에, 미리 선택되어 순간적으로 복원되는 정보를 제공하게 될 것이다. 독서는 대부분 사람에게서 뚜렷하게 감소하는 것에도 불구하고, 아직 수세기 동안 그 중요성이 유지될 것이다. 그렇지만 문자는 아마도 신속하게 소멸하게 될 것이고, 자동 인쇄가 되는 구술 장비로 대체될 것이다. 이것을 손이 음성에 예속하기 이전 단계를 복원하는 것으로 볼 수 있을까? 나는 차라리 손이 퇴행(8장, 손의 운명 참조)하는 일반적 현상의 측면으로, 그리고 새로운 '해방'으로 생각할 것이다. 추론의 형태나 확산된 다차원적인 사고로의 회귀에 대한 장기적 결과에 대해서는 현재로서는 예측할 수 없다. 과학적 사고는 활판 인쇄의 순서로 길게 늘여져야만 하는 것에 어려움을 겪을 것이고, 여러 장의 내용이 동시에 모든 각도에서 제공되면, 저자와 이용자 모두 상당한 이점을 얻게 될 것이다. 그렇지만 과학적 추론이 문자의 소멸에 의해서 잃을 것이 아무 것도 없다 하더라도, 철학과 문학은 틀림없이 그 형태가 진화할 것이다. 이것은 특히 유감스러운 일이 아닌데, 왜냐하면 인쇄물은 이상하리만치 고전적인 사고의 형태를 보존할 것이고, 인간은 알파벳으로 된 문자 표현의 시기 동안 변함없이 그것을 사용하게 될 것이기 때문이다. 새로운 형태와 이전 형태의 관계는 철기와 석기의 관계와 같다. 더 날카로운 도구가 아니라 더 다루기 쉬운 도구인 것이다. 문자는 지능의 기능 방식을 바꾸지 않은 채 하부구조로 옮겨질 것이며, 문자는 수천 년 우위성을 서서히 넘겨줄 것이다. 손의 활동을 상실하고, 생리적인 모험이 수동적인 모험으로 축소되는 것은 더 많은 문제가 제기되는 현상인 것이다.

호모 사피엔스의 적응성은 사회 환경에 광범위하게 조건화되어 있다. 오늘날까지 생리-심리적 능력을 균형 있게 실행하기 위한 정상적인 조건이 농업, 목축, 수공, 군대 등의 일을 하기에 대부분의 인간에게 보장되었었다고 인정할 수 있다. 원시인, 더구나 구석기인에게는 환경의 선택이 다음과 같은 방향으로 작용하고 있었다. 즉 개개인은 모두 최소한의 생리-심리적 균형을 유지하고 있어야 하며, 그 최소한을 유지하지 못하면 생존 자체가 위태로워지는 것이다. 물론 치료사나 주술사와 같이 자연과 초자연의 경계에 있는 존재는 아마도 제외할 수 있겠지만, 우리는 구석기 시대에 이러한 범주의 사람에 대해서는 아무 것도 모른다. 최근 미개인의 예를 들어 보면, 이들 최초 전문가가 그 기능만을 실행하며 살았다고는 생각되지 않는다.

생리와 심리 사이의 균형적 행동에 있어서 가장 깊은 변화를 특징짓는 것은 도시로 옮겨간 것이다. 실제로 도시 환경은 사제, 서기, 상인 등의 인간 범주의 생존을 보장했지만, 이들의 손의 기능은 언어활동 혹은 넓은 의미에서 지적 활동에 의해서 다소간 완전히 감춰지게 되었다. 모든 문명에서 법관과 도매상인은 장기간에 걸친 손의 퇴행 단계를 준비했는데, 더 정확하게는 제작 작업이 아주 한정되게 실행되는 기술 영역으로 이전되는 단계를 준비한 것이다. 그러나 그들은 문자 인간, 그들의 손이 단어를 만들고, 연설에 구두점을 찍는 사람이었다. 따라서 전위가 되는 것이며, 앞발은 지적 공조에서 그 중요성을 아무 것도 잃지 않았다고 생각할 수 있다. 몇 세기 동안에 걸쳐 증명된 것은 중요한 사회 집단은 '두뇌적' 유형의 생리-심리적 균형에서 적응하고 번식할 수 있다는 것이다. 그러나 중요한 보상 현상을 고려해야 한다. 사실 한편으로는 적극적인 사람은 걷기, 말 타기, 사냥 등의 이동을 통해서 정상적인 기능의 일부를 되찾았고, 다른 한편으로는 사회적 표출이 복잡한 참여를 내포하고 있었다. 장인 혹은 생산자가 아닌 부류는 리듬이 약화되기는 했지만 자신의 안트로피엔적 균형을 찾고 있었다. 더구나 고려 해야 할 사실은 두뇌적 부류 구성원의 무시할 수 없는 부분이 적응하지 못하고, 전쟁, 원거리 무역, 방랑, 해적 행위 등에서 자신을 되찾는 수단을 찾아냈다는 것이다. 마지막으로 특히 종교적 기능을 가진 몇몇 부류는 그들의 출신 환경 성향에서 결정된 개인으로 밖에는 형성되지 않는다. 결국 전통적인 문명 환경에서 호모 사피엔스의 기본 행동 실행은 언제나 기원의 그것과 동일했다. 단지 그 폭이 더 넓어지고, 생리적, 지적 차원에서 균형을 벗어난 사람은 철학자 혹은 군인으로 편입되는 것이다. 사회 체계에 의해 수많은 사람들이 적응하지 못하는 것에도 불구하고, 사회는 전체적으로 종의 능력을 충분히 행사하는 것을 누리고 있는 것이다.

현 단계에서 상황은 아직 겉으로 보기에는 크게 다르지 않다. 사회는 그 모든 수단을 계속 소유하고 있겠지만, 단지 그 수단은 인공적인 기관 안으로 더 많이 이전될 것이다. 기계주의와 지상 세계의 예속에 의해, 50년 만에 광대한 영역에서 개인이 하던 일의 폭이 감소되었다. 개인적 창조 수단이 감소하고, 모험의 필요가 점점 줄어들기 때문에, 점차적으로 현실 생활과 멀어지는 보상 장치가 만들어지면서, 운동이나 취미 목공, 매년 국도나 캠핑장으로 모험을 떠나는 것 등이 해마다 더 많은 사람에게 재균형을 잡아 주는 역할을 한다. 사냥 그 자체도 이제는 반-가축화한 멧돼지, 사슴, 울타리 안의 토끼, 인공적으로 키운 후 비행기로 수입 해온 꿩 등을 사냥한다. 충족된 사회에서는 인간의 균형 문제가 끊임없이 제기된다. 그렇지만 현재 상황에서 얼마 떨어지지 않은 미래 상황을 그려보는 것도 아직 매우 어렵다. 노동자와 농민은 아직 부분적으로만 기계화되어 있고, 자연은 아직 몇몇 해변 혹은 몇몇 숲에서 그 모습을 드러낸다. 전쟁이 사냥 대신 가장 적응하지 못한 소수에게 일자리를 주고 있다. 그 전쟁은 이상하게 고전적 채로 남아 있으며, 진정한 배출구로서 전 대륙에 미세하게 흩어져 있으며, 늪지대 진흙탕을 걷고 있는 부적응자 무리를 멀리 조용히 서 있는 원자 로켓 발사대와 대립시킨다. 그러나 인간 사냥은 수백만 젊은이에게 사전 군사교육을 지지하는 신화에 불과하다. 그 젊은이 중 가장 재능 있는 사람도 아마 어느 날 전자계산기가 탄도를 계산한 순간, 자동적으로 폭탄을 발사하는 손잡이를 잡아당기는 일 밖에는 할 일이 없을 것이다. 미지의 땅을 정복하는 것도 더 이상 신화에 불과하고, 비율을 고려하지 않는다면, 첨봉의 북벽 혹은 30미터 바위산에서도 다름없이 정복이 이루어진다. 그 밑에서는 매주 일요일 줄을 서서 기다리는 사람들이 각자 모험의 몫을 기대한다. 우주도 이제 발걸음을 허락했고, 우주 개발이 시작되었다. 그러나 사회는 백억 명의 우주비행사를 필요로 하지 않고, 보통의 호모 사피엔스에게는 그러한 사회가 실제로 태어나기 전부터 이미 신화적으로 보상 되었다. 따라서 사람들이 전위 밖에 경험하지 못하고, 인간 집단의 심리-생리적 식이요법을 연구하는 역할을 맡은 위대한 마술사가 존재하게 되는 가까운 장래를 심각하게 상상해 볼 수 있는 것이다. 이러한 연구 분야의 일부는 이미 존재하고 있다. 텔레비전 방송이라는 비타민에 힘입은 실내 생산성의 시기의 균형을 맞추려고 수많은 녹지, 동물원, 경기장이 존재한다. 매년 짧은 전원생활로 몫이 채워진다. 더 큰 녹지 공간, 자연보호 구역, 놀이동산, 천막을 만들거나 움직이는 집을 끌고 가는 가능성, 땅바닥에서 가스버너로 통조림을 데우는 가능성 등이 있다. 아직 어느 정도 여유가 있어서, 자신이 잡은 생선을 장작불에 굽는 가능성도 있겠지만, 십년 뒤에는, 이런 집단 자원의 낭비는 거의 예외적이 될 것이고, 범죄처럼 생각될 것이다.

따라서 완전히 전위된 호모 사피엔스를 생각해야 한다. 우리는 인간과 자연 세계의 마지막 자유로운 관계에 참여하는 것 같다. 자신의 도구, 몸짓, 근육, 행위 프로그래밍, 기억 등에서 해방되고, 원격 보급 수단에 의해 자신의 상상력에서 해방되고, 동물, 식물, 바람, 추위, 세균, 미지의 산과 바다에게서 해방되어, 동물학상의 호모 사피엔스는 아마도 그 생의 종말이 다가오고 있다. 생리적으로는 아직 미래가 있는 동물학적 종이다. 3만년을 진화해 온 리듬으로 보면, 비록 고생물학이 이 점에 있어서는 별로 알려주는 것이 없지만, 적어도 그만큼의 전망을 자신의 앞에 갖고 있는 것 같다. 종은 늙지 않는다. 변화하거나 사라질 뿐이다. 어쨌든 인간은 자신의 사회-기술적 진화의 리듬을 훨씬 능가하는 미래를 갖고 있는 것이다.

이미 눈앞에 있는 세계의 큰 문제는 해결을 기다리고 있다. 만약 어느 날 현실의 이미지 밖에 그에게 남아 있지 않다면, 이 케케묵은 포유류는, 자신의 모든 진보의 원동력이었던 낡은 욕구를 가지고, 자신의 바위를 경사면에서 계속 밀어 올릴 수 있는 방법은 무엇일까? 진화의 어떤 순간에서도 인간은 아직 스스로와 단절할 필요가 없었다. 오스트랄란트로프이래로 인간은 자신의 끝나지 않는 모험을 구체적으로 살아왔다. 인간은 오늘 바로 자신의 행성 개발을 마쳤고, 이미 우주 이주의 신화가 구체화되었다. 그러나 지나온 길은 되돌아 갈 수 없이 지나온 것이다. 멀리 떨어진 별에 도착해서 피테칸트로푸스와 남방 코끼리를 마주하게 되는 꿈을 꿀 수는 있지만, 타제 석기를 만드는 사람이 다시 되지는 않을 것이다.

인류를 신뢰하지 않는 것은 인성에 어긋나는 일이지만, 상상의 방향을 잡기는 어렵다. 인간의 지구적 확산에는 여러 해결책을 상상할 수 있다. 첫째는 많은 사람이 생각으로만 그치는 것인데, 원자폭탄 같은 절차로 인간 모험의 종지부를 찍는 것이다. 이것은 폐기해야 할 가정인데, 만일 사건이 일어나면 모든 가정이 소용없어지기 때문이다. 차라리 인간에게 기대하는 편이 낫다. 같은 이유로 테야르 드 샤르댕의 견해를 고려해 보게 되는데, 이것은 강력하고 신비로운 접근 방식이기는 하지만 분명히 묵시록적인 모습을 띠고 있다. 인류는 수천 년 동안 '오메가 지점[39]'을 기다릴 수는 있을 것이며, 1천년 때처럼 기다림 속에서 준비하고, 계속 살아가야 할 것이다. 세 번째 해결책은 개인이 무한히 사회화할 수 있는 존재로 생각하고, 순록 혹은 사자를 만날 우연에 저당 잡힌 저녁거리를 찾아 헤매는 구속받지 않는 동굴 세계보다는, 인공 세계가 모든 세포의 안녕을 위해 작동하기 때문에, 그 세계가 개인으로 보면 더 바람직한 것이라고 생각하는 것이다. 이러한 해결책의 경우 단연코 종의 명칭을 바꿔야 하고, '호모'라는 속générique에 붙일 다른 라틴어 단어를 찾아내야 할 것이다. 마지막으로 '사피엔스'로 남으려는 의지 속에서 가까운 미래를 의식적으로 결정하는 인간을 상상할 수 있다. 이때 인간은 개인적인 것과 사회적인 것의 관계에 대한 문제를 완전히 다시 생각해야 한다. 그 수적 밀도, 동식물 세계와의 관계에 대한 문제를 구체적으로 고려해야 한다. 지구 관리를 우연성에 맡길 수는 없기 때문에, 세균적 방식의 행동을 모방하는 것을 그만

39) point Oméga. 테야르 드 샤르댕의 용어. 우주가 향하는 발전의 종극.

두어야 한다. 앞의 세 가지 해결책의 가치가 무엇이든 간에, 인간의 생애가 끝났다고 생각하지 않는 한, 네 번째와 같은 어떤 해결책이 앞으로 도래할 세기에는 불가피하게 추구되어야 할 것이다. 인간 종은 아직도 그 뿌리에 강하게 연결되어서, 인간이 되도록 만들어 주는 균형을 본능적으로 찾지 않을 수 없기 때문이다.

참고문헌

ALIMEN (H.). *Atlas de préhistoire,* Paris, 1950.

- *Préhistoire de l'Afrique*, Paris, 1955.

ANDERSON (R.T.). Dating reindeer pastoralism in Lapland. *Indiana, Ethnohistory.* v. 5, n° 4, 1958.

ANTHONY (J.). L'évolution cérébrale des primates, *Biologie médicale*, v. XLI, n° 5, 1952.

ANTHONY (J.), GRAPIN (P.), LACET (P.), LEROI-GOURHAN (A.), NOUVEL (J.), PIAGET (J.) & PIVETEAU (J.). *L'évolution humaine,* Paris, 1957.

ANTHONY (R.). L'encéphale de l'Homme fossile de La Quina, Paris, *Bull. et Mém. de la Soc. d'Anthropologie,* mars 1913.

ARAMBOURG (C.), CUENOT (L.), GRASSE (P.P.), HALDANE (J.B.S.), PIVETEAU (J.), SIMPSON (G.G.), STENSIO (E.A.) ; TEILHARD DE CHARDIN (P.), VALLOIS (H.V.), VIRET (J.) & WATSON (D.M.S.). *Paléontologie et transformisme,* Paris, 1950,

ARIENS KAPPERS (D.V.) & BOUMAN (K.H.). Comparison of the endocranial carts of the Pithecanthropus erectus skull found by Dubois and von Kcenigswald's Pithecanthropus skull. Proc. Kon. Akad. van Wetenschappen., Amsterdam, v. 42, n° 1, 1939.

BACHLER (Emil). *Des Alpine Paliiolithicum der Schweiz,* Bâle, 1940.

BASTIDE (R.). *Sociologie et psychanalyse,* Paris, 1949-50.

- *Le candomblé de Bahia*, Paris, 1958.

BENEDICT (R.). *Patterns of culture,* Cambridge, Mass., 1934.

BLACK (D.). On a lover molar hominid tooth from the Choukoutien deposit, *Palaeontologia sinica,* serie D, v. VII, fasc. 1, 1927. Dans les années suivantes, jusqu'en 1943, des études de Black, Pei, Weidenreich ont paru dans *Palaeontologia sinica* et *Bulletin of the Geological Society of China.*

BLANC (A.C.). L'uomo fossile del Monte Circeo... *R.C.R. Accademia Naz. Lincei,* t. XXIX, Rome, 1939.

BOGORAS (W.). The Chukchee, *Memoirs of the American Museum of Natural history*, v. II, Leyde, 1904-1909.

BONIN (G. von). *Essay on the cerebral cortex,* Springfield, 1950.

BOUCHER DE CREVECOEUR DE PERTHES (J.) : *De la création,* 1839-1841, 5 v.
- *Antiquités celtiques et antédiluviennes*, Paris, 1847.

BOULE (M.). L'homme fossile de La Chapelle-aux-Saints, *Annales de Paléontologie,* Paris, 1911-13.

BOULE (M.) & ANTHONY (R.). L'encéphale de l'Homme fossile de La Chapelle-aux-Saints, Paris, *l'Anthropologie,* t. XXI, 1911.

BOULE (M.) & VALLOIS (H.V.). *Les hommes fossiles,* Paris, 1920 et 1923 (Editions complétées par H.V. Vallois, 1946 et 1952).

BOULE (M.) & PIVETEAU (J.). *Les fossiles. Eléments de paléontologie,* Paris, 1935.

BOUNAK (V.V.). L'origine du langage, in : *Les processus de l'hominisation,* Paris, 1958.

BRAIDWOOD & WILLEY. *Courses toward urban life,* Chicago, 1962.

BREUIL (H.). The use of bone implements in the old Palaeolithic period. *Antiquity,* mars 1938.

BREUIL (H.) & LANTIER (R.). *Les hommes de la pierre ancienne,* Paris, Payot, 1951.

BREUIL (H.). *Quatre cents siècles d'art pariétal,* Montignac, 1952.

BROSS (Dr T.). Etudes instrumentales des techniques du yoga. Public. de *l'Ecole française d'Extrême-Orient*, v. LII, Paris, 1963.

BUSK (G.). On the ancient or quaternary fauna of Gibraltar. *Transact. of zoological society of London*, X, 1879.

CAMPER (P.) *Œuvres de P. Camper,* Paris, 1803, 3 v.

CHAUCHARD (P.). Le cerveau et la conscience, Paris, 1960.
- *Des animaux à l'homme, psychismes et cerveaux*, Paris, 1961.

CHEYNIER (Dr André). *Jouannet, grand-père de la Préhistoire*, Brive, 1936.

CLARK HOWELL (F.). European and Northwest African middle Pleistocene hominids, *Current Anthropology*, v. 1, n° 3, 1960.

COHEN (Marcel). *L'écriture,* Paris, 1953.

CUVIER (Georges). *Le règne animal distribué d'après son organisation,* 1816 et 1829, 9 v.
- *Discours sur les révolutions du globe, suivi de Recherches sur les ossements fossiles*, 1821-24, 7 v.

DART (R.). *Australopithecus Africanus : the man-ape of South Africa,* Nature, 7 fév. 1925.
- *The Osteodontokeratic culture of Australopithecus prometheus*, Pretoria, 1957.

DAUBENTON (D.J.M.). *Sur la situation du trou occipital dcyzs l'homme et les animaux,* Paris, 1764.

DAWSON (C.) & WOODWARD (A.S.). On the discovery of a palaeolithic skull and mandible... at Piltdown. *Quarterly journal of the Geological Society of London*, LXIX, 1913.

DELATTRE (A.). *Du crâne animal* au *crâne humain,* Paris, 1951.

DELMAS (J. & A.). *Voies et centres nerveux,* Paris, 1961.
DUBOIS (E.). *Pithécanthropus erectus, eine menschenühnliche Uebergangsform aus Java,* Batavia, 1894.
DUPONT (E.). Etude sur les fouilles scientifiques exécutées pendant l'hiver de 1865-1866 dans les cavernes de la Lesse. *Bull. de l'Acad. roy. de Belgique,* XXII, 1866.
DURAND (G.). *Les structures anthropologiques de l'imaginaire,* Grenoble, 1960.
DURKHEIM *(E). Les règles de la méthode sociologique,* Paris, 1927, 8. éd.
FAIRBRIDGE (R.W.) (et divers auteurs) : Solar variations, climatic change, and related geophysical problems, *Annals of the New York Academy of Sciences,* v. 95, New York, 1961.
FEVRIER (J.G.). *Histoire de l'écriture,* Paris, 1948.
FULTON (J.F.). *Physiologie des lobes frontaux et du cervelet,* Paris, 1953.
FRAIPONT (J.) & LOHEST (M.). Recherches ethnographiques sur des ossements humains découverts dans les dépôts d'une grotte quaternaire à Spy, *Archives de biologie,* VII, 1886, Gand, 1887.
GALL (F.J.). *Sur les fonctions du cerveau et sur celles de chacune de ses parties, avec des observations sur la possibilité de reconnaître les instincts, les penchants, les talents ou les dispositions morales et intellectuelles des hommes et des animaux, par la configuration de leur cerveau et de leur tête*, Paris, 1822-1825, 6 v.
GAUCHAT (Abbé). *Lettres critiques ou analyse et réfutation de divers écrits modernes contre la religion,* Paris, 1758-1763, 19 v.
GEOFFROY SAINT-HILAIRF. (E.). *Principes de philosophie zoologique,* 1830. *Notions de philosophie naturelle,* 1838.
GORJANOVIC-KRAMBERGER (K.). *Der diluviale Mensch von Krapina in Kroatien,* Wiesbaden, 1906.
GOURY (G.). *Précis d'archéologie préhistorique,* Paris, 1948.
GRANET *(M.). Danses et légendes de la Chine ancienne,* Paris, 1926.
GREGOIRE DE NYSSE. *Traité de la création de l'homme,* Paris, 1944.
GRIAULE (M.). *Masques dogons,* Paris, 1938.
- *Dieu d'eau*, Paris, 1948.
GRIAULE (M.) & DIETERLEN (G.). *Signes graphiques soudanais,* Paris, 1951.
GRUET (M.). Le gisement moustérien d'El Guettar, Tunisie, *Quaternaria,* Rome, 1955.
GUERSCHEL (L.). La *conquête du nombre,* Paris, Annales, n° 4, 1962.
HALBWACHS (M.). *Les cadres sociaux de la mémoire,* Paris, 1932.
HAUSER (O.). Découverte d'un squelette humain type de Néanderthal, *L'homme préhistorique*, janvier 1909.
HERSKOVITZ (M.). *The economic life of primitive people*, New York, 1940.

- *Economic anthropology*, New York, 1952.

HOFFMAN (W. J.). The Menomini Indians. *40th Annual report, Bureau of Ethnolog.*, 1892-93, I.

HRDLICKA (A.). The Neanderthal phase of man. *Annual report of the Smithsonian Institution,* 1928.

HURZELER Oreopithecus bambolii gervais, a preliminary report. *Verh Naturf. Ges. Basel*, v. 69, n. 1, Bâle, 1958.

JENKS (A.E.). The wild rice gatherers of the Upper lakes. *19th Annual report of the Bureau of American Ethnology, Smithsonian Institution,* Washington, 1900.

KING (W.). The reputed fossil man of the Neanderthal. *Quart. Journ. of Science*, 1864.

KOBY (F.Ed.). Les paléolithiques ont-ils chassé l'ours des cavernes ? *Actes de la Société jurassienne d'émulation,* 1953, 48 p.

KCENIGSWALD (R. von). Ein Beitrag zur Kenntnis der Praehominiden, *Dienst* van den Mijnbouw in Nederlandsch-Indie, Wetenschoppelijke Mededeelingen, n° 28, Batavia, 1940.

LAMARCK (Jean-Baptiste). *Philosophie zoologique,* 1809, 2 v.

LAMING-EMPERAIRE (A.). La *signification de l'art rupestre paléolithique,* Paris, 1962.

LEAKEY (L.B.S.). *Illustrated London News*, 12 sept. 1959 et 19 sept. 1959.

- *Current Anthropology*, v. I, n° 1, 1960.

LEENHARDT (M.). *Notes d'ethnologie néo-calédonienne,* Paris, 1930.

- *Do Kamo*, Paris, 1947.

LEONARDI (Piero). Nuovi problemi relativi all'uomo fossile. *Annali dell'Universita di Ferrarra,* Sect. XV, v. I, n° 4, 1960.

LEROI-GOURHAN (A.). *Bestiaire du Bronze chinois,* Paris, 1936.

- *La civilisation du renne,* Paris, 1936.

- *Documents pour l'art comparé de l'Eurasie septentrionale*, Paris, 1943.

- *L'homme et la matière*, Paris, 1943, 1949.

- *Milieu et techniques*, Paris, 1945, 1950.

- *Archéologie du Pacifique nord*, Paris, 1946.

- *Esquisse d'une classification crâniologique des Eskimos,* Actes du XXVIII. Congrès international des Américanistes, Paris, 1947.

- Etude des squelettes recueillis dans la nécropole Saint-Laurent à Lyon. *Institut des Etudes rhodaniennes de l'Université* de *Lyon, Mémoires et documents,* 4, Lyon, 1949.

- Note sur l'étude historique des animaux domestiques. Lyon, *Etudes rhodaniennes* (Mélanges Zimmermann), 1949.

- La caverne des Furtins. *Préhistoire*, t. XI, 1950.

- Notes pour une histoire des aciers. *Technique et civilisation*, v. II, Paris, 1951.

- Ethnologie et esthétique. *Disque vert*, n° 1, Bruxelles, 1953.
- Du quadrupède à l'homme (station, face, denture). *Revue française d'odonto-stomatologie*, t. II, 1955.
- Equilibre mécanique de la face normale et anormale, *Annales odonto-stomatologiques,* 1955.
- *Hommes de la préhistoire*, Paris, 1955.
- *Les tracés d'équilibre mécanique du crâne des vertébrés terrestres*, Thèse de doctorat d'Etat, Faculté des Sciences, Paris, 1955.
- La préhistoire. Paris, Encyclopédie de la Pléiade, t. I, 1956.
- La galerie moustérienne de la grotte du Renne (Arcy-sur-Cure, Yonne), *Congrès préhistorique de France, Poitiers-Angoulême,* 1956.
- Le comportement technique chez l'animal et chez l'homme. in : Anthony (J.) etc..., *L'évolution humaine,* Paris, 1957.
- Technique et société chez l'animal et chez l'homme. *Recherches et débats,* cahier n. 18, 1957.
- *Etude des restes humains fossiles provenant des grottes d'Arcy-sur-Cure,* Annales de Paléontologie, t. XLIV, 1958.
- La fonction des signes dans les sanctuaires paléolithiques... Répartition et groupement des animaux dans l'art pariétal paléolithique. *Bull. Soc. Préhist. franc.*, t. LV, 1958.
- Sur une méthode d'étude de l'art pariétal paléolithique. *V Congrès Intern. Sciences préhist.* Hambourg, 1958.
- Préhistoire (art paléolithique). Paris, *Encyclopédie de la Pléiade,* Histoire de l'art, 1961.
- L'histoire sans textes... Paris, *Encyclopédie de la Pléiade, L'histoire et ses méthodes,* 1961.
- Les fouilles d'Arcy-sur-Cure. Paris, *Gallia-Préhistoire*, t. IV,
- Apparition et premier développement des techniques. *Histoire générale des techniques,* Paris, 1962.
- *Religions de la préhistoire (Le Paléolithique)*, Paris, 1964.

LEVI-STRAUSS (C.). La sociologie française. in Gurvitch (G.) et Moore (W.E.). *La sociologie au XX. siècle*, Paris, 1947.
- *Les structures élémentaires de la parenté*, Paris, 1949.
- *Anthropologie structurale*, Paris, 1958.
- *La pensée sauvage*, Paris, 1962.
- *Mythologiques. I - Le cuit et le cru*, Paris, 1964.

LEVY-BRUHL (L.). *La mentalité primitive,* Paris, 1925, 4. éd.

LINNE (Ch.). *Systema naturae,* éd. de 1735.

MAINAGE (Th.). *Les religions de la préhistoire,* Paris, 1921.

MANKER (E.). *Les Lapons des montagnes suédoises,* Paris, 1954.

MARINGER (J.). *L'homme préhistorique et ses dieux,* Paris, 1958.

MARSHALL (W.R.), WOOLSEY (Cl. N.) et BARD (Ph.). Observations on cortical soinatic sensory mechanisme of cat and monkey. *Journal of neurophysiology,* Springfield, 1941, 4.

MARTIN (H.). Sur un squelette humain de l'époque moustérienne trouvé en Charente. *Comptes rendus Acad. des Sc.,* 16 oct. 1911.

MASPERO (H.). *Les religions chinoises,* Paris, 1950.

MATHIS (M.). *Vie et moeurs des anthropoïdes,* Paris, 1954.

MAUSS (M.). *Sociologie et anthropologie,* Paris, 1950.

MELLAART (J.). Excavations at Catal Hüyük, *Anatolian studies,* XII, 1962.

MERCATI (M.). *Metallotheca, opus posthumum.* Rome, 1717.

METTLER (F.A.). The non-pyramidal motor projections from the frontal cerebral cortex. *Associat. for Research in nervous* and *mental diseases,* 27, Baltimore, 1948.

MONTANDON (G.). *L'homme préhistorique et les préhumains,* Paris,1943.

MORIN (G.). *Physiologie du système nerveux,* Paris, 1955.

MORTILLET (G. de). *Le précurseur de l'homme,* Associat. française pour l'avancement des sciences, Lyon, 1873.

- *Le préhistorique*, Paris, 1883.

MULLER (W.). *Die heilige Stadt.* Stuttgart, 1961.

OAKLEY (K.P.). *Man, the tool-maker,* London, 1949.

OKLADNIKOV (A.P.) etc... *Paleolit i neolit SSSR* (Paléolithique et Néolithique de l'U.R.S.S., Moscou, 1953 et, suiv.

OLERON (P.). *Recherches sur le développement mental des sourds-muets,* Paris, 1957.

PALES (Dr L.). Les empreintes de pieds humains de la « Grotta della Basura ». *Revue d'Etudes ligures,* janv.-déc. 1960, n° 1-4.

PARROT (A.). *Archéologie mésopotamienne,* Paris, 1953.

PATTE (E.). *Les hommes préhistoriques et la religion,* Paris, 1960.

PIVETEAU (J.). Les Primates et l'homme. Traité de Paléontologie, t. VII, Paris, 1957.

PYCRAFT (W.P.), SMITH (G.E.). *Rhodesian* man and *associated remains,* Londres, 1928.

QUATREFAGES (A. de) et HAMY (E.T.). *Crania ethnica,* Paris, 1882.

RODDEN, (R.J.). Néa-nikomedeia. *Proceedings prehist. society*, v. XXVIII, 1962.

ROUSSEAU (J.J.). *Sur l'origine de l'inégalité des hommes,* Amster-dam, 1755.

SCHAAFFFIAUSEN (H.). Zur Kenntnis der aeltesten Russenschaedel. *Arch. für Anatomie,* 1858.

SCHENKEL (R.). Ausdruck-Studien an Wölfen. *Behaviour*, v. 1, 1947.

SCHMERLING (Ph.). *Recherches sur les ossements fossiles de la province de Liège,* 1833.

SCHOETENSACK (O.). *Der unterkiefer des Homo heidelbergensis aus den Sanden von Mauer bei Heidelberg,* Leipzig, 1908.
SERGI (S.). La scoperta di un cranio del tipo di Neandertal presso Roma, *Rivista di Antropologia,* XXVIII, Rome, 1929.
- Il cranio neandertaliano del monte Circeo. *Acad. nat. dit Lin-cei,* Roma, 1939.
- Il secondo paleantropo di Saccopastore. *Riv. di antropologia* v. XXXVI, Roma, 1948.
SIMONDON (G.). *Psycho-sociologie de la technicité,* Lyon, 1962.
SIMPSON (G.G.). *liythme et modalités de l'évolution,* Paris, 1950.
SPENCER (B.) et GILLEN (F.J.). *The Arunta ; a study of a stone age people,* London, 1917.
STENSIO (E. son) et JARVIK (E.). Agnathi and Pisces. *Fortschritte de Paliiontologie,* 1939.
TCHERNYCH (A. P.). Vestiges d'un habitat moustérien sur le Dniestr (en russe). *Sovietskafa Etnografya,* I, 1960.
TEILHARD DE CHARDIN (P.). *OEuvres de Pierre Teilhard de Chardin,* Paris, 1955... (7 volumes parus : le phénomène humain, l'apparition de l'homme, la vision du passé, le milieu divin, l'avenir de l'homme, l'énergie humaine, l'activitation de l'énergie).
THOMA (A.). Le déploiement évolutif de l'homo sapiens. *Anthropologia hungarica,* t. I, Budapest, 1962.
TOMATIS (Dr A.). *L'oreille et le langage,* Paris, 1963.
TOPINARD (Dr P.). *L'anthopologie,* Paris, 1876.
WEIDENREICEI (F.). Observations on the form and proportions of the endocranial casts of Sinanthropus pekinensis... *Palaeontologia sinica,* t. 7, n° 4, 1936.
- The skull of Sinanthropus pekinensis, a comparative study on a primitive hominid skull. *Palaeontologia sinica,* new series D, n° 10, Pékin, 1943.
- Giant early man from Java and South China. *Anthrop. paners of the American museum of Natural history,* XL, n° 1, 1945.
WEINER, LE GROS CLARK, OAKLEY : The solution of the Piltdown pro-blem. *Bull. of the British Museum (Natural History),* Geology, t. 2, n° 3, 1953.
WIENER (N.). *Cybernetics and society,* 1954.
WOOLSEY (Cl. N.) etc. Patterns of localisation in precentral and sup-plementary motor areas. *Association for research in nervous and mental deseases,* 30, Baltimore, 1952
YERKES (R.M.) et LEARNED (B.W.). *Chimpanzee intelligence and ils vocal expressions.* Baltimore, 1925.
YERKES (R.M. et A.W.). The great apes.
YOUNG (J.Z.). *La vie des vertébrés,* Paris, 1954.

문자 · 사회 · 문화 총서 29

행위와 말 2

– 기억과 리듬 –

LE GESTE ET LA PAROLE,

LA MÉMOIRE ET LES RYTHMES, TOME 2

지은이 앙드레 르루와 – 그루앙
옮긴이 강형식
펴낸곳 연세대학교 대학출판문화원

주 소 서울시 서대문구 연세로 50
전 화 02) 2123–3380~2
팩 스 02) 2123–8673
ysup@yonsei.ac.kr
http://www.yonsei.ac.kr/press
등 록 1955년 10월 13일 제9–60호
인 쇄 네오프린텍(주)

2016년 7월 20일 1판 1쇄

ISBN 978–89–6850–161–6 (94000)
978–89–7141–962–5 (세트)

값 13,000원